面向未来的
教学创新
理念、设计与案例

张晓军◎编著

经济管理出版社
ECONOMY & MANAGEMENT PUBLISHING HOUSE

图书在版编目（CIP）数据

面向未来的教学创新：理念、设计与案例/张晓军编著．—北京：经济管理出版社，
2022.5（2025.9重印）

ISBN 978-7-5096-8429-0

Ⅰ．①面… Ⅱ．①张… Ⅲ．①教学改革 Ⅳ．①G420

中国版本图书馆 CIP 数据核字（2022）第 089104 号

组稿编辑：谢　妙
责任编辑：申桂萍　谢　妙
责任印制：黄章平
责任校对：陈　颖

出版发行：经济管理出版社
　　　　　（北京市海淀区北蜂窝 8 号中雅大厦 A 座 11 层　100038）
网　　　址：www．E-mp．com．cn
电　　　话：（010）51915602
印　　　刷：唐山昊达印刷有限公司
经　　　销：新华书店
开　　　本：720mm×1000mm/16
印　　　张：18
字　　　数：323 千字
版　　　次：2022 年 6 月第 1 版　　2025 年 9 月第 5 次印刷
书　　　号：ISBN 978-7-5096-8429-0
定　　　价：78.00 元

编 委

（排名不分先后，以姓氏拼音为序）

序

本书主要讨论以下问题：

①为什么新时代需要颠覆性的教学创新？

②如何把握教学创新的核心问题？

③什么是好的教学创新？

④如何从零开始创新一门课程？

⑤教学创新是否有章可循？

⑥如何激发老师开展创新的热情？

⑦如何通过教学管理的创新来带动教学创新？

这些问题是我在过去十多年从事大量与教学创新相关的工作中一直思考的问题，这些思考与实践让我清晰地意识到，在当下革新正式教育体系中的课堂教学，十分必要而迫切。

2010 年 7 月我为了收集博士论文研究数据，以兼职身份加盟西交利物浦大学（以下简称西浦）。我的博士论文研究主题是本土大学领导，西浦席酉民校长既是我的导师，也是我的重要研究对象。为了能够获得关于领导者系统的、真实的一手数据，我专门对研究对象做了近两年的近身观察和多次深入访谈。这段经历不仅对于我的博士论文研究帮助甚大，更重要的是让我找到了值得长期研究的课题——推动教育的改革和创新。

西浦从 2006 年建校开始，就有创新教育的意愿，其中外合作办学的性质也可以有更多的灵活性和可能性来创新教育。2008 年学校提出"探索教育新模式，影响中国教育改革和世界教育发展"的使命。2010 年学校又提出"从教育模式、管理方式、大学与社会互动等方面创新教育"的思路。作为一个"旁观者"，我一直在观察和思考：如何才能实现这些宏大的使命和理念。

真正触动我的是西浦学生的学习安排。让我惊讶的是，在西浦的学生课表中，每周的上课时间只有 15 个小时左右，也就是每个工作日约 3 个小时，剩余的时间要自主学习。西浦每一门课的教学大纲中非常明确地写出了自主学习和上课两种学习方式。例如，一门 5 个学分的课，一般学生学习总时间为 150 个小时，其中约 50 个小时为教师主导的课堂学习时间，剩下约 100 个小时为学生的自主学习时间，这两部分时间都是计算在学生每天的学习总时间当中的。西浦学生的课堂学习时间和我读本科时的课堂时间相比，大约要少一半，但是，2010年西浦第一届本科毕业生中有近 30% 进入世界排名前十的学校继续深造，有不少当时踩着高考一本线入学西浦的学生被牛津和剑桥等知名高校录取为硕士研究生。这种鲜明的对比，激发我思考什么样的大学环境才能真正支持学生的成长，并且把自己的职业生涯也定位在围绕这个问题的研究、探索和实践中。2021 年我与席酉民校长出版的《大学转型》一书，正是从组织层面对这个问题的回应，而这本关于教学创新的书，则是从微观的课堂和教学的视角，来回应新时代学校应该如何创新教学才能真正培养具有未来竞争力的人才这一问题。

我对教学创新的关注始于西浦从 2009 年开始倡导的研究导向型教学，特别是我从 2011 年开始协助组织每年一次的"教育领导力卓越计划"，这个活动主要是和大学的领导者讨论如何做好人才培养工作，教学的改革当然是核心话题。2013 年，我全职加盟西浦，成为领导与教育前沿院（ILEAD）的第一位正式员工，开始全身心投入教育改革和创新的事业中。

ILEAD 正式成立后，开始陆续为国内高校的一线教师做教学培训。2014 年暑期西浦 ILEAD 举办第一届研究导向型教学研修班，这是我第一次和近 50 位来自不同学校的老师共同探讨如何改变我们的教学。尽管那是一次研修，但惊喜的是来参加的老师都是教学的"高手"，因为那时国内关于教学的会议和活动还比较少。在满满的教学热情的加持下，整个活动讨论十分热烈，最后大家恋恋不舍离会。从那以后，研究导向型教学研修班每年都会举办，至今已有十多期。此外，ILEAD 还举办了上百个为不同高校专门定制的研究导向型教学培训班。

从这些活动中，我深切地感受到为热爱教学的老师搭建一个交流沟通平台的重要性。因此在 2016 年 3 月，西浦 ILEAD 推出了"西浦全国大学教学创新大赛"，核心目标就是希望能够给热爱教学的老师提供一个交流展示的舞台，当时国内高校还很重视科研，教学做得好的老师较难得到认可，这一大赛就是希望给热衷于教学的老师一种肯定。

之后六年我一直作为西浦全国大学教学创新大赛（以下简称西浦大赛）的主要负责人，亲自筹划并和同事一起设计和组织每一个环节与每一场活动。在这几年里，我有幸和全国几百所高校的上万名老师有面对面的针对教学创新的研讨，参与评审了上千份优秀的教学创新案例，形成了几百人规模的教学创新核心团队，曾经数次三天三夜和热爱创新的老师们封闭式讨论教学创新的话题。在大赛之外，我还有幸受邀和上百所高校的老师做了几百场线上线下的研讨。这些经历促进了我对教学创新的系统思考，也是本书提出的教学创新"钻石模型"和十个面向未来的教学创新方向的沃土。举办比赛的同时，我也见证了"教学创新"从一开始只有一小部分老师和管理者关注和参与，到今天成为教育中的热点话题并几乎人人参与的过程，这不仅让我从更深层次和更大范围去思考新时代的教学创新的核心诉求和基本特征，也让我意识到在这个教学创新火热的时代，深入探讨什么是好的、有价值的教学创新的重要意义。

新时代教学创新的第一个特征是"全员性"，即每一位大学老师都需要创新自己的教学。过去几十年教学中的改革和创新，多是少数老师的"游戏"，只有一小部分人会从事这样的活动，也只有少部分人会从这些活动中受益。但今天所倡导的教学创新，却是针对学校里所有老师的。因为今天的教学创新并不是对教学中技术层面的改变，而是去回应社会的变化以及满足人在新时代中的学习新需求。从教师的角度看，则是去系统反思今天几乎每位大学老师都无法忽视的挑战：如何才能让学生积极主动地参与自己的课堂？而真正的挑战还在于：如何引导和推动每一位老师开展教学创新，促进每一个课堂发生改变？特别是对于学校的教师发展部门，现实的挑战是：一所学校往往只有少于10%的老师热衷于教学，愿意参与教学创新的相关活动，会主动和相关部门联系，但剩余90%的老师，没有意愿和动力参与到教学创新和相关活动中，因此学校如何团结带领好10%的老师来影响和动员90%的老师一起做教学改革和创新，既是当下破局的关键，也是面向未来做好教育改革的长期挑战。

新时代教学创新的第二个特征是"颠覆性"，即不是在老师过去的教学实践中改变10%或者20%，而是去创新课堂的方方面面，特别是改变目标。如果一位老师过去90分钟的课堂是通过讲授完成的，那么现在改成60分钟的教师讲授和30分钟的学生研讨，可能并不能回应时代对于教学的新期待，因为现在教学的根本目的需要从知识和理论导向转向能力和素养导向，这种目标的改变会带来教学全过程的重塑。在我看来，对于一线教师，这种重塑最难的是放下对过去几十年教学中的核心——"内容"的依赖。如果老师始终希望通过内容的传授来培养学生的各种能力和素养，那么很可能事倍功半，难以达到目标。

更根本的，我们可能需要重新认识与教学相关的一些基本问题，包括学生成长的基本需求是什么，到学校学习主要可以收获什么，学校到底可以为学生的成长提供什么支持，学校教学中什么值得教，等等。以"知识"及其组织方式为例，过去上百年积累形成的学科化教育是按照知识之间的学科属性来划分知识并形成一个一个的学科体系，然后系统地把知识按照学科教给学生，但是知识不止这么一种组织方式，例如，还可以从解决某一个真实问题出发来组织相关的知识，这种知识结构就是跨学科的、灵活多变的。这种知识的全新构造将颠覆当下教育机构的基本组织方式（按照学科形成学院）、基本课程结构（学科知识框架）和教学模式（知识学习主导）。

正是这轮教学创新的"全员性"和"颠覆性"的特征，使创新并没有既有的范式和实践案例可以参照。在过去几年和大量一线教师的研讨中，我发现很多老师有动力去开展教学创新，但大多数老师对教学创新并没有多少了解；很多老师在改革中遇到很多挑战；也有很多老师花了很多精力去做创新，但收效甚微。因此，前文提出的教学创新的根本问题迫切需要研究和讨论。

另外一个重要的问题是学校应该如何支持老师做出好的教学创新。很多想法很好的教学创新最后之所以没有成功，和教学管理以及制度的阻碍有很大关系，也和老师在创新过程中缺乏支持有关。因此，学校如何改革教学管理为教学创新松绑，同时给老师提供更多的支持，这也是一个全新但至关重要的话题。承担这个责任的重要机构是 2012 年以后在国内兴起的教师发展中心，可以说教师发展中心发展的好坏在很大程度上决定学校教学创新的水平。为了探索如何为教师的教学创新提供强有力的组织保障，2018 年，我主导发起了"高校教师发展中心可持续发展联盟"，和全国 80 多家教师发展中心的同行一起研究：如何提升教师的教学创新能力？如何从根本上激发每一位教师对教学的热情？如何通过教学管理创新来提升教学创新？如何建立一个可持续的教师发展体系？本书基于过去四年该联盟的运行经验，尝试对这些问题给出体系化的解决方案。

全书共分为两大部分，第一部分主要是我对前文提出的几个问题的回答：面向未来的教学创新的本质问题、基本模型与主要方向，以及学校如何通过改革促进一线教师的教学创新。第二部分精选了过去五年西浦全国大学教学创新大赛中的优秀教学创新案例供读者借鉴，这些案例都是由参赛老师亲自撰写并经几轮修订形成的。

本书的核心观点是新时代需要面向未来的教学创新。老师创新自己的教学，其出发点不单是改进过去教学中的不足，更重要的是要思考自己的学生在未来的学习和生活中的需求，并基于这些需求来设计课程和教学。本书还提出了面向未来的教学创新的钻石模型，从目标、活动、场景、内容、考核五个方面来描述一个好的教学创新应该考虑的关键问题。本书提出的钻石模型，是统筹全书的线索，也是对什么是好的教学创新这一问题的直接回应。

在第二部分精选的 25 个优秀教学创新案例中，涵盖了不同的学科和不同类型的课程，分别来自不同类型的学校，具有很强的包容性，因此也有很好的启发性和借鉴性。当然，这些案例只是过去五年西浦大赛中发掘和积累的优秀案例中的一小部分，西浦 ILEAD 在线上已经积累了大量的视频资源和案例，欢迎感兴趣的读者参考（可搜索关注"西浦 ILEAD"微信公众号获取相关信息）。本书可以作为一线教师、教学研究者以及学校管理者的参考书，并适合作为学校教师发展机构的教师培训教材。尽管本书的讨论是基于大学教学创新案例展开的，但是对于职业教育甚至基础教育的教学创新也有较大的参考价值。

西浦全国大学教学创新大赛的举办得到澳门同济慈善会北京办事处和险峰公益基金会的大力支持，这两家基金会是大赛组织方非常重要的合作伙伴，也为本书得以完成提供了重要基础，在此表示诚挚的感谢。这两家基金会是国内少有的突破教育扶贫资助、关注教育创新的公益基金会，这种精神令我十分敬佩和感动。感谢本书收录的 25 个案例的作者精心打磨自己的案例文本。我的博士生伊琳在本书写作过程中提供了帮助，在此一并感谢。最后感谢经济管理出版社对本书顺利出版的大力支持。

教学创新作为一个新兴领域，对其的看法并无对错好坏之分，本书观点定有不妥之处，敬请谅解，也欢迎读者写信到 xiaojun. zhang@ xjtlu. edu. cn 来反馈意见和建议。

张晓军

2022 年 2 月 22 日于苏州

目　录

第二部分　面向未来的教学创新精彩案例

第一部分

面向未来的教学创新

第一章 新时代呼唤面向未来的教学创新

本章对全书写作的大背景、核心概念和框架进行简洁而系统的论述。

第一节 每位老师都需要创新自己的教学

怎样才能让学生积极主动地参与到我的课堂中？

在我所参加的上百场教师教学研讨活动中，这大概是被提及次数最多的话题了。在2016年开始的"西浦全国大学教学创新大赛"中，这个问题也几乎是每一个参赛案例都需要解决的问题之一。可以说这个问题也是所有大学老师都需要面对和解决的，因此，教学创新再也不是少数老师的爱好，而是所有大学老师都需要关注和参与的活动。

可是这个问题好像永远没有答案，尽管我们在无数的场合都聚焦在这个问题上，很多人也会给出这样那样的对策，但是这个问题的讨论却从未停止过。我在过去十年主导了数百场教师培训，其中绝大多数的参与者都有这样的期待：培训的专家直接告诉我们调动学生积极性的技巧，大家回去直接用到自己的课堂上就行了。但结果往往事与愿违，很难有一种技巧能在不同的课堂上把学生的积极性调动起来。

很多老师直接把自己遇到的问题归结在学生身上，认为是学生自己不作为，或者说学生不具备积极主动的能力，因此自己的课堂无法变得生机勃勃。一些老一辈的资深教师感叹：现在的学生真是一代不如一代，如果回到三十年前，老师根本不用考虑这个问题，每一个学生都如饥似渴，而现在的学生，老师哄着来上课都打不起精神……

如果我们走进当下的大学课堂，随处可见学生在课堂上成为低头族，注意力在手机和电脑上，而不在课堂和老师身上。这一幕是很多老师心中的痛，有些老师甚至已经放弃去关心学生的状态，应对的策略即是自我修炼，做到不管学生在干什么，自己都能"有滋有味"地把课讲下去。也有一些老师为了改变这个局面，会绞尽脑汁，让学生参与进来，例如，不断地提问，设计"研讨式学习"环节，分组讨论，等等。即使在近几年流行的线上教学中，为了确保学生在跟随自己的节奏，也要不停地让学生"敲击键盘"和自己互动。

尽管在课堂上调动学生积极性、让学生主动和深度地参与课堂已经很难，但更重要的问题是，是不是看上去学生高度参与的课堂就一定是有效的课堂呢？这涉及参与了什么活动、参与后得到什么效果、什么时间参与等一系列问题。有些课堂看上去很活跃，学生参与度很高，但如果参与的活动并不是能生成积极学习成果的活动，那么这样的参与和积极可能并无太多意义。自20世纪90年代中期以来，国际教育界关注的一个热点领域是"学生投入"（Student Engagement），这个概念和当下国内注重的研讨、参与有类似之处。在关于学生投入的研究中，非常重要的一点就是学生参与的活动要产生高质量的结果（Kuh，Cruce and Shoup，et al.，2008）。因此，要系统解决前文提出的挑战，需要深入分析三个问题，也是当前教学创新需要解决的三个核心问题：①什么样的学习结果对学生而言是重要的？②什么样的学习活动能够促进学生生成重要的学习结果？③学生如何才能主动地、可持续地参与到能产生重要结果的学习活动中？

第二节　新时代教育者的使命

当今社会充斥着太多的话题，除了新冠肺炎疫情，还有人工智能、元宇宙、双减、焦虑、内卷等。面对百年未有之大变局，教育的未来在哪里？教育者的时代使命是什么？如何才能共创教育的未来？这些问题已经成为每个教育者需要思考的重要问题。教育者的根本使命是通过教育来支持每个人优雅地生活于未来的社会中。因此，未来的社会是什么样的？每个人如何才能有幸福的生活？教育如何帮助每个人幸福地生活于未来的世界？这成为教育者需要弄清楚的基本问题。

一、未来的社会

有很多词描述未来的社会：智能社会、共享社会、元宇宙……

以互联网、物联网、云计算、大数据、人工智能、区块链为代表的现代信息科学技术，极大地提高了人类生活的智能化水平，人类和机器人共存的时代已经来临。"元宇宙"则描述了一幅人类在虚拟与现实之间随意穿梭的场景，每个人需要管理好两个自己，而人工智能技术的发展还可能让人的意识得到"永生"。第四次科技革命正在让科幻电影中的场景变成现实，人的寿命可能会大幅延长……

同样定义未来社会的还有全世界共同关注的可持续发展问题，环境污染、气候变化、老龄化、贫富差距等，已经演变为全人类的共同挑战。这也是在当前国际格局多极化和国家冲突日益加剧的背景下，为数不多的令所有国家和民族共同关心的问题。

未来的社会，人的角色将会非常多元，人类的分工将因共享社会的来临而发生根本的改变，每个人既是消费者，又是生产者。

二、未来的工作

2013 年牛津大学两位学者卡尔·弗瑞和迈克尔·奥斯本提出，未来 25 年，47% 的工作将被人工智能取代[1]。这份报告引起了关于未来工作的大量讨论，此后经济合作与发展组织（OECD）以及联合国都成立团队来研究并发布关于未来的工作的报告。

实际上在今天，我们已经感受到了很多工作场所的变化，例如，很多生产流水线上已经没有工人，而是自动化的机器在操作；银行的客户大厅已经不需要员工，因为客户基本上不再需要到大厅办理业务；德勤会计师事务所推出的会计师机器人据称可以从事人工会计师 75% 的工作，但工作的效率则是人工会计师的一百倍以上……

当前社会上的大量工作将消失，但同时由于社会的变化将出现很多新兴的职业。

---

[1] Carl Benedikt Frey, Michael A. Osborne. The Future of Employment: How Susceptible are Jobs to Computerisation？［J］. Technological Forecasting and Social Change, 2017（114）: 254-280.

三、未来的人才

要在变化的社会中，从事新型的工作，必然对人才提出新要求。很多教育家或者人力资源专家提出了未来人才的重要维度。例如，施瓦布认为，未来的人有四个方面的素养至关重要：思维方式（特别是创造性），情绪管理（心理、压力），自我激发（自主性），身体素质①。在基础教育领域，国内学者提出"核心素养"的概念，包括文化基础（人文底蕴、科学精神），自主发展（学会学习、健康生活）和社会发展（责任担当、实践创新）三个维度②。此外，解决问题的能力、数字素养、可持续发展理念、跨文化领导力等都是近年来教育领域提出的未来人才维度。

四、未来的学习

未来社会中的人将如何学习？

首先是终身学习，即活到老学到老。在今天这实际上已经成为所有人的行为。即便对于大学老师这一高知群体，也需要持续学习、不断输出，确保或提升课堂质量以支持学生的学习。

其次是随时随地学习。过去的学习都是正式学习，都是在正规学校的课堂中发生的，甚至连课外活动都没有纳入学习范畴，但移动互联网已经让学习无处不在，甚至一个人在理发的时候也可以学习半小时的课程。

再次是未来的学习是融入生活的学习。未来的学习是伴随每个学习者的生活能力和素养训练与熏陶的，而不是远离生活的知识和理论学习。

最后是共享学习。抖音、哔哩哔哩等已经成为年轻学生相互学习的重要平台，在这些平台上学习的一个重要特点是，里面的每个人既是老师又是学习者，每个人既是学习内容的创造者也是受益者。

五、未来的教育

教育作为支持学习者的重要途径，如何才能支持面向未来的学习？教育作为培养人才的大本营，如何才能培养未来的人才？教育作为个体职业发展的重要支柱，如何才能针对未来的工作对学习者提供支持？学校作为社会发展的重要部

---

① 克劳斯·施瓦布. 第四次工业革命［M］. 北京：中信出版社，2016.
② 凝练学生发展核心素养培养全面发展的人——中国学生发展核心素养研究课题组负责人答记者问［N］. 中国教育报，2016-09-14（01）.

门，如何才能在面向未来的社会大变革中起到引领作用？回到那个更根本的问题：教育如何才能支持每个人优雅地生活于未来的社会中？这是时代给每一个教育者提出的命题，也是共创未来教育的起点。

六、学校教学亟待创新

互联网和人工智能等新兴技术的快速发展，带动了高等教育从"以教师为中心"到"以学生为中心"的范式革命。大学的办学理念、育人体系、专业和课程等不同层面都经历着系统改变。自 2017 年以来，国家先后提出"以本为本，四个回归"的本科教育改革，"新工科""新文科""新医科""新农科"与"一流专业"的学科和专业改革，以及以"课堂革命"和"金课建设"等为代表的课程层面的改革。

在这轮改革中，最微观、最基本和最接地气的改革单元就是课程教学的改革，只有课程的改革发生了，才能真正让改革形成闭环，落到实处。而课程教学的改革，不是从一种已知的状态转向另一种已知的状态，而是去探索我们从未实践过的新理念、新方法，因此，课程教学改革的基本路径就是教学创新，教学创新是国家提出的建设一流课程的核心理念。当前，校级、省级以及国家级层面都有各类教学创新大赛，因此厘清关于大学教学创新的一些基本问题十分必要。

本章基于举办六届"西浦全国大学教学创新大赛"以及分析一千多个教学创新案例的经验，讨论以下几个基本问题：当前大学教学创新的核心理念是什么？需要关注的核心问题是什么？什么是好的大学教学创新？一线教师如何做出好的教学创新？学校如何支持老师做出好的教学创新？

第三节　新时代教学创新的核心理念

当前教学创新的核心特征是从"以教师为中心"到"以学生为中心"的转变，不是简单地解决过去几十年的"以教师为中心"的教学中存在的痛点问题，也不是对过去教学实践的修修补补，而是面向未来，去探索"以学生为中心"的理念下应该如何实施教学。表 1-1 对比了两种理念下的教学差异。

表 1-1 "以教师为中心"和"以学生为中心"理念下的教学差异

对比项	以教师为中心	以学生为中心
教学理念	教学是中心，教师是教学主体	学习是中心，学生是学习主体
教学目标	知识点及知识体系、理论和概念	知识系统及知识应用、能力训练、素养和价值观
教学方式	注重教师对教学的主导性和控制	注重学生学习的自主性、主动性以及团队合作
学生学习模式	课堂听讲、记忆与理解，不需要强互动性	学生在学习的过程中自主构建知识，强调互动性
学习情境	主要依赖课堂学习情境，课堂主要发生在与社会和实践隔离的教室中，学生接受统一的知识体系	所有课内外校园活动以及社会活动都是学习情境，重要的是创设情境并引导和支持学生在不同的情境中进行个性化学习

可以看出，"以学生为中心"和"以教师为中心"对什么是学习以及教育应该如何支持学习有不同的理解。在"以学生为中心"的理念下，面对学生无法靠自己理解的知识，学生是被赋予学习知识的能力，而不是被简单地告知需要的知识。而"以教师为中心"的理念则忽略学生之间的差异，所有的学生都被看作是空白画布，等待着老师画上相似的图案。老师作为课堂的主导者，设计课程表、决定学习内容、布置作业，学生则是听课、记笔记、参加考试。

"以学生为中心"的建构主义学习观包括一些基本原则：学习是一个主动的过程；学习存在于其发生的环境中；知识并不是与生俱来的，也不是被动吸收的，而是由学习者自己构建出来的；所有的知识都是社会化的建构；在学习过程中，之前的经验和认知扮演着重要的角色，社会交互扮演着重要角色；有效的学习发生于学习者去解决有意义的、开放的以及具有挑战性的难题中（Fosnot，1996）。

可见，在教学中，"以学生为中心"有很多基本的理念和"以教师为中心"不同，遵循不同的逻辑就会有不同的教学创新实践。当前大学一线教师的教学创新实践可以分为两类（见图 1-1）：一类是对"以教师为中心"理念下存在的问题进行改进［见图 1-1（a）］，这类教学创新多从教学内容出发，探索如何更好地把知识教给学生，其创新的着力点在教师、教材和教学；另一类是针对如何实施"以学生为中心"的教学探索［见图 1-1（b）］，这类创新以培养学生面向未来五年、十年甚至更长时间需要的能力和素养为出发点，革新学习结果、学习环境和学习活动等方面，寻找真正能提升学生能力和素养的教育方案，这类探索是真正面向未来的教学创新。

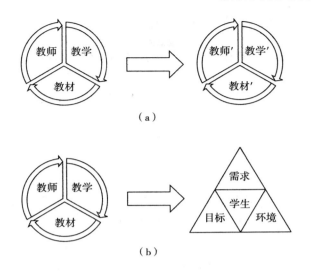

图1-1 两种不同的教学创新

真正区分这两类教学创新并不容易。在实践中，大量的教学创新尽管标榜着"以学生为中心"的理念，但实际上还是在"以教师为中心"的体系下改革。很多老师也疑惑，我在课程中到底怎么做才算是"以学生为中心"呢？本节从创新的出发点、目标和主阵地三个维度来做一个简单的对比（见表1-2）。

表1-2 "以学生为中心"和"以教师为中心"的教学创新的区别

对比项	以学生为中心	以教师为中心
创新的出发点	如何更好地满足学生的学习和成长需求	如何更好地完成教学任务（主要是教知识）
创新的目标与结果	让学生有更多的收益	课程和教师获得认可、得到各种奖励
创新的主阵地	学生的学习活动	教师的教学活动

第四节 面向未来的教学创新需要解决的核心问题

面向未来的教学创新，既是把支持学生未来五年、十年甚至终生的生活和工作需求作为教学基本使命的创新，也是秉承"以学生为中心"理念和实践的探索。大学进行面向未来的教学创新需要关注的核心问题有三个：

一、探索今天的学生在未来生活和事业中需要什么样的核心素养和能力

众所周知，互联网和人工智能已经改变且仍在改变人类的生活方式。在数智化时代，人类生活幸福和事业成功所需的能力和素养与以往时代不同，例如，数字素养、创新能力以及可持续发展理念等将成为未来每个人最基本的素质，这也是今天的大学课堂必须要设立的培养目标。除此之外，由于人工智能和机器人的快速发展，未来各行各业每个人的工作环境可能都是人与机器人的合作，机器人从事其所擅长的工作，人则专注于机器人无法完成的诸如解决复杂问题、情感关怀及创新等方面的任务。这就要求大学老师去思考自己的学生将来会从事什么样的工作，这些工作需要学生具备什么样的能力和素养。这是面向未来的教学创新中非常重要的学情分析，也是确定课程学习结果的基本方式。

因此，当前的大学专业和课程需要在专业人才培养方案和课程大纲设计中进行创新，需要解决的基本问题是重新思考每个专业和每门课程的目标，特别是梳理清楚今天的学生在未来的成长需要。这是关于一门课程的目标的创新，需要教师打破过去很长时间以传授知识作为基本教学任务的逻辑，不能再单纯地从如何更高效地给学生教知识出发去创新教学。

二、探索如何通过大学课程教学来有效提升学生的能力和素养

不管是未来社会发展对人才的需求，还是当前国家高等教育改革的理念和方向，都反映了一个基本的趋势：课程教学要从过去注重教授理论体系转向培养学生的能力和素养。但是，过去两百多年来，全世界大多数的高等教育体系都是以知识体系的传授为核心目标，因此，如何在一门课程的周期中，有效培养学生的能力和素养，是大学教学创新需要回应的核心问题。

例如，当下的教学创新需要探索如何通过线下教学引导学生自主学习海量的在线知识。在互联网技术的支持下，出现了海量的在线学习资源。这挑战了传统教育知识传授模式的根基，大学课堂和教师对相关领域知识的垄断地位不复存在。在互联网出现之前，学生想要深入学习专业知识，主要的学习途径来自课堂和老师。但今天大学课堂中老师教给学生的知识，学生可以轻易便捷地通过其他途径获得，因此教师显然不能再像过去那样一门课程只是教几十个知识点给学生。现在的大学课堂需要整合利用海量的在线学习资源，引导和培养学生具备自主学习和利用这些资源去解决真实问题的能力，从而当他们毕业后，具备终身学

习的能力，能够自主利用海量的线上线下资源去解决一生当中遇到的问题。

三、探索如何通过课堂给学生创设激发兴趣和追求个性的空间和环境

每个学生都是独特的，每个学生内在的潜能都是无限的，大学课堂的价值不在于教会了学生多少知识，而在于能否给予每个学生个性化关怀的环境，激发每个学生的内在潜力，让学生对自己充满信心，从而自主地学习需要的知识。"以学生为中心"的教学，相对于老师给学生教了什么，更重视给学生创造了什么样的环境，以激发他们找到自己的兴趣并自主地学习。要做到这一点，老师不能再为所有的学生提供同样的支持，不能要求所有的学生学习同样的知识。那么，应该设计什么样的学习环境才能促进学生的个性化，激发学生自主学习的兴趣呢？这是当下教学创新需要重视的核心问题。

设计好学生自主学习的环境后，紧接着的问题就是教师如何支持学生的自主学习。加大学生自主学习时间，减少教师上课时数是最近几年大学教学改革的普遍实践。但这里涉及更重要的问题是，是否老师减少了上课时间，把时间留给学生自己管理，就能培养学生的自主学习能力呢？这几年很多老师热衷于建设慕课线上学习资源，要求学生课前自学知识点，老师不再提供协助，这种自主学习能有效训练学生的能力吗？教师应该如何支持学生的自主学习活动也是当下教学创新中的核心问题。

第五节　面向未来的教学创新的钻石模型

什么是好的教学创新，是当前每一位做教学创新的老师需要首先明确的问题，更是高校的教学部门应该明确并引导老师的方向。要解释什么是好的教学创新，需要关注教学创新的三个基本问题：教学创新需要支持的学生学习目标，教学创新的关键策略和手段，以及教学创新的效果。

好的教学创新需要考虑三个层面的五个要素，可以简单地用图 1-2 的钻石模型来描述。教学创新的钻石模型是一个激发一线教师从零开始创新教学的思维图，也是助力正在做创新的老师形成体系化的教学创新的参考框架。钻石模型主要关注学与教的目标、考核以及途径三个层面，具体包括学习目标、学习结果评价、学习场景、学习内容和学习活动五个要素。这五个要素也是透过纷

繁复杂的教学创新实践，发现创新的根本价值的基本视角。在实践中很多老师迷惑于成千上万个教学创新的案例，提出成千上万种教学模式，让人眼花缭乱，不知所云。每个老师的创新都有自己的姿态，但是所有的教学创新，都可以嵌入钻石模型的五个要素中来分析，通过这五个要素的分析，可以清晰地判断每个创新的价值。

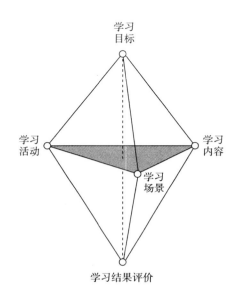

图1-2　面向未来的教学创新的钻石模型

一、学习目标

这是最根本的判断标准，一个教学创新的价值大不大，首先要看它能帮助学生实现什么样的学习目标。当前课程的目标基本上分为三类：知识、能力和情感（素养、价值观等）。如果是以知识的传授为目标，则不管老师花了多少精力、用了什么花哨的技术，都很难成为好的教学创新，因为这难以对学生未来成长中的需求提供很好的回应。好的教学创新，一定要瞄准高阶的学习目标，例如，自主学习、解决问题、数字素养以及跨文化沟通合作等，这些是对学生一生的发展至关重要的能力和素养。其实这些能力并不是新鲜事物，教育系统中已经倡议了很多年，只是学校和老师从来没有真正把这些目标落实到课程和教学中。

一线教师把高阶目标作为自己课程的目标，具体可以从两个角度去突破：一是确定一门课程到底瞄准学生的哪些能力和素养。其实每一位老师都可以列出几十种学生需要的能力和素养，但一门课程只有三四个月，可能只能较好地支撑一两个高阶目标，那到底应该选什么能力和素养作为一门课程的目标呢？这需要充分的论证。好的教学创新，应该有系统的论证，并体现在课程的大纲设计中。

二是对于能力和素养的分解，这是绝大多数老师在创新中忽视的地方，也是一门课程真正把能力和素养目标落到实处最关键的地方。现在很多课程大纲中，已经明确提出高阶目标，但是如果深究这门课程是如何支持学生能在几个月的时间内达到目标时，往往很难找到答案。这个问题出现的根本原因是很多老师的高阶目标太宏大、不具体，连老师自己都抓不到核心点。例如，解决问题的能力是很多课程的核心目标，但是解决问题的能力是一个抽象的概念，如果一门课程的目标仅仅停留在这个层面上，很多老师会感到手足无措。老师需要做的是把"解决问题的能力"这一目标进行分解和具体化，例如，可以分解为提出和识别问题的能力，根据问题搜索和整合相关知识的能力，与别人合作开发解决方案的能力，以及评估问题解决方案好坏优劣的能力，等等。如果把解决问题的能力细化为这些具体的能力点，老师就会更容易设计出具体的教学活动来支持学生这些能力点的提升。

简言之，好的教学创新要瞄准高阶目标，老师不仅要把高阶的能力和素养列为课程目标，还需要清楚了解为什么这些能力是自己的课程目标，并且把抽象的能力和目标具体为可执行的能力点和素养点。

二、设计针对性的学习活动以支撑高阶目标的达成

设定了高阶目标，接下来就需要针对每一个目标设计学生的学习活动，来支持高阶目标的达成。一门课程中的高阶目标，学生并不能自动实现，而是通过参与特定的学习活动后达成的。那么什么样的学习活动才能有效提高学生的高阶能力呢？学生参与什么样的学习活动，其解决问题的能力能有效提升呢？听老师在课堂讲课能提升解决问题的能力吗？学生自主学习能力、社会责任感和爱国主义精神等能力和素养，要靠什么活动来培养？现在还没有可以广泛复制的做法。因此，好的教学创新，需要探索什么是提升学生高阶能力的有效学习活动。

学习活动的创新，是当前一线教师做的最多的创新领域。例如，2019年西浦大赛中出现的研究性学习系列活动（识别问题、检索信息、解决问题）、把竞赛的流程引入课程当中、同伴学习与同伴评价等。当然，任何一种学习活动是否合理有效，需要在逻辑上讲清楚其针对什么样的能力和素养，以及为什么能够有效提升学生的这些能力和素养。例如，如果自主学习能力是一门课程的目标，但学生所参与的所有学习活动都是老师主导的，学生甚至没有机会去主导自己的每一个学习环节，那么我们有理由质疑学生通过这门课程能否真的得到自主学习能力的锻炼。

三、设计承载在特定学习活动上的内容

内容是过去几十年的教学中最为关键的要素，教好内容甚至是整个课程和教学的核心目标，可以说每一门课程和每一位老师几乎都离不开内容，在很多时候我们都能听到"内容为王"的呼声。内容在大学的教学中确实不可或缺，但是面向未来的教学创新，需要重新思考内容在学生学习和老师教学中的位置，特别是从把内容作为主要的学习目标向把内容作为实现高阶人才培养目标的手段的转变，以及学习内容和学习活动之间的匹配，都是新时代的教学创新需要特别关注的问题。

内容重构是当前教学创新中经常见到的一个创新策略，尽管重构的动机不尽相同，但几乎所有的内容重构都是对过去一门课程中的知识体系的重新梳理和重新组合，有些内容被弱化，有些内容被更加重视。这些创新动作都有一个基本前提，那就是内容是一门课程的核心，因此内容如果重构了，那么教学方法就要做相应调整，这是典型的由内容驱动的教学创新，是属于"以教师为中心"的教学创新。

"以学生为中心"的教学创新，内容确实也需要重构，但是内容的重构本身并不是起点，而是由学习活动牵引的，即课程的内容是由学习活动决定的。不同的学习活动会有不同的内容需求，内容本身不再直接成为目标，学生的学习目标有特定的学习活动来支持，学生在从事特定的活动时，也会习得这一活动上所承载的内容，但最终的结果是能力和素养的达成。例如，在实践导向的学习活动中，学生可能要解决一个问题，在解决问题的过程中，他可能要学习各个学科中有利于解决这个问题的内容，并且整合成一个解决方案，因此在这个学习活动结束后，学生最重要的结果是训练了解决问题的能力，当然在这个过程中也习得了很多内容，只是这个内容的结构和传统的以内容导向为主的课程结构不同。传统的一门课程中，内容要么属于同一个学科，要么属于同一个理论体系。但在实践导向的学习活动中所承载的内容，其共性是对解决某一问题有所帮助，是属于解决同一个问题或者附着在同一个工作流程中的内容。这也属于一个内容体系。

因此，面向未来的教学创新，也需要内容重构，但是在特定的学习活动的需

要下的内容重构，而不是基于特定学科体系和理论体系的内容重构。面向未来的内容重构，需要我们重新认识到知识之间并不是在同一学科框架下才能形成体系，而是存在多种不同的组合方式，例如，围绕一个问题，整合跨学科的知识也会形成一个知识体系。

四、设计学习活动发生的场景

学习场景是支持学习活动和内容的空间和场域，它既可以是真实的学习场所，也可以是虚拟的学习空间。最近一段时间的热门话题元宇宙就是对一种场景的描述，可能也是未来的学习者进行学习的基本场景。

在过去，正规教育机构中的学习都是在特定的场所中开展的（主要是教室、实验室等），这些场所一般远离真实的社会、远离实践，学生被"隔离"起来的主要目的是希望他们专心学习知识。可见，选择什么样的学习场景和学习的目标是有关的，当学习的目标是抽象的知识和理论时，学生待在教室里可能是最高效的。

但当学生的学习目标中出现和情感以及社会紧密相关的元素时，如社会责任感、爱国主义精神、解决问题的能力等，远离生活和实践的场景可能就不再有效，学习场景的创新就成为重要的方法。学习场景是比学习活动和内容更宏大的领域，因此也是创新中起决定性作用的条件。很多时候，当老师希望开展特定的学习活动时，需要考虑是否有相应的学习场景来支持。例如，当老师希望学生去解决一个真实的工程问题时，就需要有工程的场景；当老师希望学生去参与一项对某种病人的手术时，就需要有相应的手术场景。只有场景条件具备了，学习活动才能顺利进行。

场景的创新，在教学中往往属于较复杂的创新，例如，让学生在生活和社会中学习，产教融合为学生提供在企业学习的机会，以及搭建虚拟仿真平台、虚拟现实场景等，都需要大量的人力和物力的投入，但对教学而言，学习场景的革新能够让教学达到一个全新的层次。

五、对高阶目标的达成度有清晰的衡量

设定好了高阶目标并匹配了有针对性的学习活动，接下来就要在一门课程的实施过程中以及结课后进行考核和学业测评，以清晰地衡量这些高阶目标的达成度。也就是说，需要通过课程考核来衡量学生通过这门课程的学习，其设定的高阶目标的达成情况。达成情况是反映教学创新成效的核心指标。

这是结果导向（或产出导向）的教育的核心观点：一门课程设置了什么目标，就要在考核中考核这一目标的达成度。但这在当前推行能力和素养导向的教育环境中不容易实现，因为结果导向的理念是在传统的以知识传授为主要目标的实践中发展起来的，我们比较熟悉的是在一门课程中考察学生的知识掌握程度，但是目前还没有合适的衡量能力和素养的办法。例如，我们把解决问题的能力作为一门课程的目标，那么老师如何才能衡量学生通过几个月的学习，是否提升了解决问题的能力呢？因此缺乏可供借鉴的衡量办法也给当下的教学创新提供了很大的空间，如果能开发出一套衡量高阶目标的有效办法，将是很有价值的教学创新。

当考核课程高阶目标的方式设计完成后，还需要分析每一个目标的达成情况。例如，如果一门课程的目标是提升学生解决问题的能力，则在课程考核中需要设置考核学生解决问题能力变化的环节，然后在这部分考核完成后，教师需要分析对比学生通过这门课程的学习，其解决问题能力的变化情况，以此来反映课程效果。好的教学创新，需要较好地达成既定的高阶目标。

综上，笔者认为好的教学创新有七个基本特征：①针对学生未来的成长需求提出以能力和素养为导向的高阶目标；②把抽象的能力和素养目标根据学生和课程的实际情况具体化和可操作化；③针对每一个高阶目标有清晰的学习活动设计；④每一个学习活动上都承载了恰当的内容；⑤所有的学习活动在能够提供充分支持的场景中展开；⑥对每一个高阶目标都设计了有效的测评和衡量办法；⑦基于对策略和考核的数据分析，每一个高阶目标都能有效达成。

第六节　如何做出面向未来的教学创新

上述好的教学创新的七个特征，是理想情况下的状态，也是当前老师在教学中的努力方向。一线教师要通过创新让一门课程符合以上特征，既依赖于老师的创新能力，也需要学校的支持。

一、一线教师需提升教学创新能力

一线教师想要做出好的教学创新，需要三种能力：一是在自身教学实践中提出有价值的创新问题的能力，这关乎一项教学创新的出发点和根本动机。教师要提出一个有价值的教学创新问题，首先需要熟悉新时代"以学生为中心"的教学新理念，对什么是好的教学创新有基本的理解；其次基于自身课程的实际情况，反思自身教学中的问题和可以改进的地方；最后提炼出明确的教学创新问题。二是教师进行教学创新需要有对教学创新项目的规划和管理能力。一个教学创新就是一个变革项目，在操作层面需要教师设定变革的目标、梳理变革需要的资源、确定变革的时间周期以及衡量和评估变革效果等。这些方面需要教师在决定进行教学创新时有明确的设计，并且能够按照规划实施创新过程。三是教师需要具备大胆尝试、敢于冒险和勇于坚持的精神。"创新"顾名思义是突破既有的东西，去探索新事物，因此，教师在教学创新的过程中，必然会遇到挑战，会面临不确定性。例如，在学期期初决定创新的时候，无法预料期末的结果，并不是每一个教学创新都会成功，作为创新者需要意识到结果的不确定性并且做好承担任何结果的心理准备。再如，有些教学创新刚推出时学生会反对，学校有时候也不会从一开始就支持，当周围充满反对的声音时，该如何坚持下去，等等。

二、学校需要支持老师的教学创新

教师需要在教学实践中不断提升教学创新能力，但学校也可以有针对性地支持教师创新能力的提升。首先，学校可以针对上述三个方面的某些维度，设计系统培训以提升教师的教学创新能力。例如，学校可以通过开展讲座以及实践观摩等活动帮助教师提升。其次，对于教师在创新过程中遇到的挑战，学校也可以通过提供过程支持来帮助教师。例如，学校如何实事求是地看待老师在创新过程中受到的负面评价，如何给创新者提供更宽松的政策环境，以及给予老师在创新过程中需要的资源等。最后，很多教学创新要想真正落地，首先依赖于教学管理的创新。例如，要培养学生的自主学习能力，就需要增加学生的自主学习时间，这就需要改革课程的学分与课时的对应关系。再如，要真正落地过程性考核，就需要放弃对终结性期末考试的强制性要求。这些教学创新的改革是推动教学改革的重要基础。

参考文献

［1］周增为．从课程与教学维度思考思政课一体化建设［J］．中国高等教育，2020（1）：7-9.

［2］Fosnot C T. Constructivism：Theory，Perspectives and Practice［M］．New York：Teachers College Press，1996.

［3］Kuh G D，Cruce T M，Shoup R，et al. Unmasking the Effects of Student En-
gagement on First－Year College Grades and Persistence ［J］．The Journal of Higher
Education，2008，79（5）：540－563.

第二章　面向未来的十个教学创新方向

　　每所高校和每位老师都开始关注教学创新，无论是参加教学创新比赛，还是申请教学改革课题，到底要做什么样的教学创新是从一开始就要明确的。在当前的教学创新大潮中，我们能听到各种各样的声音。有人说教学创新就是回归，不需要探索什么新东西；也有人说，教学本身就不需要创新，重要的是坚持。笔者认为，当前需要一场真正的教学创新。

　　"真正的创新"是面向未来的，是从"以教师为中心"理念下的以知识传授为主要目标的体系向"以学生为中心"理念下的以培养学生未来成长和生活中所需要的能力和素养为核心目标的体系转变。这不仅需要突破过去的教学框架，反思过去很长一段时间我们在教学实践中秉持的或者潜意识中的假定；还需要面向未来，去想象未来的社会图景，那样的社会需要什么样的人才，我们的学校、专业和课程如何帮助今天的学生提升他们在未来社会中的竞争力。

　　真正有价值的教学创新，其基本的理念是"以学生为中心"。"以学生为中心"的教学创新，重点关注的是学生的学习和成长，教师和教学的部分只是支持学生成长的过程和手段，不是目的。在以学生为中心的体系下，关键的问题不是教，而是学生未来五年、十年甚至更长时间的学习和成长需求是什么，以及如何有效提升学生的能力和素养。

　　那么，"以学生为中心"的教学创新到底应该关注哪些问题？在国家的大力号召下，几乎每一位老师都开始考虑教学创新，但很多老师对教学创新的理解有限，对从哪里开始创新往往没有清晰的认识，属于"无意识"的创新状态，想当然地开始在课程设计中进行"内容重构""理念更新"，以及加入各种各样花哨的教学方法和工具。同时，老师提起创新的出发点都是学生上课不积极、对所学内容不感兴趣、学习行为很被动等，尽管这些问题都在一定程度上存在，但作为创新本身，老师需要有自己的切入点。

本章列出面向未来的十个教学创新方向，想要提升自己教学效果的老师可以参考。尽管这些方向并不是面向未来的教学创新的全部，但是通过列举这十个方向，笔者希望老师真正地去关注和参与有价值的教学创新。在每个方向之下，列出了若干问题，这些问题则是教学创新过程中需要深入探索的。

第一节　关于能力和素养的操作化定义

一个教学创新的价值大不大，首先要看教学的目标是什么。如果是以传授知识为主，则很难给学生未来的发展带来实质性帮助。好的教学创新，要瞄准高阶的学习目标。一线教师把高阶目标作为自己课程的目标，并且把这些目标落实在自己的课程中，有不小的难度，至少需要考虑以下四个关键问题：

一、一门课程应该有哪些高阶目标

从时代要求和国家政策导向看，瞄准高阶目标是当前教学改革的焦点。修改一门课程的教学大纲、增加高阶目标并不难，过去几年已经有很多学校组织老师系统地修改、增加课程中的高阶目标。但关键问题是：一门课程到底应该有哪些高阶目标？课程在设计高阶目标时是否可以有参考和分析依据，而不是按照老师的喜好或者外部的要求来确定？现在国家倡导几十种高阶的能力和素养，而一门课程只有三四个月，在这有限的时间里，可能只能较好地达成一两个高阶目标，那么到底应该选什么能力和素养作为一门课程的目标呢？关于这些问题，好的教学创新，应该有充分的论证。

一门课程的目标应该以支持学生的健康成长和发展为宗旨，这是"以学生为中心"的理念的基本观点。因此，老师在确定一门课程的目标时，首先应该分析自己的学生在当下和未来的学习和事业中，有什么样的成长和发展需求，然后基于这门课程在整个专业中的位置来确定具体的目标。例如，本书案例中于桂兰老师的劳动关系管理课程的目标首先源于吉林大学这样一所研究型大学对于学生研究能力的基本要求；其次教授对象是人力资源管理领域的学生，将来可能走上领导岗位，让他们学会和提升管理决策水平，也是致力于学生长远发展的设计。又如，方建松老师的课程则把培养学生的市场意识和商品意识作为重要目标。切实把学生未来工作中需要的真实能力作为课程目标，这才是"以学生为中心"的体现。

因此，教学创新会涉及对未来社会和学生成长需求的判断，这实际上是创新的一个基本特征，任何的创新都源于特定的需求，并且好的创新是以对特定需求的独特判断为基础的。例如，南京工业大学赵璐老师把数字素养作为课程的核心目标，华南师范大学张倩苇老师把信息素养作为课程的核心目标，这些都是基于学生在未来如何适应数字化世界而提出的培养目标，是很好的面向未来的学习目标设计。湖南大学黄茜老师的课程非常重视对学生社会责任感的培养，这也是面向未来的人才培养目标的典型案例。

四川大学唐亚老师团队的可持续城市系统研究与实践，则是典型的培养学生可持续发展意识的课程。可持续发展作为当前全球最大的挑战，在国内课程中并没有太多体现，四川大学这门课程所关注的学生可持续发展意识和能力的提升，属于学生面向未来的素养。许昌学院的耿沛甲老师团队则注重培养学生的写作能力与思维，这实际上也是现代大学生非常缺乏但是走上工作岗位后特别需要的能力。

近几年国家高等教育系统开始重视产出导向的教育理念（Outcome-based Education, OBE），这一理念对确定一个专业和一门课程的目标有重要参考。按照OBE 的理念，制定一门课程的目标时，首先要考虑这门课程在这个专业中的位置，对哪些专业目标有贡献，与哪些课程在目标上相关联。另外，很多专业课程都有明确的课程标准，国家也有专业的人才培养标准体系，这些在老师设定一门课程的目标时都需要考虑。

二、我们所熟知的这些能力和素养是什么

尽管现在每门课程都有高阶目标，但有趣的是大家对同样的目标往往有不同的理解，甚至对于一些公认的能力和素养亦是如此。例如，解决问题的能力几乎是每门课程的目标，但有的老师认为只有让学生解决了真实存在的问题才叫解决问题的能力，而有的老师则通过让学生做更多的教材练习题来训练解决问题的能力。尽管很多老师把解决问题的能力写到了目标里，但其认为对于课程而言，重点是要教给学生知识，学生学会知识后自然就会运用知识解决问题。可见，当我们把特定的能力和素养列为课程目标时，需要搞清楚这些能力和素养具体指什么，我们自己的理解是否能经得起推敲，更为重要的是，我们的理解能否支撑我们把这个目标切实落实到课程教学中。例如，课程思政的目标是当前教学改革的重点，其中关于爱国主义精神和社会责任感的培养至关重要，这就需要老师对什么是爱国主义精神和社会责任感有清晰的理解。

以培养爱国主义精神为例，这是当前课程思政教育的核心目标，每一位老师都应该在自己的课程中设计这样的目标。爱国主义精神简单理解就是要培养学生爱国，但作为课程的目标就需要更进一步。爱国主义精神的基本要求就是发自内心地维护国家的主权、统一和尊严，自觉融入推动国家经济社会发展的实践当中。爱国主义是一个与时俱进的概念，在新时代，坚持和发展中国特色社会主义、建设社会主义现代化强国、实现中华民族伟大复兴，已经成为当代中国人的奋斗目标，同时也成为爱国主义的当代主题（金民卿，2018）。如果我们在设计课程目标时，能够如此系统地理解爱国主义精神的内涵，那么我们的课程就不只是实现学生在情感上爱国这一抽象目标，而是可以号召大家积极参与到社会主义现代化建设和中华民族伟大复兴的征程之中。这样的目标不仅有精神指向，而且有很强的行动指向。

三、如何把抽象的目标具体化为可操作的目标

很多老师的课程设计中包括能力和素养目标，但却不知道如何设计支持学生达成这些目标的学习活动，也不知道如何设计相应的考核。很多能力和素养目标本身很抽象，如果一门课程的目标仅仅停留在抽象层面上，那么这些目标是很难在课程中落地的。因此，高阶目标的分解和具体化也是在设计课程目标时很重要的一步。

例如，华南师范大学张倩苇老师的信息素养在线课程，其课程目标是提高信息素养，开启学术研究之门。这里的信息素养是一个相对抽象的概念，很难直接设计具体的课程来为学生提供有针对性的训练。张老师进一步把信息素养的目标具体化为三个方面：树立学术诚信意识，遵守学术规范，形成良好的信息伦理道德；提高获取、加工、处理、评价、表达信息的能力；学会批判性阅读和写作。可以看到，分解后的三个目标更具有可操作性，可以设计与这些具体目标相对应的学习活动。

又如，在南京工业大学赵璐老师的课程中，把数字素养这个抽象的目标，具体化为五个维度：数字意识和思维、数字获取与表达、数字分析与处理、数字知识与创新、数字伦理。通过这种具体化，就有利于设计出具体的学习活动来支持数字素养这一目标的实现。通过对比可以看到，张倩苇老师和赵璐老师的课程目标很类似，但两门课程对于类似目标的解读很不同，这也是课程的特色和创新所在。尽管很多课程在抽象层面的目标都是相同的，但对同一目标的解读可以是完全不同的。

四、知识、能力和素养目标之间是什么关系

一门课程往往要具备知识、能力和素养等多维度的目标，如何理解这些目标之间的关系，直接影响课程设计的好坏。很多老师认为，学生只有先学会了知识才能训练能力和素养，即知识是能力和素养的基础。因此，就会重点支持学生学好知识，为能力培养打好基础。但实际上知识和能力之间可能是相互依赖的，有些时候知识是能力训练的基础，而有些时候可能能力是知识学习的基础。基于这一理解，简单地给学生教知识可能并不能自然而然地培养学生的能力，并且即使是以支持学生学习为主，有时候也需要特别关注学生的能力。例如，自主学习的能力，这个目标并不是通过教知识就可以自动实现的，自主学习能力可能是学习知识的基础，而要习得这一能力，需要的是内驱力的培养、习惯的养成、自我管理和控制能力的提升，这些多属于行为层面的目标，靠的是在特定的场景中学习者持久的行为训练，而不是通过学习某种知识和理论来获得的。

当然，在现实中，老师在设计知识、能力和素养目标时，还会经常遇到的挑战是，过去每一门课程中太过于重视知识目标（甚至只有知识目标），直到现在从课程、专业到学校甚至更大范围的质量保障体系中，主要还是保障知识目标。当老师通过创新引入能力和素养目标后，知识目标必然会被弱化，但保障体系却对知识目标有明确的要求。例如，有些教学督导随堂听课，主要还是看重知识讲授情况；在有些学校的教务政策中，如果一门课程的知识体系不按照规定教授给学生，那就属于教学事故。这也说明只有各个层面的质量保障体系改革了，课程中的知识、能力和素养之间的关系才能更加清晰、科学。当然，作为老师，不能等着保障体系去改革，而是需要具备创新精神，去平衡这些复杂的关系，推动自己课程的改革。尽管这很有难度，但这也是创新的代价，创新从来就是有风险的，包括失败的风险、与政策冲突的风险等。

第二节 提升能力和素养的学习活动设计与操作

老师在一门课程中设计了高阶目标，这些目标并不能自动达成，而是通过学生参与特定的学习活动后实现的。但关键的问题是，什么样的学习活动才能有效地提高学生的高阶能力呢？这是非常有价值的创新思考。

一、人的能力和素养的发展变化规律是什么

当前，老师都开始重视通过课程来培养学生的能力和素养，实施这个目标的第一步是要理解人的能力和素养的发展变化规律是什么。例如，现在我们非常重视课程思政，通过专业课程来培养学生爱国、爱党、爱社会主义的精神。这首先需要明确的是，学生爱国精神的发展变化规律是什么？学生在多大年纪时的爱国主义精神变化最明显？我们应该注重在小学之前培养爱国主义精神，还是在中学时期或大学时期呢？在大学里，到底爱国主义精神教育在大一的时候效果好还是在高年级的时候意义更大呢？理论性课程和实践性课程哪个更容易培养学生的爱国主义精神呢？什么样的学习场景更能支撑爱国主义精神的提升呢？只有搞清楚这些问题，才能让老师有的放矢。遗憾的是这些规律很少受到教育界的关注。过去几百年的教育，人类认识了大量关于人的认知能力发展变化的规律，特别是近几十年来基于脑科学、认知科学等领域的突破，都极大地促进了我们对认知能力发展的理解，但对于行为能力（如解决问题的能力、创新能力）以及态度、情感和价值观层面的发展变化规律，我们的认知还非常有限。这也成为新时代教学创新者的重要使命。

二、什么样的活动才能有效提升能力和素养

这个问题对于想在自己的课程中培养学生能力和素养的一线教师至关重要。很多老师都会在自己的目标中设计特定的高阶能力和素养，但是这些高阶目标需要在学生的学习活动中落地，才有可能真正得以实现。那么如何落到学生的学习活动中就成为一大挑战。目前全世界的正规教育体系都非常依赖课程和课堂讲授，经过几百年的积淀，这种做法已经成为整个教育体系中想当然的一套行为模式。每当我们谈到教学，基本等同于上课、讲授等活动。

尽管现在的教育体系都在尝试创新和转型，特别是更新我们的育人目标，但在实践中绝大部分老师依然在用这套固有的行为模式来试图培养学生的高阶能力和素养。例如，以当下最热门的课程思政为例，其核心目标是培养学生的爱国主义精神，在实践中最常见的做法是老师在讲授专业知识和理论的同时，做一些案例拓展，讲一些能够体现爱国主义精神的小故事和小案例。笔者最近几年担任了很多教学比赛的评审，曾经看到有化学老师在讲授理论的同时，特意加入了一个中国的化学家历经千辛万苦对人类的化学理论发展做出巨大贡献的故事，目的是希望学生在了解这个故事后，培养他们的爱国主义精神。学生听一个中国化学家

的故事能在多大程度上提升他们的爱国主义精神呢？这是一个值得思考和研究的问题。如果我们观察日常生活中的案例，会发现一个人的爱国主义精神在一些特定的场景中会高涨。例如，观看电影《战狼》和《长津湖》，以及参加中国共产党建党一百周年纪念活动，在这些场景中几乎所有人的爱国主义情感都会油然而生，甚至感动落泪。相比而言，传统的课堂讲授能达到这种效果吗？如果不能，我们为什么一定要通过讲授的做法来培养爱国主义精神呢？我们为什么不能把课程思政的"课堂"开到社区里、开到田野中呢？为什么不能让学生在真实的场景中激发他们的爱国主义精神呢？

问题在于我们如何理解教学创新本身，特别是我们是否愿意放下曾经整个教育体系都认为理所应当的做法，去尝试新的可能性。其实不仅是课程思政，仔细观察会发现，目前绝大部分以高阶目标为导向的教学创新，依然希望通过传统的"教学内容"的革新来培养学生的高阶能力和素养，教学创新的社群中依然充斥着"内容为王"的理念，希冀通过内容的传授和学习来达成所有的人才培养目标。例如，通过教授知识和理论来培养学生的自主学习能力和解决问题能力的做法屡见不鲜。但遗憾的是，在培养学生自主学习能力的课程里，有时学生竟没有"自主"学习过，在培养学生解决问题能力的课程中，学生竟没有从事过解决问题的活动。笔者曾经好奇地问老师们：为什么大家希望培养学生的自主学习，但却又把一切学习活动都给学生安排设计好了呢？老师们说，如果不安排好，学生是不会自己去安排和学习的。笔者追问：为什么老师希望培养学生解决问题的能力，但从来没有让学生尝试去解决现实问题，而是一味地教给学生知识和理论呢？老师们的回答是，学生解决任何问题，首先需要学会知识和理论，然后才能去解决问题，所以老师是在给学生奠定解决问题的根基。笔者认为，这些是对教学创新的误解，很大程度上是因为我们缺乏对于人是如何获得能力与素养这一规律的理解和探索。

由于这种认知上的误解和实践的缺乏，2018 年以来启动的轰轰烈烈的教学创新，在实施了三年以后，最大的变化就是使老师充分地意识到高阶目标的重要性，把各种能力和素养都写到了课程大纲的目标中，但这些目标多数还停留在口号里，并没有真正落地和实施。根本的原因是，受到过去以知识和理论为核心的教育体系的熏陶，所有的老师都想当然地通过内容的传授来实现一切的人才培养目标。因此，接下来教学创新最需要突破的是从"内容为王"向"活动主导"的转变，这是真正能实现高阶目标的必经之路。

在设计学生的学习活动时，需要搞清楚的一件事就是学生的学习活动不同于教师的教学活动。在以学生为中心的教学当中，应该首先根据课程的学习目标来设计学生的学习活动，然后教师根据这些学习活动去开展教学活动，这些教学活动的根本作用是支持学生的学习活动。

学生的学习活动是一个在范畴上远大于学习内容的概念。学习活动可以理解为学生在一个特定的场景中所从事的学习行为，这个行为既可以是理解某些知识和理论，也可以是建造一个实物作品，解决一个问题，还可以是看了一个视频，和别人的一段对话，甚至是做了一段冥想，等等。可见，如果我们把"学习"的理解从学习知识和理论拓展到参与或者主导这些学习活动，那么我们的教学将变得何其丰富多彩！这种变化也不单是学生的行为变化，更重要的是学习场景的变化，以及由于这种场景的变化而带给学生的全新情感空间，在这个情感空间中，才有可能调动学生的兴趣、培养学生的爱国主义精神以及社会责任感等，才有可能真正改变在教学中一直以来试图用认知的行为（让学生学知识）来调动他们的情感。

当然，从内容到活动的变化，需要解决的问题是：针对特定的学习目标，什么样的活动才能有效支持目标的实现？例如，如果我们希望在一门课程中培养学生的自主学习能力，那么应该设计什么样的学习活动呢？如果要培养学生的社会责任感，应该设计一个什么样的情感空间呢？学生在这个情感空间中应该从事哪些情感活动呢？这些问题，都是当下教学创新需要关注和突破的。

例如，在重庆大学何欣忆老师的科技翻译课程中，为了提升学生的数字素养，专门设计了创作型学习活动。在参与这种活动时，学生不是要学习什么，而是创作一个和自己专业有关的科技产品的说明手册，这种创作型活动就是训练能力和提升素养的有效活动。

三、如何在课程中设计有效的活动

很多时候，即使老师们知道什么样的活动能够有效提升学生的高阶能力和素养，也很难把这些活动设计到课程中。挑战之一是来自既有的人才培养体系的制约。例如，很多老师希望学生在自己的课程中去解决问题，但是课程大纲中明确规定一门课程要把几十个知识点全部教给学生，如果老师按部就班地把所有的知识教给学生，那么学生和老师就没有多余的时间用来解决问题。笔者在很多场合分享教学创新理念时，被问到最多的一个问题就是：老师们都希望给学生创造更多的学习活动，但是课程大纲里明确写着教师的任务主要是教授知识，而且自己并没有修改课程大纲的权力，那么应该怎么办呢？其实笔者也没有完美的解决办法，我的建议就是要勇于突破，因为这是教学创新，创新就意味着要突破既有的条条框框，突破也意味着潜在的风险，如果老师们真的希望去做教学创新，风险是不可避免的。当前从国家到学校都十分重视和支持教学创新，因此，如果老师是因为从事教学创新而突破既有的课程大纲，笔者认为并不会受到政策或者学校的处罚。当然这里面还有如何征得学校的同意等问题，这也是老师在创新过程中确实需要关注的。例如，赵璐老师改革课程体系时，专门给学校主管教学的领导、教务处处长以及学院的领导做过汇报，征求大家的意见，同时还召集了相关的专家来做进一步的论证，这很好地降低了创新的风险。

挑战之二是即使我们知道什么样的活动能有效支撑特定的高阶能力和素养，但是如何把这些活动设计和落实在自己的课程中，也是当前教学创新需要突破的一个重要问题。在现实中经常出现的情况是，很多活动的设计并没有很好地融入高阶目标。如很多应用型高校和课程采用项目式学习活动，学生会在学习中做一个项目，但是有些项目有时候只关注一些简单的操作活动，并没有把高阶目标融入其中。

但在王彤老师的课程中，做到了学习活动与高阶目标的匹配：一是为了培养学生的教师教育能力，要求学生自带课前准备活动，并且把过程拍成视频共享，让所有学生从中学习，这突破了老师讲解如何带课前准备活动的传统做法；二是为了提升学生发现错误与纠正错误能力，建立了学生个人技术学习数据库，让学生上传个人学习技术视频，反复观看纠正，提升效果，而不是由老师来观摩并提供建议；三是为了提升学生学习技能的积极性，在学习过程中发现优秀学生，并将其作为"明星示范"，录制标准技术动作上传，以供学生参考改进，激励学生进行自我提升。这些通过建立视频库，形成学生学习共同体的做法，巧妙地利用了网络的优势，实现了课程的高阶目标。

挑战之三是即使学校支持，但学生的反馈却难以达到老师的预期。如果说教学是一场戏，那学生才是主角，如果主角的积极性调动不起来，学习效果是难以保证的。很多时候老师设计了自以为很好的学习活动，但学生却不买账，学生轻则不积极配合，重则向学校投诉，甚至有些时候还因为学生的不配合而导致创新项目终止。因此老师在实施新的活动前，需和学生充分沟通，不仅要征得学生的理解和认可，还要让学生参与创新的过程，这才能确保创新活动的成功。

例如，刘红勇老师为了创新毕业设计，引入真实的实际问题和跨学科合作，这在早期遇到了很多挑战，特别是学生在初期因为接触真实项目而遇到较大挑战，抵触情绪加大，经常向老师诉苦。尽管刘老师自己也承受着巨大压力，但其一边坚定信念，一边引导学生积极参与、攻克难关，这种师生沟通对创新取得成功起到重要作用。

挑战之四是教师的创新能力。如何实施有效的活动，主要考验的是教师的教学能力，当然高校的教师发展中心也有责任来培养老师这样的能力。在实施有效的学习活动时，需要考虑学生和课程本身的特点，因材施教，不可千篇一律。例如，笔者曾在不同场合给各类学校和学科的老师分享研究导向型教学，这种教学方法涵盖一些提倡的学生活动，包括学生走入现实社会如何发现问题，广泛地收集资料而不是仅从老师处得到知识，设计问题解决方案等。但是很多老师会提出疑惑：是不是文科更适合这些活动，而理工科不适用？是不是高年级的学生可以用，但低年级的不能用？是不是研究型大学的学生可以用，但应用型的高校不能用？是不是只适合小班教学，不适合大班教学？可见任何学习活动的实施都会受到特定场景的影响。

在教学创新中，当老师设计了从未采用的新学习活动时，往往心中有不确定感，会担心这个活动是否真的能在自己的课堂中奏效，这是正常的心理活动。因此在引入新的学习活动时，实时观察学生的学习效果很有必要，这其实也是在实施新的学习活动过程中，老师得到反馈数据以不断迭代提升新活动效果的过程，是典型的教学创新需要经历的迭代流程。在这个迭代过程的早期，老师一般要付出较多的时间和精力，这是正常现象，当我们对做一件事不熟练的时候，自然要花费更多的心思，在这种情况下，老师应不断精进，一般在新学习活动实施2~3年后，才能显著减少因创新而额外投入的教学工作量。例如，在本书收录的所有案例中，一个共同的特点就是这些创新是经过多年的数轮迭代而形成的。

第三节　对能力和素养的测评

设定好了高阶目标和关键活动，接下来就要在一门课程的考核和学业测评环节，衡量这些高阶目标的达成度。结果导向的教育的核心观点是，设置了什么目标，就要在考核中考核什么目标。但这个理念在当前实施起来很难，因为这一考核理念是在传统的以知识传授为主要目标的实践中发展起来的，老师们相对比较在行的是考察学生的知识掌握程度，所以在知识导向的教育中，这一考核不难实施。但是在能力导向的教育中，很多能力和素养难以相对准确地衡量。

对于评价的创新，一方面，需要认识到学业评价是一项需要规范化的工作，不能按照老师的一时兴趣或者想法随意地设计学业评价。有时老师在上课的时候，发现学生没有投入，就会临时起意，将今天讲授的内容纳入考试；很多课程的考试试卷没有花过多的时间设计，既欠斟酌，也未经他人审核；有些学校推出教考分离，教学老师不知道要考什么，出题老师不知道教学活动是如何开展的；等等。这些都是学业评价不规范的案例。另一方面，学业评价在某种程度上是一门课程教学创新最为关键的部分，或者是牵一发而动全身的线索。因为对于学生来讲，从一开始学习一门课程，最关注的不外乎是课程如何评价，然后按照课程的评价设计来规划自己如何学习这门课程。很多老师抱怨学生太过于功利，只是盯着考试，而对老师费尽心思设计的其他活动却没有兴趣。但实际上学生关注考核，是再正常不过的，如果学生连考核都不关注，那才真正让老师无奈甚至绝望。如果出现学生只关注考核不关注其他学习活动的情况，真正的问题在于老师没有设计出基于活动的学业评价，导致评价和学习过程相分离，这说明课程的评价方式需要改进。

如果老师对于如何评价能力和素养这个创新话题感兴趣，可以从以下六个方面系统思考如何在自己的教学中做出创新：

一、为什么要评价

学习评价首先需要考虑的是为什么要评价。这个问题在绝大多数老师那里是不经思考的，因为一门课程，设计评价是天经地义的，但是评价到底为了什么，反而不甚明了。实际上评价可以实现不同的目的，如何设计评价的前提是弄清楚为什么要评价。如图 2-1 所示，当学生完成所有的学习活动接受评价时，对学生来说，评价的目的是拿到合格的分数；对老师而言，评价的目的是检验学生是否学会了知识；对学校来讲，评价的目的是记录学生的学习结果，看其是否满足毕业要求。可以看出这是一个典型的"以教师为中心"的评价模式。尽管当前国内在深入推进"以学生为中心"的教学改革，但依然有很多学校明确规定所有课程的期末闭卷考试分数不低于总分数的50%甚至70%，以致老师在其他教学环节无法做出有效的改革。尽管这种评价已经落后于新时代的教学改革创新理念，但可以看到绝大多数的课程评价（包括本书的教学创新案例）依然非常倚重期末的终结性评价。

图 2-1　"以教师为中心"的评价模式

当一门课程的评价设计出现如图 2-2 所示的情况时，则评价的目的与图 2-1 所示不同：对学生来说，评价的目的是检验自己学习的情况，然后基于评价的信息来调整或改进学习活动；对老师而言，评价的目的是促使学生更加自主地学习并达成目标，并且有针对性地改进自己的教学策略；对学校来讲，评价的目的也是记录学生的学习结果，看其是否满足毕业要求。可见，这种评价很重要的目的是促进学生的学习，这是典型的"以学生为中心"理念的体现。这种理念在本书的案例中也有体现。

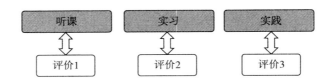

图 2-2　"以学生为中心"的过程性评价

"以学生为中心"的评价，还可以更进一步把评价也作为学生的学习活动之一，这与以上两种情况把评价与学生学习活动相分离不同。如图 2-3 所示，学业评价也融入学生的学习活动中。在这种设计里，对学生而言，评价的目的是训练自己的批判性思维；对老师来说，评价是学生达成学习目标的手段；对学校来讲，评价是一种学习活动。

图 2-3　将评价作为一种学习活动

对比以上三种情况，可以看出评价最终能在课程中发挥什么作用。第一种情况下，可以调动学生期末考试前两个星期的学习；第二种情况下，过程性考核可以调动学生在特定过程中的学习；第三种情况下，考核本身就是学习，学生在过程中并没有专门为了考核而特意做什么行为，而是在学习的同时实现评价的目的。

二、评价什么

明确了为什么评价后，接下来的问题就是评价什么。按照产出导向的理念，一门课程的评价需要和课程的目标相匹配，即课程有哪几个目标，就应该评价学生在这几个目标上的表现。这个道理说起来容易，但实践中却很难做到，例如，当前课程思政是教学创新的一大热点，很多老师都要把爱国主义精神写在自己的课程目标里，但遗憾的是在课程的评价里，并没有评价学生爱国主义精神是否提升的方法。这样的例子在其他非知识类目标中也普遍存在，因为目前的课程评价基本上还是在衡量学生的知识和理论掌握程度，没有顾及其他写在课程大纲里面的目标，这是教学创新需要突破的地方。

另外，评价什么还需要考虑学生在课程中的学习活动。如图2-2所示，在设计第三个评价环节的时候，需要基于学生的实践活动，而不能脱离实践活动进行评价，否则非常容易造成学生只关心评价而不愿参与实践活动的情况。例如，很多时候老师抱怨学生不积极、不主动，老师布置的任务没有完成，甚至很多时候我们讨论学生不愿意来上课的问题，实际上都是学习活动和考核脱节所造成的。学生很清楚这个学习活动和考核无关，当然就不会重视。老师需要做的是根据实际情况更改自己的考核评价设计，让学生清楚地知道每一个学习活动是如何与考核衔接的。

三、怎么评价

确定了评价目标后，下一步就是设计具体的评价活动，最常见的评价活动就是考试和作业。但实际上还有口头报告、同伴互评、自评报告、线上测试、闯关测验、作品展示、问卷调查等。不同的评价活动对应特定的评价目标。例如，闭卷考试更多的是测试学生对于特定知识和理论的掌握程度；开卷考试则把关注点从注重记忆理解转移到运用知识解决问题；项目作业或者论文则是考察学生逻辑思维能力、写作能力及批判性思维的好方法；口头报告则可以衡量学生的表达能力。

怎么评价往往是由评价什么来决定的，不同的评价目标会决定不同的评价方式。在日常教学实践中，经常出现的情况是评价目标和评价活动错位。以小组任务的评价为例，尽管小组合作的目标是多元的，但在实践中多以小组最后的任务报告作为评价的主要对象，忽视了对其他目标的考核。这一方面造成评价方单纯关注合作结果而忽视过程贡献；另一方面导致学生只关注如何完成团队报告，而在过程中不关注分工、沟通以及领导力等本该关注的目标。这样的小组合作学习活动基本上是不成功的。

有效的小组合作评价，可以根据不同的目标分别设计适当的评价方法。针对集体意识与集体精神的目标，可以通过小组参与度与贡献度排位互评来衡量；对于团队分工的合理性，可以通过小组里每个人的口头报告或者书面报告来衡量；团队沟通的高效性则可以通过写个人反思报告来反映；领导力的有效性也可以采用基于具体案例的个人反思报告来衡量；最后可以依据团队任务报告来衡量合作的结果。因此，如果在评价一个小组合作任务时，仅评价最后的团队任务报告，则很有可能出现"搭便车"以及合作效果差等问题（见图2-4）。

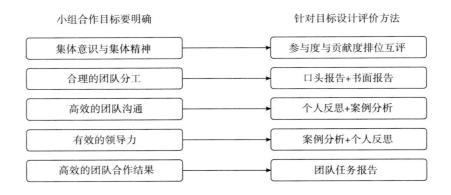

图 2-4　有效的小组评价

评价的客观性也是在设计评价方案中需要特别注意的问题。很多老师的考核方式中都有客观题和主观题之分，对于客观题，一般有标准答案，做到客观评价不难，因此客观题往往适合衡量低阶的知识学习水平。对于高阶能力和素养的评价，则一般需要依靠主观的考核设计。但这里就有一个基本问题：如何确保主观性评价的相对客观呢？常用的办法是做好量规（Rubrics），开发量规的过程实际上也是老师对于考核逐渐清晰化的过程，并且量规还是很好地和学生沟通的素材，对于主观性强的考核方式（如写论文），当学生拿不准到底要怎么做时，如果把量规分享给他们，会很有帮助。

例如，于桂兰老师的评价量规是和学生一起制定的。开课前一周，于老师将所有考核评价表提供给学生；在第一堂课时，与学生一起讨论并修改考核标准和评分表，以达成一致；在实际使用过程中，如果发现问题，还可经师生达成一致后，再次修改考核标准和评分表。这样既让学生理解了考核的设计，也通过学生的参与提升了他们的学习积极性。

多主体评价也是一个提升评价客观性的途径。例如，在刘红勇老师的毕业设计课程中，引入了多种形式的老师评价和学生互评，这样可以确保最后的评价结果具有相对客观性。又如，方建松老师、李慧老师、侯萌萌老师等以实践为导向的课程，引入了行业专家评价以及用户评价。

如何评价高阶目标，这是一个难题。可以说从古至今、国内外的教育体系中都面临的一个基本挑战就是，我们一直倡导的教育要为人的全面发展服务，但是我们如何去衡量教育到底为人的全面发展提供了什么样的支持呢？现在关于高考的改革，社会呼声很高，希望高考能够更多地考察学生的能力和素养而不仅仅是知识掌握水平。但是，评价学生能力和素养并不容易，实际上到目前为止也没有有说服力的办法。在全球的大学招生中，很多大学主要依靠招生老师的个人判断来衡量一个学生的能力和素养水平，这实际上也是没有客观办法之下的无奈之举。对于课程教学而言，就更是如此了，老师想要衡量学生经过几个月的课程学习，他们的高阶能力和素养是否得到提升是比较困难的，所以这是一个迫切又意义重大的教学创新方向。

在本书的案例中，提供了评价高阶目标的一些探索性尝试。例如，南京工业大学的张淑娟老师开发了一套基于学生自我反思来评价高阶目标的方法：五问反思报告法。这种方法可以对学生在一门课程上的创新能力和反思能力进行衡量。当前主流的对学生进行评价，多是采用客观考试的办法，但事实上很难设计出衡量高阶目标的试卷。因此学生自己写反思报告，能够较好地反映学生在某些维度的提升和变化，这是很好的学业测评创新，这一做法已经被很多高校的老师所采纳和借鉴。

四、谁来评价

谁来评价学生的学习效果是一个较少讨论但很值得探索的创新问题。一般而言任课老师是评价者，学生是被评价者，但实际上课程的考核评价按照目标的不同可以有多种不同的方式。图 2-5 列出了五种可能性及其特点。

一是最常见的教师作为评价者，其优势是从专家视角来检验学生的学习效果，可以给学生提供权威的反馈意见。

二是同学之间相互评价（同伴互评），这是近几年逐渐流行起来的一种评价方式，其特点是评价本身就是一种合作学习的活动，特别是对于评价者而言，是提升批判性思维和向别人学习的机会。当评价者在面对别人的作品时，不仅会注意自身在与作品有关的知识和理论方面的积累，还会批判性地看待作品本身，去分析作品的优缺点。当然，并不是所有的考核方式都适合同伴互评，对于一些客观性的考核方式（如选择题和填空题），实际上没有必要开展同伴互评。适合同伴互评的往往是一些倚重学生的自我观点表达和理论构建的考核方式。对于被评价者而言，同伴互评也更能让他们以平等的姿态去审视评价者的反馈意见；而不像在老师评价时，由于老师的高权威性而导致学生不敢去质疑反馈意见。同伴互评的要点不是基于反馈的提升，而是在于对话、辩论以及相互质疑的过程。例如，刘红勇老师的毕业设计课程中设计了不同专业学生的互评，这可以很好地激发跨学科的思维，同时还有一个小组内部的互评，用于小组合作能力的评价。

三是学生自我评价。这首先可以看作是一种非常重要的自主学习能力，即学生能否客观地评价自己学习的效果。每当公布成绩时，有些学生表现得很惊讶，他们认为分数和他们的预期之间有很大的距离，这实际上是自我评价能力缺乏的表现。学生自我评价最大的价值可能在于这是当下破解高阶目标难以衡量的为数不多的可参考方案之一。例如，如果我们希望评价学生在一个学期的课程学习后，他们的爱国主义精神是不是有所提升，那么可以设计一个学生自我反思的评价方案，让学生去反思在学习过程中，自己对国家的理解有什么变化，对自己和国家之间的关系有什么新的认识，对于接下来如何投身社会主义现代化强国建设有什么新的想法和计划等。张淑娟老师的五问反思报告案例，就是典型的自我评价领域的创新，这种评价方式实际上可以运用到很多高阶目标的考核中。

四是在课程中设计用户评价。从用户的视角来评价学生通过课程学习形成的产品是否能回应客户需求，这已经在越来越多的课程中出现。例如，在很多应用型高校的课程中，学生在课堂上的学习活动多为实际的产品生产活动，所以考核也要围绕产品的质量展开，而用户评价是衡量产品质量最直接最现实的方式。从教育的角度看，这种评价方式最好作为一种过程性评价，这样学生在打造产品的过程中就可以收集用户反馈，以帮助他们把产品打造得更好，而且可以避免一锤定音的评价导致学生的学习结果两极分化或者最终产品缺乏迭代而无法保证质量的情况。

五是产业专家提供反馈。实际上在很多产教融合的课程中，请产业专家给学生的作品提供反馈已经有不少实践，产业专家反馈和任课教师反馈最大的不同是，从产业视角可以给学生提供一些更现实、更有利于实践的信息，帮助学生的作品更容易落地。在方建松老师和李慧老师的课程中，课程教师和企业导师共同提供过程性评价，特别是企业导师的评价占更大的比例，因而可以从实践者的角度给予学生更有效的反馈，有助于提升学生的市场意识。

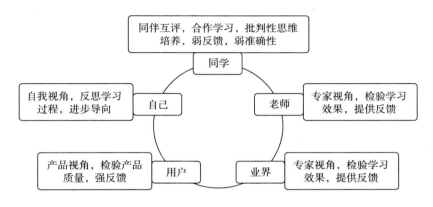

图 2-5 不同的评价主体及其特点

此外，有些线上学习平台还能做到基于大数据的人工智能评价，对于有标准答案或者可量化、可编程的评价指标，如果学生的考核是线上完成的，那么在线系统可以实时收集学生学习的大数据，并基于大数据和给定的评价标准来进行评价，学生也可以自主提交评价报告，系统自动打分。例如，尹逊波老师的微积分课程就采用了无纸化在线评价方式，这套网上阅卷系统可以智能扫描和分析试卷，并具备误差控制机制，能更好地做到公平公正的评价。面向未来，基于大数据和人工智能的评价，有可能突破高阶目标难以评价这一难题，因为大数据可以记录学生学习的整个过程，因此可以开发更加彻底的过程性评价方法，摆脱过去大量的考核是基于观察和衡量学习表现和结果的老办法。

五、什么时候评价

课程考核评价的时机选择，会在很大程度上决定考核的效果。近几年国内高等教育界特别强调从终结性考核向过程性考核的转型，体现的就是考核时间的重要性，特别是在"以学生为中心"理念的引导下，如果我们注重考核方式对于学生学习的价值，那么考核时间的把握就很重要。尽管大家都认可过程性考核的价值，但对于什么是过程性考核的理解却不同。有的老师认为只要在一个学期的教学过程中进行考核，那就是过程性考核。例如，当前有大量的"过程性"考核以"章节测试"的方式进行，即学生学习完一个章节后，就进行一次考核。这是否为"过程性考核"可能值得商榷。笔者看来，真正的过程性考核，首先应该把通过反馈促进学生的学习作为一条基本的原则，但实际上上述的"章节测试"基本上是对学生这一章节学习的考核，很难促使学生基于这个考核的反馈来调整自己接下来的学习行为或者学习内容。类似的"过程性考核"还有作业、讨论等。本质上，这类考核之所以不能被认为是过程性考核，原因在于考核并不是发生在学生的学习过程中，而是发生在教师一个学期的教学过程中。笔者认为，真正的过程性考核应该是在学生参与某一学习活动的过程中进行考核，这样学生拿到考核的反馈信息后，还可以调整自己的学习以便更好地继续学习，只有这样才能真正促进学生的学习，才能体现"以学生为中心"的理念。

基于以上观点，想要真正实施过程性考核，学生某种学习活动的周期就需要足够长，才能有空间去做过程性考核。例如，在以知识和理论传授为核心目标的课程中，想开展过程性考核是很难的，主要的原因就是知识和理论的学习过程很短，也许学生学习一个知识点也就20分钟的时间，但老师不可能在学生学习10分钟后故意打断而去进行考核。以问题解决为导向的研究导向型教学，由于学生解决一个问题的时间是不确定的，可能是一周、一个月，甚至一个学期，因此在这个过程中，教师可以适当地设计过程性考核，学生拿到考核反馈后，可以基于反馈进一步完善自己的学习行为。

六、什么场景中评价

在什么场景中进行评价，决定了学生的学习会在什么场景中进行，也决定了评价的效果。图2-6展示了三种不同的评价场景。首先是我们非常熟悉的抽象场景，如学生坐在教室中参加闭卷考试，学生主要的任务是进行抽象的认知性活动，这种考核往往远离现实，注重学生自我记忆和理解。很多闭卷考试的题目也是非常抽象、脱离现实的一些理论问题。其次在虚拟场景中开展考核也比较常见，如一些"假题真做"的考核题目，老师虚构一个场景，在这个场景中让学生去解决一个问题。这种考核相对于第一种更有利于学生形成画面感，更能发挥想象力，但是这毕竟不是学生真实感受到的场景，往往也不能做到让学生身临其境。最后一种是在真实场景中对学生进行考核，如学生在社会中发现一个问题，然后提出问题解决方案，当老师把这个问题解决方案作为考核内容时，这就是一个真实场景中的考核。因为学生身临其境，进入真实场景，去感受、关注和回应纷繁复杂的现实社会，从千丝万缕的关联因素中找到自己应该重点关注的地方，甚至需要建模来描述现实的复杂问题。

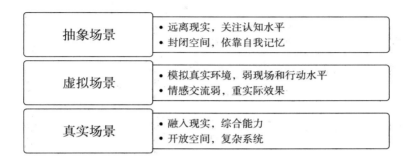

图 2-6　不同的评价场景及其特点

第四节　实践导向的学习流程

学习流程是笔者最近几年大力倡导的教学创新中需要关注的一个关键概念。张晓军和席酉民（2021）指出，学习流程是学生的学习活动以及活动之间的关联。如图 2-7 所示，一门课程可以有不同的学习活动组合，即学习流程。如图 2-7（a）所示，可以一学期只有两种学习活动，如大家所熟知的听教师讲授知识和与同学讨论；图 2-7（b）则是一个有多种学习活动的课程，学生在课程学习中可能要听教师讲课，也要与同学讨论，但除此之外还可以从事诸如自主学习、社会调查、文献搜索与整理等学习活动。两种学习流程的差异，显然会带来不同的学习效果。

学习流程作为相互关联的一系列学习活动的组合，体现学习活动设计的理念和能够支撑的基本学习目标。过去几十年的教育体系最重要的目标是知识传授，主要的学习活动就是被动听讲，这几年又开始重视研讨和小组合作等活动。目前大学生在课程学习中比较典型的流程就是课堂听讲、研讨学习、小组合作以及基于记忆与理解的解题。

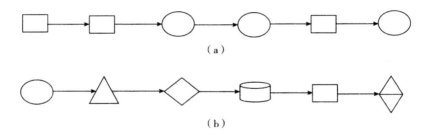

图 2-7　不同类型的学习流程

注：不同的形状代表不同的学习活动。

　　未来，实践导向的教学是教学改革的方向，即学生在任何一门课程上的学习都是从关注实际问题出发的，整个课程学习的目标是通过解决一个真实的问题，训练学生的自主学习、问题解决以及团队合作等能力。这个学习流程中的典型学习活动包括关注真实世界、提出问题、广泛的资料搜集、与他人合作、开发和评估问题解决方案等。这个流程和传统以知识传授为核心的流程有很大不同。图 2-8 展示的就是西交利物浦大学探索和倡导的研究导向型学习流程，这是一个典型的实践导向型学习流程。

图 2-8　研究导向型学习流程

　　实践导向的教学，需要反思甚至重新设计理论与实践教学的关系。过去很长时间内，我们的教学都是先理论教学后实践教学，基本逻辑是首先教给学生一个知识体系，然后让他们利用这个体系去解决问题（见图 2-9）。但可能出现的情况是，当学生面对实践问题时，发现学的理论不能很好地对应到解决问题的过程中。而实践导向的教学，提倡先让学生感受真实的世界，提出自己真正感兴趣的问题，然后在兴趣的驱动下自主搜集需要学习的理论，并基于知识整合提出自己的观点，给出解决方案（见图 2-10）。在这个全新的流程中，老师支持学生基于自己的兴趣开启学习，真正体现了老师作为引导者，激发学生无限潜能的理念。同时，学生在兴趣的驱动下，可以自主地进行知识学习，这种问题驱动的知识学习天然就是融合不同学科的，并不仅仅局限于老师讲授给学生的知识，甚至老师可能并不需要给学生讲授太多的知识。

图 2-9　传统的理论教学和实践教学安排

图 2-10　理论教学和实践教学过程的融合

　　实践导向的学习流程是针对理论导向的学习流程提出来的，其核心关注点是给学生提供一种不同的学习环境，然后在这个环境中给学生设计不一样的学习活动，打造学习流程。目前各学校的实践教学基本上可以算作是实践导向的学习，也是当下突破产教融合"瓶颈"的方法，但是学习流程可以有很多改进的空间。笔者所在的西交利物浦大学近几年一直在探索行业导向的教育，打造了行业企业定制化教育项目（IETE），其中的核心理念就是给予学生在实践中把握行业发展大势的机会，学生利用两个月的时间学习 2 门 5 个学分的课程，并且部分时间会在企业中学习。基本的流程如图 2-11 所示。这个流程设计的基本逻辑是学生在实践场景中以实际问题为驱动，以解决问题为目标开展学习。

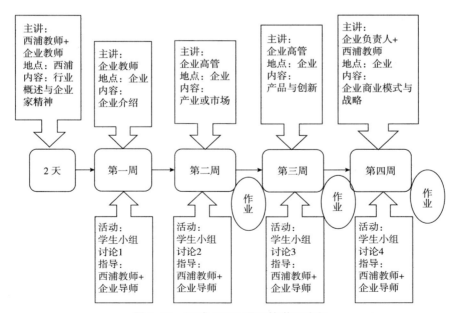

图 2-11　西浦 IETE 项目的学习流程

因为在现实生活中，我们每个人解决问题的步骤是先遇到问题，然后根据问题去学习和整合需要的知识，而不是先学习一堆知识，想着以后拿着这些知识去解决问题。例如，在医学教育中，我一直好奇，为什么不能先让学生走到真实的临床实践中，让大家去观察和感受给病人看病是一种什么样的体验，从而再有目的地去学习理论知识。当然，学生从一开始并不是真的给病人看病，而是从教育的角度去激发他们的兴趣，让他们在真实的场景中感受自己的角色以及需要的知识。例如，孟亚老师的护理学课程创新，在一定程度上给这个问题提供了解决方案，即课前让学生在线上学习理论知识，而在课堂学习中主要是针对真实案例的讨论。该课程引入了在线的虚拟场景训练，让学生互助实操练习。这样设计可以很好地让学生理解自己学习的理论知识到底能解决什么问题，并且尝试去解决实际的问题（见图 2-12）。

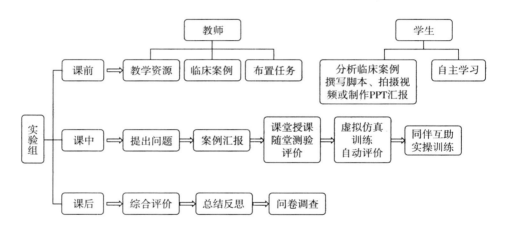

图 2-12　孟亚老师护理学课程的流程

一、选择什么样的实践场景作为学习环境

学生去企业学习，并不是人在企业里就行，而是要精心选择真正能够给学生带来价值的学习场景。例如，在西浦的 IETE 项目中，明确地摒弃一般的实习项目的场景设计，因为实习很多时候并不能接触企业的核心流程，而是一些边缘性的诸如档案整理、外部接待甚至打扫卫生的工作，这些场景并不能支持提升学生行业素养的目标。一线的生产流水线也不一定是有效的学习场景，有些流水线是成熟固化的操作过程，学生在流水线上按照操作规则进行即可。如果课程本身不

是以操作技能的培养为目标，那么这样的场景也不能给学生带来价值。对于以行业素养为目标的 IETE 课程，真正对学生有意义的实践学习场景可能是讨论行业发展的场景，如针对产品研发的讨论活动、参加行业研讨会等。这些场景通常可以给学生提供一个开放的空间，让学生去思考和分析诸如行业发展这般开放性的问题。

二、在实践中主要做什么

选定了学习场景，接下来重要的就是学习活动的设计。在图 2-11 中，IETE 项目的学习活动主要包括选定一个要解决的问题、数据收集与观点整理、师生研讨互动，以及提出问题解决方案等。显然，这些活动与一般的企业实习活动是不同的，之所以这样设计，最核心的目的是希望学生在企业的学习活动能够有效地支持其学习目标。当然，设计学生在企业的学习活动难点在于，如何让学生的学习融入企业的核心工作流程。很多时候，因为学生学习的短期性，企业很难给学生提供融入核心工作流程的活动，同时，企业也没有太大的积极性把核心工作流程开放给学生。因此，目前关于产教融合的探索，最大的挑战和需要突破的问题可能就是如何给学生设计出在企业中有意义的学习活动，以及如何调动企业的积极性来支持学生的学习活动。

从西浦举办 IETE 项目的经验看，学校设置学生在企业学习的明确目标，并且一开始就和企业沟通清楚，通过沟通筛选出有意愿的企业。同时，西浦设计了全新的学生学习活动，这些活动既不同于实习，也不同于在学校的学习，这对企业如何支持学生学习提供了基本的引导，很多时候企业有意愿支持学生，但不知道该如何支持，因此设计清晰的活动可以有效地解决这个问题。例如，方建松老师的课程中，设计了层层递进相互嵌套的四链条学习流程"作业—作品—产品—商品"，这个学习流程首先很好地把传统的课堂场景和实践场景融为一体，学生课堂上学到的知识可以运用到最后的产品制作中。特别是在真题真做的环节，学生还需要把自己的产品投放到市场，接受市场检验，这个学习活动在大多数的产教融合教学中并不多见，但给学生带来的反馈却是非常有益的。

三、如何整合实践中的各类活动

设计好学生在企业的学习活动后，如何把他们整合为一个顺畅的学习流程，也很重要。这其中需要重点关注的是时间因素，即哪个活动应该先开展，哪个后开展。例如，在实践中经常存在的认识是，应该先把学生在企业实践中可能用到的知识都教给学生，然后再去实践，也就是说学生具备了一定的基础才能参与实践。但实际上这样的逻辑可能并不是最有效的学习流程安排。有研究关注老师先教知识后让学生解决问题和先让学生解决问题后补充相关知识这两种流程的有效性，结果发现先让学生解决问题后补充相关知识的流程更有利于学生的学习。

另外，在流程构建中还需要考虑，学生在企业的学习应该分布在哪些时间点，是和课堂学习交错进行，还是设计成完全分离的两块，这也是值得探索的。在西浦开始实施 IETE 项目的头两年，先安排了学生在校园学习，再让学生在企业学习，结果效果不佳。后来西浦彻底更新了学习流程，让整个流程以一个企业和学生都感兴趣的问题为驱动，整个过程就是在解决这一问题，所有的课程和讨论都要围绕支持学生解决问题来展开。这一革新取得了不错的效果。

在产教融合的实践中，德国的双元模式和北美的 Co-op 模式（三明治模式），也都有各自的特点。双元模式基本上是学校学习和企业学习融为一体的方式；三明治模式则是分模块展开的，即学生在企业学习一个月，在学校学习一个月（或一个学期）。这些不同的模式到底对学生的学习效果有何影响，值得认真研究和比对，并基于此来重塑学生的实践学习流程。

综合案例：IETE 项目如何通过教育创新推进产教深度融合

产教融合是当前实践中落实实践导向的学习流程的重要领域，笔者结合西浦探索融合式教育的实践，讨论如何真正通过教育教学的创新来推进产教深度融合。当前产教融合最大的挑战是产业方缺乏积极性，造成这个问题的根本原因在于大学的教育体系并不能承载产业的需求，无法利用好产业的资源，因此要推进产教深度融合，首先需要教育革新。

笔者认为在产教融合当中需要三个教育改变和创新。

第一个是教育模式的创新，以确保产业需求融入我们的教育体系。图 2-13 是大学的学科体系划分，在这个体系中，整个大学里面的每一个学科每一个专业实际上是按照一个知识理论体系建立起来的，这是典型的以知识为导向的教育。在以知识为导向的教育中，知识体系是核心。现在的学科门类包括一级学科、二级学科，这些不同的学科一级一级往下分，实际上是知识和理论不断地细分，不断地聚焦。知识体系对于学生来讲非常关键，不管是每一门课程还是每个专业，老师都会告诉学生学习这门课程，哪些知识是核心点。大学四年基本上是学一套学科化的知识和理论。但实际上在这样一个体系当中，学校和老师很难把产业的需求融入进来，因为产业对这个学科化的知识体系不感兴趣，也不擅长。产业的需求要融入进来，就需要开展研究导向的教育，即从产业一方或者企业一方真正关注的现实问题出发，让产业有积极性，有长远可持续动力来参与到教育当中。

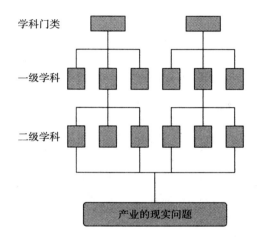

图 2-13　大学的学科体系

　　从知识和理论为导向到问题导向和研究导向，是全球教育改革的趋势。这种趋势实际上是一个可以融入产业需求、长期调动产业积极性的好办法。把产业的现实问题作为学生一门课程或者一个专业学习的出发点，老师可能就不需要太纠结于特定的知识和理论。学生学了一门课程，是不是把这门课程包含的所有知识点学会了，这可能是次要的。学生通过学习一门课程，跟哪些产业问题是对接的，他对于感兴趣的产业或者是企业当中的问题，有什么独到的见解，这才是最重要的。

　　产业的需求融入学习流程中后，第二个改变应是通过学习流程的再造，让产业的元素也融入进来，产业元素一般有产业的团队、产业的产品制造过程等，这些元素如何融入学习过程需要仔细思考。西交利物浦大学提倡的研究导向型学习，实际上是一种从真实的问题出发，让学生通过一门课程的学习去解决问题的学习理念。这个过程非常有利于把产业的要素融入学生的学习过程中，让产业有机会真正参与到教育中来（见图 2-14）。

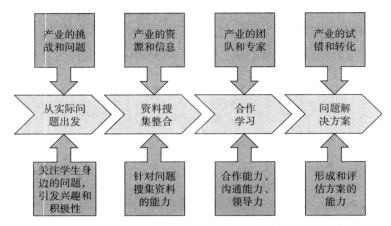

图 2-14　研究导向型学习流程支撑产业的要素融入教育过程

　　如图 2-14 所示，研究导向型学习流程的第一个环节是从产业方的实际问题出发，师生一起去研究并提供解决方案。这对学生的学习来讲，意义在于鼓励学生去关注身边的真实问题，从而引发学生的兴趣和积极性。只有让学生面向真实的社会，才有可能调动学生的积极性和兴趣。第二个环节是搜集整合资料，一方面可以训练学生针对问题搜索资料的能力；另一方面可以让学生在企业中的学习有一个线索，从而用好企业的资源和信息。针对一个行业问题，学生如果只去互联网上找相关信息，有可能找到一些，但是如果在企业的帮助之下，包括企业自己提供信息，那么可以更好地帮助学生获得与问题相关的资料。第三个环节是合作学习，在传统的课堂上老师和学生非常重视学生之间的合作学习，但是在产教融合中，很重要的是学生和企业员工之间的合作学习，这更能锻炼学生的合作能力、沟通能力、领导力，也是把产业的团队和专家融入学习过程中的关键。第四个环节是开发问题解决方案，这对学生形成解决问题的能力和评估方案的能力至关重要。很多老师经常会让学生去解决问题，但是往往学生提出的问题解决方案并不是一个可操作、可执行的方案，但是如果把方案置于一个产业的背景当中，学生就会感知到，什么样的方案才是一个可实施的方案，学生甚至有可能在产业的背景当中去试错。

　　第三个改变是课程结构的创新。传统的课程一般都是按照图 2-15（a）设置，即一个学期学生要学四门课程，一个专业的学生在大学四年可能要上几十门课程，前一门课程结束后再学另一门。整个课程体系是靠知识和理论连接起来的，但是产业不易于融入这样的课程体系中，同时人才培养可能也无法更多地瞄准素养和能力。

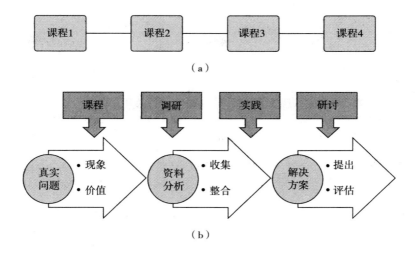

图 2-15 IETE 课程结构的创新

在 IETE 所倡导的学习流程之下，学校和企业通过合作给学生提供完全不同的学习体验，可能包括理论性学习，但是也可能有调研，学生要在企业当中不断地穿梭和循环往复，企业待一段时间，学校待一段时间；另外可能还有实践，可以在企业提供的平台上去做一些事情。在做的过程中可能还有研讨，企业方、学校老师、学生一起去探讨一个具体的问题，这些调研、试错以及研讨都叫课程［见图 2-15（b）］，不是一个老师在课堂上给学生教几十次课才叫课程。调研、实践、研讨这些活动是附着在学生学习流程上的。在这个学习流程上，不同的人可以以不同的方式支持学生的学习，如大学老师是从学术角度、行业导师是从行业角度给学生提供学习帮助。在学生做实际项目的时候，还需要项目导师来支持学生在企业中做好项目管理，等等。

综合以上三个方面的改变与创新，以一个为期 7 周的 IETE 课程来完整地呈现如何从企业关注的实际问题出发，实现产教深度融合（见表 2-1）。

表 2-1 7 周 IETE 课程的基本安排

企业发展	你将做什么	你将获得的支持
第 1 周	从企业战略规划层面对所选行业和企业进行背景研究、搜集并分析数据信息，针对你所选行业课题方向，设计创业型企业的战略规划调研方案	西浦讲师：行业和企业战略基础、企业组织文化、行业研究及分析方法指导 西浦导师：项目管理指导 企业讲师：行业案例解析 企业导师：实时指导、修正方案、提供企业相关信息

企业发展	你将做什么	你将获得的支持
第2周	对比分析所选行业不同的商业模式，根据市场调研与所选行业课题方向制订商业计划书	西浦讲师：商业模式基础、财务模型与融资、行业研究分析方法指导 西浦导师：项目管理指导 企业讲师：行业案例解析 企业导师：实时指导、修正方案、提供企业相关信息
第3周	通过企业案例分析，了解和学习人力资源战略规划，制订未来4周对所选企业组织文化、人才战略及财务等的调研计划	西浦讲师：从案例及行业研究课题出发联系人才战略等相关理论与实践、行业研究分析方法指导 西浦导师：项目管理指导 企业讲师：行业案例解析 企业导师：实时指导、修正方案、提供企业相关信息
第4周	在所选企业实地调研，研究和衡量其组织文化，并协助企业完成与行业研究课题相关的工作	西浦导师：引导反思与总结、实时咨询及指导 企业导师：布置项目工作任务、实时咨询及指导
第5周	在所选企业实地调研，运用财务模型方法和工具对企业做宏观财务分析与预测，协助企业完成与行业研究课题相关的工作	西浦导师：引导反思与总结、实时咨询及指导 企业导师：布置项目工作任务、实时咨询及指导
第6周	在所选企业实地调研，发现企业在人才战略实施中面临的问题和挑战，并提出解决方案，协助企业完成与行业研究课题相关的工作	西浦导师：引导反思与总结、实时咨询及指导 企业导师：布置项目工作任务、实时咨询及指导
第7周	反思总结前6周的研究过程，整理研究结果，完善最终的行业项目报告，准备项目答辩	西浦导师：引导反思与总结、实时咨询及指导 企业导师：布置项目工作任务、实时咨询及指导

第五节　兴趣导向的个性化教学

个性化教学是指老师在支持学生学习的过程中，能够关注每一位学生不同的兴趣点，并且能够切实地支持学生追随自己的兴趣来进行学习，而不是所有的学生学习同样的东西。在实践导向的教学中，如果老师允许每位学生走到真实的社会中去探索自己感兴趣的问题，这就是一种个性化的教学。一些国外的高校在尝试个性化的考核，即同样一门课程提供几种不同的考核方式，如闭卷考试、大作业、课堂展示等，学生可以从中选择一种自己喜欢的方式。一门课程如何在不同的环节给予学生个性化的空间并且提供个性化的支持，是很值得探索的创新方向。之所以强调个性化教学的重要性，是因为工业革命之后的教育体系非常重视统一的标准和行动，而忽视了很多学习者的个性化诉求（见图 2-16）。

图 2-16　传统教育中对个性化的限制

资料来源：https://xueqiu.com/4112735925/151903107，2022 年 6 月 18 日。

一、什么样的场景才能激发学生的兴趣

每当谈到支持学生基于兴趣开展学习时，老师的挑战在于很多学生并不知道自己的兴趣或者对于所学的课程有没有兴趣，这一现实和学生在大学以前接受的教育和学习习惯密切相关。老师的创新需要以此为出发点，探索如何才能激发学生的兴趣，而不是假设学生有兴趣然后去支持学生所谓的"兴趣"。因此当前大学教学中的兴趣导向，首要的不是如何支持学生的兴趣，而是在大多数学生面对一门课程，表现出茫然和不知为何学习的情况下，老师能够引导学生对这门课程相关的某些话题、活动或者内容产生兴趣，即便当这门课程结束后，学生还能继

续关注这些感兴趣的事物，甚至助力自我职业方向的选择。

老师要想通过一门课程激发学生的兴趣，需要创新。这需要理解什么样的场景才能激发学生的兴趣，教师如何设计课程才能生成这样的场景。如果一门课程的目标是教给学生几十个知识点，教师一味地想方设法来提升每一个学生对于这些知识点的兴趣，那将是一件非常困难的事，因为兴趣是非常个性化的一种情感表达，每个人由于过往经历的差异，不可能对相同的知识点感兴趣。因此，要激发学生的兴趣，老师可能首先需要改变教给学生几十个知识点的目标。任何情感性目标的实现，可能都需要老师设计一个充满情感元素的场景，然后让学生在这个场景中，自由地感受不同的情感元素，通过与这些元素的互动与共鸣，激发学生内心深处的情感——兴趣。例如，在笔者教授的一门为大一学生开设的可持续发展课程中，学生的第一个任务就是在学校所在的城市中，找到自己感兴趣的城市面临的可持续发展问题。每一个学生都可以自由地去城市中探索。此时这个城市就是一个"场景"，学生走入其中，有的人关注垃圾处理问题，有的人关注的是污染问题，还有的人关注老年人的生活……可以看到每个人所做的选择，都是在和这个场景中特定的元素产生互动后所形成的自己希望去探索的问题，此即为兴趣。

二、如何通过个性化教学支持学生追随兴趣

老师在课程中支持学生追随兴趣，尽管很重要，但是难度很大，主要的挑战在于个性化的支持方式不容易设计出来。试想如果一个班50名同学有50个不同的感兴趣的话题，那么教师如何来开展课堂教学？每个学生在追求自己兴趣的过程中，可能有完全不同的需求，老师如何来满足每个个性化需求呢？当老师花很大的精力满足了个性化需求后，课程本身的内容讲授任务难以完成怎么办？笔者为了研究和探索这种能够支持个性化兴趣导向学习的课程设计，在西交利物浦大学的可持续发展课程中实践一年后，于2019年与另外三所大学（四川大学、西南交通大学、山西师范大学）的老师合作，共同探索真实社会问题导向的跨学科社会创新课程的设计与实施。这个合作项目在2021年扩展到了12所高校，经过两年的探索，我们发现，在课程中给予学生充分的空间，让他们在感兴趣的场景中寻找研究主题，对于调动学生积极性有不可比拟的优势。

同时，如果一个班100位同学都有自己感兴趣的话题，那么老师可以通过在几个关键阶段提供统一的引导与适当的个性化指导来支持学生的学习。例如，如何在真实的社会中发现自己感兴趣的现象，如何从自己感兴趣的现象中提炼出一个有价值且又可以解决的研究问题，如何在问题的引导下找到对自己有帮助的知识和信息，如何把不同学科领域的知识和观点整合起来并形成自己的观点，如何提出一套有价值且可实施的问题解决方案，如何评估一个问题解决方案的好坏优劣以及适用条件等，这些都是老师可以在过程中给学生提供的统一引导。另外，辅以针对学生的个性化指导，特别是可以创设活动让学生之间相互指导、相互评价，都是很好的支持学生的办法。

第六节　学习场景和环境的革新

学习场景和环境是学习发生的场所，很多时候什么样的场景会决定学生有什么样的学习行为，从而决定课程能够产生什么样的学习结果。最常见的学习环境就是教室，教室也有不同的类型，如排排坐的演讲厅、适合分组讨论的研讨厅，以及装备了各种先进设备的智慧教室等。此外，还有虚拟学习环境，如在线学习平台、人造现实等。如果我们重视学生价值观的塑造，那么需要把学生置于真实的社会中；如果关注学生的社会责任，则需要把学生情感要素和真实世界中的挑战和问题联系起来。可见，学习环境不仅包含物理的空间，也包含通过技术创造的虚拟空间，更有基于情感要素关联而营造的社会空间和价值场域。

一、什么样的场景能有助于有效的学习

目前实践中关于学习场景的创新主要有生活场景、虚拟场景、情感场景、实践场景、文化场景等。

教学中关于生活场景的创新，普遍的实践是把真实世界引入课堂，这也是学习环境的革新。把学生的学习置于真实的世界中，而不是与世界隔离，对于学生能力和素养的提升，有着重要价值。在黄茜老师的课程案例中，让学生走入身边建筑中和色彩相关的场景，然后关注如何通过色彩的设计，更好地服务于使用建筑的人群，这就是典型的依托生活场景的教学创新。

虚拟场景一般有强大的学习场景塑造力，先进的技术如 VR 和 AR 等可以显著地改善学生的学习环境。虚拟现实已经可以帮助学习者构造那些不能轻易到现场感受的学习环境。因此，利用新技术改进学习环境也是一个重要的教学创新方向。在于冰沁老师的风景园林课程中，开发了虚拟现实学习场景，让学生能够通

过这一先进技术的支持，"身临其境"地感受中西方历史名园之美。

虚拟仿真平台也为教学创新提供了有力支持。张永策老师的实验平台就是一种虚拟仿真平台，学生做实验不用再去线下的实验室，而是在这个线上平台上操作，这个平台可以安装在移动手机上，学生可以随时随地来做实验，而且整个过程设计类似于游戏过关，切合学生的喜好。平台出具实验报告也采用电子化，方便学生与老师随时查看，同时有利于老师根据报告数据分析来不断优化平台。更有趣的是，整个平台是开放的，任何学习者都可以自己来编程设计喜欢的实验，如果设计得好，这个平台上的其他学习者就会采纳，可以说这是一个典型的开放创新生态系统。

还有一类虚拟场景是基于虚拟角色的学习场景，也即学生通过角色扮演来体验某种场景，并在这一角色中学习。在于桂兰老师的课程中，学生通过角色扮演，模拟一个劳动关系诉讼的过程，学生通过这个虚拟场景，能够切身体验，达到沉浸式学习的状态。

情感场景对于培养学生的价值观、社会责任感等目标有直接作用，可以说只有在情感场景中，学生的情感类目标才有实现的可能。情感场景，需要通过情感作为基本元素来搭建。例如，爱国主义精神是课程思政的重要目标，要在课程中提升学生的爱国主义精神，首先需要搭建一个爱国主义的情感空间，给学生放映电影《长津湖》，就可以营造一个绝妙的爱国主义场景。大家通过观看电影，爱国情感油然而生，有些人甚至潸然泪下。

实践场景即让学生在社会实践中学习，常见的活动就是企业实习和社会实践等。还有一些老师设计了真实的社会角色，让学生从这个角色中获得成长。例如，在营销类的课程中，让学生扮演推销员，尝试推广一个产品。方建松老师、王万竹老师和侯萌萌老师的课程就是这样的案例。

文化场景是在和文化相关的学习目标中经常使用的。例如，如果要培养学生的跨文化领导力和国际视野，则需要给学生营造一个多元文化碰撞的场景，学生能在其中感受多元文化，同时与他国文化产生深入的交流和碰撞，找到融合点。典型的例子是密涅瓦大学让学生在五大洲七个不同的城市中度过大学时光，通过学生在不同的文化中生活、与当地人合作等来培养他们的跨文化领导力。

二、课程如何成为学生与真实社会连接的桥梁

在上述的各类创新中，尽管都是面向未来的教学创新，但从长远来看，最有挑战也最具革命性的是生活场景中的学习，这是联通未来终身学习体系的基本途径，是大学能够持续地体现其价值的根本路径。

目前通过课程把学生引入现实的生活，主要有三种方式：第一种是课外拓展。一般的做法是在老师的传统教学之后，给学生布置一些课后可选择的拓展任务，尽管这些任务对学生学习的价值很大，但本身并不属于课程的核心组成部分，也不会受到严格的质量保障监控，更多的是依据学生的个人爱好来开展，只是对课堂学习的一个补充。第二种是促进课内课外学习的融合，很多在教室之外的学习活动也被纳入正式的学习环节，也会有相应的考核和监督等措施。第三种是完全放弃课内课外学习的划分，将主要课堂设在课外。

第七节　课内课外的融合

课内课外的融合不是新问题，但在新时代"以学生为中心"的理念之下，首先需要重新思考什么是"课内"和"课外"。过去我们把课堂内发生的活动称为课内，或者正式学习；把课堂之外发生的活动称为课外，或者非正式学习。但随着对学生自主学习能力的重视，以及网络学习平台的普及化，我们很难再简单地把课堂内的学习视为课内，并作为老师重点关注的领域；而把课堂之外的学习仅作为补充，只是让学生有选择地参与。面向未来，老师需要支持学生的终身学习能力，也就意味着需要突破课堂，关注当学生脱离教师的主导后，如何能有效地进行学习。

课内课外融合有三种境界：第一种是超越"课内"与"课外"，也即学生的学习不再简单地分为课内和课外两个部分。这首先依赖于教学体系的改变。例如，在西交利物浦大学，每一门5个学分的课程，学生在一个学期的总学习时间一般是150个小时，按照传统的"课内"的定义，老师讲授、引导学生学习及讨论的课堂时间大约有40个小时，同时在每一门课的大纲里还明确规定，学生需要自主学习约110个小时，这110个小时，如果按照传统的观念，应该属于课外，但在西浦，这也是课内，只有学生完成后，才能通过本门课程的考核。这实际上已经超越了传统的课内和课外的概念，学生在课堂内外的学习也没有轻重之分，这也是课内课外融合的一种模式。当然，要做到这种融合学习，教师和学校有大量的问题需要解决：如何调动学生的内驱力去自主地开展学习？如何大幅减少学生的上课时间，从而给予更多的自主空间？如何把学生的考核范围扩大到课堂的讲授范围之外？这些改革都不容易，而且涉及教学管理体系的变革。

第二种是保留课内课外的活动，但是通过一个线索把这些活动连接起来，成为一个整体（见图2-17）。传统的课内活动主要是听老师讲授和学生之间的研讨，课外活动是自主学习、实习和实践等。大学如果能通过特定的线索把课内和课外的活动有机地融为一体，使这些活动能共同协作服务于学生的成长目标，同时在活动的衔接上也井然有序，这便是很好的教学创新。

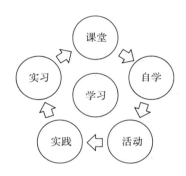

图 2-17　课内和课外学习活动的融合

例如，西交利物浦大学为了培养学生通过创新解决社会问题的能力，在大学四年设计了一系列课内课外融合的活动（见图2-18）。从学生收到学校的录取通知书开始，就设计了旨在树立学生关注身边社会问题的意识的学习活动，鼓励每一位准新生和自己的朋友或者家人合作，关注一个身边的可持续发展问题，然后尝试分析问题并提供力所能及的解决方案。当新生入学后，第一学期开设面向所有学生的可持续发展课程，由老师引导学生深度关注社会可持续发展的挑战与问题，学生根据个人兴趣选择一个具体的问题作为自己的研究方向，通过课程中老师的支持，最终提出一个有价值的解决方案。在第一年暑期，学生还可以带着自己选择的问题继续参与义工学院的社会实践活动，尝试把自己的方案落地。学校的大学生创业园则为学生落地自己的项目提供了空间和资源保障。学生社团也是和一年级可持续发展课程紧密相连的活动，学生在课程中发现的问题，可以长久地通过社团活动得以实施，并且传承给后入校的学生。从大二开始，在所有的专业课程中，西浦倡导研究导向型教学，鼓励学生带着自己感兴趣的真实问题学习每一门课，这也和从大一开始的各项课内课外活动紧密融合在一起。

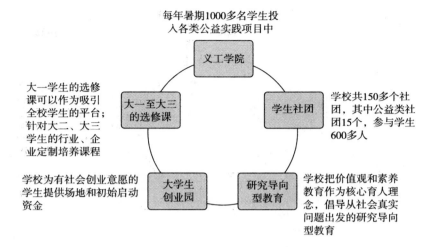

每年暑期1000多名学生投入各类公益实践项目中

义工学院

大一学生的选修课可以作为吸引全校学生的平台；针对大二、大三学生的行业、企业定制培养课程

大一至大三的选修课

学生社团

学校共150多个社团，其中公益类社团15个，参与学生600多人

学校为有社会创业意愿的学生提供场地和初始启动资金

大学生创业园

研究导向型教育

学校把价值观和素养教育作为核心育人理念，倡导从社会真实问题出发的研究导向型教育

图2-18　西交利物浦大学社会创新的课内课外融合教育

第三种是把课内作为核心，课外作为拓展。过去很长一段时间，高校都在探索第一课堂和第二课堂的教育，但过去的探索并没有重视把两个课堂整合在一起给学生系统的学习体验，而是在两个平行维度下各自探索独立的活动。这样很难确保课内课外服务于同样的学习目标，也很难激励学生去关注课外的互动，因此往往是注重课内而淡化课外，或者课内和课外的活动由于不共享目标而无法融合，各说各话。

面向未来的能力和素养导向的教学，需要考虑学生从进入大学到离开大学的四年时间里所有活动的重构和整合。这些活动包括所有课内和课外的活动。由此，课内和课外的融合成为一个关键问题。一门课程如何超越传统的课堂讲授与研讨，与课外活动无缝整合为一个全新的学习流程，有效地支持能力和素养目标的达成，是当下一个很重要的教学创新领域。

第八节　课程体系重构

学习流程重构中的重要一环是课程体系重构，这可以是在专业层面设计课程结构，也可以是少数几个专业之间关系的重构。课程体系设计包括三个关键要素：人才培养目标、内容体系以及学习活动。在全球不同国家的教育体系中，有不同的课程体系类型（见图 2-19），这些不同的体系主要是通过上述三要素之间不同的组合方式实现的。

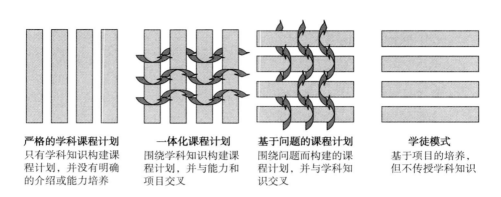

严格的学科课程计划	一体化课程计划	基于问题的课程计划	学徒模式
只有学科知识构建课程计划，并没有明确的介绍或能力培养	围绕学科知识构建课程计划，并与能力和项目交叉	围绕问题而构建的课程计划，并与学科知识交叉	基于项目的培养，但不传授学科知识

图 2-19　不同类型的课程体系结构

资料来源：克劳雷，等．重新认识工程教育：国际 CDIO 培养模式与方法［M］．顾佩华，译．北京：高等教育出版社，2009.

在我国，几乎所有大学的专业课程都是依据学科化的知识体系组合在一起的，一门课程几十个知识点组成一个小的知识体系，几十门课程的小知识体系放在一起就成为一个专业的知识体系。这个体系直到今天还是专业人才培养方案的核心，也是一门课程大纲的核心，把这个知识体系传授给学生也是任课老师的基本任务。

显然，这种以知识传授为核心目标建立起来的课程体系在培养学生能力和素养方面并不奏效。当我们转向能力和素养导向的教育时，迫切需要重新去建构一个能有效支撑能力提升的学习流程，这个流程需要打破学生从大一到大四通过学习几十门课程的知识来获得毕业证的方式，建立由各种各样的能力训练活动组成的新的学习流程，以达到社会对人才的期望。要支撑这样的流程，专业中的课程设计逻辑需要调整。一门课程并不是支撑某个知识体系，而是支撑某些能力训练活动，课程与课程之间也不是靠知识体系相连，而是靠能力训练活动连接在一起。因此，从知识传授转向能力和素养导向的教育，课程体系的重构是必然的。

图 2-19 中的后三种模式即是针对能力和素养目标的课程体系。其基本特征就是在学科知识之外，以独特的能力训练活动组合而成的项目也属于课程体系的重要组成部分。学科知识与项目活动之间的主导地位不同，又可以出现不同的模式。麻省理工学院倡导的 CDIO 工程教育即是采用学科知识和项目活动并重的一

体化课程设计模式；西浦倡导的研究导向型教学，则是以项目活动为主导，以跨学科知识为辅助的课程体系。

一、一个专业的目标如何落实到不同的课程中

能力和素养导向的课程体系重构，首先需要确定的是一个专业应该培养学生哪些能力和素养，然后分析要培养这些能力和素养需要设计什么样的学习活动，再把必要的学习活动模块化，一个模块可能就是一个课程。因此，由于目标的差异性，一门课程可能并不是简单地通过几十次授课完成的活动，而是两个月或者两年的一系列学习活动的组合。整个专业所有课程的重构，不是一个老师就能做到的，可能需要专业负责人、系主任甚至院长来主导。对于个体老师而言，即使做不到改变整个专业的课程体系，也可以基于自身的教学实践，和本专业的其他老师合作，进行小范围的课程体系重构，如把两门课程进行重新设计，整合为一门课程，或者几门课程的老师给学生一起上课，共同关注一个更宽广的领域。

课程体系重构中有一个特别的变化，就是不同学科的课程整合。跨学科课程实际上也需要打破学科化知识体系的逻辑，需要颠覆通过一个领域的知识构建一个专业的逻辑。如何才能把不同学科的课程整合到一个专业当中？最理想的方式就是让所有学科知识都能服务于学生的能力和素养训练活动。也就是说，学生在能力训练过程中需要学习什么样的知识就能学习到，不再受特定的学科限制。这种课程体系的颠覆性重构，是重要的教学创新方向。

2017年麻省理工学院（MIT）提出了全新的工程教育课程体系（见图2-20），这是一个彻底的跨学科甚至是放弃学科的教育模式。学生在大一还是以典型的美国通识教育为主，旨在培养学生的思维能力。从大二开始，学生不再是选择一个工程类专业，而是进入一个方向，MIT目前共有五个方向可供选择，每一个方向都是MIT的教授认为的未来工程发展的重大方向。学生选择一个方向后，要从事与这个方向匹配的工程项目实践。由于学生缺乏足够的知识和理论基础来完成这些项目，因此，他们就需要在从事项目实践的同时，按照他们的需求来学习需要的知识和理论。如果一个学生A在项目中，发现需要学习编程，那么就可以在学校的线上课程平台中选择编程课，这些课程都是由MIT的教授制作的，但是学生都需要通过自学来完成，本方向的教授不负责讲授这些课程。随着项目的进展，如果学生A发现还需要学习财务管理以应对项目中的特定问题和挑战，那么他可以继续去学校的线上课程平台上找到财务管理的课程，通过自学来解决项目中的问题。以此类推，可以看出一个学生为了完成项目需要学习的课程并不是来源于同一个或者少数几个学科，而是需要什么就学习什么，这完全超越了学科化知识和理论的范畴，是对传统教育体系的根本改变。

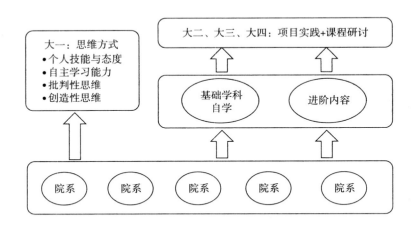

图 2-20　麻省理工学院的全新工程教育模式

二、不同的课程如何形成体系以共同培养学生的能力和素养

即使在同一学科之下的课程，也可以通过课程间的合作达成特定的能力和素养训练目标。课程之间的合作，主要是在特定的目标指引下，形成内容和活动之间的不同组合；而不同的课程间合作模式，又可以达成不同的目标。在图 2-21 展示的 CDIO 主导的工程教育课程体系中，有些课程是以内容为主导的，有些课程则是以活动主导的，这些不同类型的课程之间通过共同的目标组合在一起。以图 2-21 的车辆工程专业为例，学生的文字交流能力通过导论课程、物理、热力学和学士论文四门课程来培养，英语交流能力则通过导论课程、产品开发和学士论文课程来训练。这种课程体系可以看成是对学科化课程体系的一个改进，对于当前国内的课程体系重构有较强的参考价值。这一体系的缺点是不能有力支持学生面向未来的能力和素养的提升，因为以内容为主的课程还是占据了很大部分，同时体系关注的大量目标也是较为低阶的技能类目标，而没有太多关注面向未来的能力和素养。

真正面向未来的课程体系，需要把培养面向未来的能力和素养作为设计课程体系的出发点和核心目标，然后去寻找内容和项目之间最优的融合方案。当然，对于个体老师而言，实现整个专业课程体系的改革很难，但即使是一个专业里两门课程之间关系的改变，也能在一定程度上带来课程学习结果的改善。

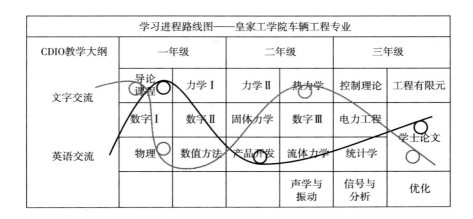

学习进程路线图——皇家工学院车辆工程专业					
CDIO教学大纲	一年级		二年级		三年级	
文字交流	导论课程	力学Ⅰ	力学Ⅱ	热力学	控制理论	工程有限元
	数字Ⅰ	数字Ⅱ	固体力学	数字Ⅲ	电力工程	学士论文
英语交流	物理	数值方法	产品开发	流体力学	统计学	
				声学与振动	信号与分析	优化

图 2-21 CDIO 培养模式下车辆工程专业能力目标在不同课程中的链接

资料来源：克劳雷，等．重新认识工程教育：国际 CDIO 培养模式与方法［M］．顾佩华，译．北京：高等教育出版社，2009．

例如，南京工业大学王万竹老师的课程则是对市场营销专业三门课程的重构，学生三门课程的学习共用一个案例。学生首先在消费者行为这门课上分析案例产品的消费者行为，其次在品牌管理课程里完成案例产品的品牌策划，最后在新媒体营销与网络零售课程里，学生将前面的内容整合，形成一份完整的网络推广方案。这三门课程的考核也整合到一起，分成不同的阶段，但从头到尾都围绕着学生关注的这个案例。

南京农业大学黄颖老师的课程从另外一个视角提供了一个课程体系重构的方向，那就是一门课程可以被来自不同专业的学生选择，于是这门课程内部就形成了一个跨学科学习的共同体。通过促进不同学科的学生在一起解决同一个实际问题，以此训练学生的跨科学思维。

三、如何打造创新的教学团队

课程体系重构的一个重要后续动作，就是创新教学团队的打造，这里的创新至少体现在融合和动态两个方面。融合包括不同学科背景的老师的融合、行业专家和学术专家的融合；动态则是课程体系内团队成员的持续变化。融合和动态是实现课程体系重构的基本路径和必然要求，但要做到融合和动态，也需要根本的教学创新（主要是教学管理创新）。当下大学中的教学团队，基本上是按照学科背景来组成的，有相同学科背景的老师，一般会在同一个教研室或者院系，给一个专业的学生上课。因此成立全新的跨学科教学团队，把不同学科背景的老师放在一个传统的教研室或者系里，能在一定程度上解决融合的问题，但是无法实现动态化。目前在学校整体组织层面实现融合与动态，基本上还没有好的办法。前文中 MIT 的全新工程教育课程体系改革给出了一个解决思路，即通过建立一个课程平台，成为学生和教师之间的桥梁，这样的话，所有的学生能通过这个平台学习所有的课程，这就解决了融合和动态的问题。但这一实践能在多大程度上成功，我们还不得而知，有待进一步观察和探索。

在个体老师层面组建有相同理念和追求的教学小团队，是目前教学创新的一道亮丽风景线。这些团队大多是自发组建的团队，也有一小部分是学校的行政安排。

四川大学唐亚老师所在的教学团队，是一个典型的基于个人兴趣自由组合的教学团队，这个团队在多年保持了相对稳定性，同时还建立了深厚的"战友情谊"，是很好的建设个体化教学团队的案例。与此不同的是，耿沛甲老师的大一学生写作课程教学团队，则是由学校统一安排的，这种通识类课程教师团队的建设，同样是一个有待深入探索和研究的课题。在耿老师团队参加西浦大赛的那年，笔者在现场亲身感受到那是一个很有凝聚力的团队，尽管是由学校统一组织来参赛的，但是大家的使命感很强，会全力投入团队工作中。

第九节　学习共同体建设

学习本身是一个社会化过程。学习不仅是学习者个人的行为，更是一种社会活动，因此，学习者和谁在一起学习非常重要。过去学校里的学习是一种远离社会的活动，大学以不受社会影响而自豪。在大学里面，学生参与的很多社会化活动也没有纳入重要的学分体系中，在课堂里很多时候也是学生向老师单向学习。

学习共同体就是要打破这些壁垒，疏通学生与学生之间、学生与老师之间以及学生与社会之间的沟通障碍。同伴学习、师生互动以及产教融合都有这方面的意义。但如何才能打造真正让学生受益的、包含多元参与者的学习共同体，尚需要大量的创新。

一、应该把哪些人引入一门课程的学习中

在一般的课程学习中，学生和老师是共同体的主要成员。面向未来，当终身学习和融入生活与实践的学习成为常态，课程学习共同体的成员会有很大的变化。例如，目前国内很重视的产教融合，则是把产业专家引入课程共同体；在国际化教育中，则是要把不同文化背景的人引入学习共同体；以社会责任为核心的教育，则把社区的公民和公益伙伴引入课程共同体。可见，不同的课程目标，需要引入不同的成员。

在笔者的一门亚太地区的教育课程中，为了支持学生更好地理解亚太地区十个国家的教育体系，批判性地看待不同国家的教育体系带给学习者的体验，笔者组建了一个独特的学习共同体，一是邀请这十个亚太国家的学术伙伴加入课程，请他们给学生介绍自己国家的教育体系，并和学生交流问题。二是邀请了来自这十个国家的西浦学生代表，介绍自己在本国的学习体验，并参与课堂讨论。

而在笔者上过的可持续发展课程中，则鼓励学生根据自己关注的可持续发展问题来邀请相关领域的专家作为自己项目的导师，如解决水污染问题的小组邀请环境科学系的老师作为导师，解决交通堵塞问题的小组邀请城市规划系的老师作为导师，这样每个小组的导师聚在一起，就是一个独特的跨学科学习共同体。

二、不同的人应该承担什么角色

在一个包含学生、老师以及外部人员的复杂动态学习共同体中，要让学生真正受益，需要设计好每个人在共同体中的角色。对于学生来说，可以是学习者，也可以是别人的伙伴，甚至是老师、指导者、评估者等；对于老师而言，除了传统的讲授者，还可以是引导者、辅助者、旁观者、队员、合作伙伴等；而行业专家可以是专家，也可以是合作伙伴和队员等。可见，在共同体内不同的参与者有很多可能性的角色。当然，不同的角色没有好坏优劣之分，具体每个人承担什么角色，要根据学习目标和具体的活动场景来设计。例如，在黄颖老师的课程中，有来自不同专业的学生，在从事旅游项目策划时，小组的角色设计很有意思，小组成员分别担任组长、记录员、监督员、挑剔专员等，这是一种很好的小组合作角色分配方法，这种分配对于提升学生的合作沟通能力有很大的帮助。在实践中很多老师在组织小组合作时，会出现学生"搭便车"的现象，实际上学生"搭便车"的一个原因可能是内部分工不明晰，导致角色重叠或者模糊。如果每个人在小组中都有清晰且各不相同的角色，那么"搭便车"的情况在一定程度上便

可以避免。

三、学生与学生之间的关系

在一门课程的学习中，学生与学生之间可以塑造不同类型的关系。最普遍的是学习同伴关系，即大家坐在一起上课，从老师那里接受信息，但学生之间没有实质性的互动。另外还有合作关系，相互合作共同完成学习任务，等等。那么，高质量的学生与学生之间的关系是什么样的呢？应该如何设计学生之间的互动活动来体现这种关系呢？这需要真正的创新。

例如，在山西师范大学王彤老师的课程中，学生与学生之间有紧密的相互支持和学习的关系，王老师通过建立线上视频库的方式，让学生拍摄视频共享到视频库中，实现了学生之间相互参照，相互学习，这种通过线上的生成式资源形成的学生互学共同体，是建立学生之间有意义的关系的好案例。

在张倩苇老师的课程中，也提供了一个建设学习共同体的案例，特别是开展了大量的线上共同体活动，学生可以根据自己的兴趣去选择希望参与的集体活动，这种方式可以形成基于兴趣的学习共同体。

四、老师与老师之间的关系

老师与老师之间的关系，也有多种可能性。可以只是同一个学校、学院或者系里的同事，也可以是科研项目上的合作伙伴，还可以是教学创新中的同路人，共同去探索和实践与众不同的教学方法……

在现在的高校中，老师与老师的关系，很多时候是由老师的学科背景决定的。我们对于学科背景相近的老师了解更多，合作更多；而对于那些与自己学科背景差异较大的老师，了解甚少，也很少开展合作。

我们如何才能在教学上与不同学科背景的同事一起持续而有效地合作，这其实是面向未来的教育很重要的一个命题，也是需要创新的地方。这表面上是一个跨学科团队的组建和管理问题，但本质上是跨学科的课程和跨学科的教学应该如何设计和实施的问题。

例如，何欣忆老师将教学团队中的工作重新划分为教育技术、资源制作、学科助教、教学理论和学科教学五个板块，每个老师主要负责其中一个板块。教育技术板块的老师负责处理在线教学技术问题和平台数据；资源制作板块的老师负责在线教学资源制作技术工作，如视频剪辑、PPT美化等；学科助教板块的老师负责对接学生开展线上助学督学工作；教学理论板块的老师负责结合质性和大数据分析，依托教学活动理论制定个性化督学方案；学科教学板块的老师负责准备线上线下教学资源，开展教学。这样的划分对于教学团队的可持续发展有很好的促进作用。

五、学生与老师之间的关系

学生与老师之间当然有师生关系，但除此之外，还可以是合作伙伴的关系、导演和演员的关系、领导和下属的关系，抑或是互为竞争者关系……这种师生关系的丰富化，能对学生的学习效果产生不同的影响。例如，在于桂兰老师的课程中，学生和老师在课程开始前形成契约，这可以看作一种合作关系；在课程的考核方式设计中，学生也参与其中，这可以看作教学伙伴关系。每一种关系的形成，都能有助于每一个教学环节的顺利实施，提高师生的协同合作能力。

第十节　线上线下的融合

线上线下的融合并不是新话题。特别是新冠肺炎疫情之后，几乎每位老师都在采用线上线下融合的教学方法。但真正创新的融合，不是把过去线下的任务简单分配一部分到线上去完成，而是针对高阶目标设计融合线上线下活动的学习流程。如利用线下的课堂，引导学生去关注和学习海量的线上资源，从而引导学生形成搜索整合资源的能力和自主学习能力。同时，通过创新线下课堂，给学生提供超越线上学习的独特价值。

一、开启学习新模式

2021 年，清华大学荷塘雨课堂平台上一门摸鱼学导论"课程"引起热议，这门和正规学校课程非常不同的"课程"在短短几天内吸引了几千名学生注册，掀起数万人在网络上关于大学课程改革的讨论。这门"课程"创始人的一段话更是触动了很多受过去数百年来形成的教育思维束缚的老师，"人人都有麦克风，人人都有摄像头，每个人都有属于自己的 15 分钟，这些理论的提出距今已有十年之远了，很多本科的课堂却仿佛处于三十年前，在很多大学甚至流传着这样一句话：我不去上课是因为上课耽误了我的学习。"

我们不禁会问：上课不也是为了学习吗？被上课耽误了的学习是什么样的学

习？这种学习是更有价值更有趣的学习吗？大学的课堂如何才能让这种学习发生？

最近几年，从中央到教育主管部门再到高校吹响了一系列根本性的教育教学改革号角，从本科教育改革到一流专业和一流课程建设再到教改"四新"建设等，实际上我们已经在探寻如何让这种不一样的学习发生。而这种探索有两个问题至关重要：一是如何去想象这种学习，二是如何促进这种学习在学校发生。

实际上像摸鱼学导论这样的课程和学习方式，在我们的生活中已经很多，如在哔哩哔哩、抖音等内容平台，已经大量存在这种笔者认为的面向未来人类学习的新模式。随着以互联网和人工智能等技术为代表的新一轮科技革命的快速推进，从工业革命时代继承而来的教育观念及体系已经不能满足时代的需求，面向未来的教育，需要具备生活驱动、兴趣导向、社区化、自主化等基本特征。

未来的学习，不再以学习知识体系作为基本目标，而是去满足每个人一生中各种各样的学习需求。例如，小时候需要学习生活自理、自我保护；青年时期需要理想教育、通识素养；成年以后需要基于真实生活或工作需求的主题化或领域内能力等。因此，未来的学习贯穿于人的一生，而且在不同的时间点学习的目标、内容和方式均不同，终身的自主学习能力至关重要。

未来的学习，是以兴趣为导向的，因为未来社会不再是大多数人尽其一生在流水线上做着同样的工作，每个人从事的工作都不同，并且可以选择自己感兴趣的事情作为自己的职业。因此，每个人的学习是个性化的，因兴趣不同而呈现差异。

未来的学习，不是所有人固定学习一个既定的体系，而是在不同的兴趣主导下形成特定的学习小组，小组成员共同去创造感兴趣的学习内容。高质量的学习，是基于成员需求生成的而不再是提前设计好的、满足特定标准的学习。这种学习小组之间的协调方式，更多的是社区化和自组织，而不是在一个规范的官僚体系中。社区化就决定人人都可以成为老师，每个人都可以对别人的学习做出贡献。自组织则确保了学习社区内的自主性和有序性，未来的学习者都是自己学习的主人。

以上这些特征，从目前来看，可以说和现有的体系格格不入。今天的教育还是知识导向而非生活导向，是由专家体系主导而不是由兴趣主导，是提前设计而不是过程中共创和生成，是正规的官僚体系而不是社区化及自组织。尽管这一体系依然主导着今天的教育，但是，人类的生活在新技术的支持下快速变化，大学如何转型也成为近些年教育系统中最热门的话题。那么大学如何才能从目前的状态转变为真正满足未来学习需求的教育体系呢？

毫无疑问这将是一场教育范式的革命，未来的教育，不是一栋栋高耸入云百年不变的摩天大楼，而是无数个无处不在即走即停的便携帐篷。大学需要的改革，不是改变一座大楼里的颜色、布局和材料，而是重新去搭建一个个独特的帐篷。大楼的逻辑是固化、设计、不变，帐篷的逻辑则是流动、即兴创造以及多变。要做到这种调整，最关键的就是教育体系中所有人（老师、管理者、学生、家长、政策制定者等）发生观念和行动的转变。与教育利益相关者的长期互动，让笔者发现转型中最大的挑战是人的观念的改变，很多人深陷以教授知识为导向的教育体系中而不自知，很多人对既有的东西恋恋不舍。近几年政策的强力推动让很多人开始思考我们到底需要什么样的教育。但仅靠政策的推动还不够，接下来重要的是为所有的教育利益相关方搭建一个未来学习的空间，引导大家组成自组织的学习社区，从与他人的相互学习中接受教育新观念，助力面向未来的教育改革行动。简言之，用传统的思维，只能复制传统；以未来的理念，才能创造未来，面向未来的教育范式革命才能发生。

摸鱼学导论这门课程开设的初衷尽管是创始人希望在昏昏欲睡的下午打起精神，希望通过模仿老师获得快乐，但这个追求正是来自创始人生活中的个人兴趣，这就像是搭建了一个便携帐篷，给对这个话题感兴趣的学习者撑起了一个独特的学习空间。希望在我们教育的田野上，有越来越多的小帐篷出现，到那时，教育的田野上不再是布满一成不变的摩天大楼，而是星星点点、瞬息万变的帐篷与这片田野融为一体。

二、线上线下混合学习需要教学创新

通过开拓线上学习，让学生基于兴趣来体验个性化的学习，以此塑造学生的终身学习能力，是面向未来的教育应该关注的重点。近些年基于线上的教育探索也风起云涌，特别是受新冠肺炎疫情以及急速发展的大型开放式网络课程（MOOC）的影响，学生从头到尾通过线上学习的网课越来越多。遗憾的是这类课程从出现起，其质量就备受争议，特别是学生各种各样的"刷分"姿势更是让人对网课的质量疑虑重重。无论是学生、老师还是学校，大家似乎有一种默契和共识：网课的质量没有线下课堂的质量高。一边是社会变革和技术发展对教育的重塑，特别是在线学习和随时随地个性化学习等新方式的出现，让我们觉得网课在未来的教育中举足轻重；而另一边则是将网课视为低质量的课程，导致网课面临"宁刷不上"的窘境。这种矛盾自然引发对于网课应该怎么上的讨论。表面上看，网课之所以可以"宁刷不上"，是由于课程考试方式太简单，如果多设计开放性问题和过程性考核，则学生没有那么容易通过考试。而更根本的问题是网课开设的目的，如果开设网课只是希望教给学生知识，那么不管考试形式怎么变，都无法避免学生刷课，更无法解决各方"看不起"网课的态度。

网课要真正助力学生学习和适应未来，激活其重塑学习和教育的价值，需要从四个方面做系统考量：一是反思网课在学生学习中应该发挥什么作用。线上线下混合学习的目的是完成传统线下的教学任务，还是面向未来更好地培养社会所需要的人才？这一问题需要深入思考。实际上不管是网课还是线下课堂，当前都急迫需要升级教学目标，从过去重视和擅长的教知识转向真正支持学生发展能力和素养，这也是国家自 2018 年以来全面深化高等教育改革的核心目标。网课从简单地讲理论讲知识向训练学生面向未来的能力和素养的转变，是激活其价值的首要方法。很多人认为网课很难支持学生高阶能力和素养的提升，实际上是误解。在数字化时代，学生如果不能用好网络资源，很难立足于世。以解决实际问题为例，很多我们不熟悉的问题，都需要自主地在互联网上搜集大量的知识和信息，并且在识别、判断和整合不同知识的基础上，形成自己解决问题的方案，这个过程中利用互联网的自主学习能力就是学生终身学习所必须具备的。当然，要支持学生的高阶学习目标，网课就不应只是一门设计完整的线上课程，而应是对于学生任何的自主学习都能提供支持的线上资源。

二是如何整合线上线下学习活动以达成培养高阶能力的目标。近几年教育界热议线上线下混合式教学不是追求时尚，而是激活传统的线下教学和发展新兴的线上网课的必然选择。在海量的线上学习资源源源不断地被推送到学生面前时，老师如果还一味地只把目光聚焦在自己的线下课堂，那么必然造成线下课堂可替代性高、学生投入少的情况；而如果走向另外一个极端，只是原封不动地把线下课堂搬到线上成为网课，则会遇到"宁刷不上"的窘境。因此，真正的线下线上混合是"你中有我，我中有你"的境界。而要达到这种境界，需要线上和线下共同瞄准学生的高阶学习目标，设计出一套能够引导学生在线上拥抱海量的学习资源的同时，又能在线下真实环境中从事自己感兴趣的学习活动的教学方法。

例如，西交利物浦大学倡导研究导向型学习，采取线上线下混合式教学可以很好地通过研究导向型学习流程培养学生的能力和素养。其中，线下学习的优势是能够贴近真实生活和实践，因此可以引导学生走入真实的世界，关注真实世界中的现象和问题，据此形成承载特定学习目标的项目和任务；线上学习的优势是可以开放性地接触海量的知识和信息，因此可以在学生专注于某个项目和任务后，开展大规模的线上知识搜索、信息整合和自主学习，然后再回到线下形成问题解决方案，并在有条件的情况下付诸实施。在这个线上线下混合学习的过程中，学生不仅学到了知识，同时还训练了其对真实世界的洞察能力、提出问题和解决问题的能力，以及自主学习能力等。

三是基于高阶目标以及学习任务清单来设计有针对性的考核方案。考核本身不是一门课程的目的，而是衡量学生高阶目标达成度的一种手段，考核本身也不一定非要通过闭卷考试来测试学生对于知识的掌握程度，而是可以按照产出导向的理念，紧紧围绕课程本身的目标来设计。当然高阶目标的衡量并不像衡量学生知识掌握程度那样容易，如自主学习经常作为线上学习的目标，但到目前为止对于"自主学习能力"的评价并没有很有效的考核方式，因此，激活网课需要老师们开展教学创新。线上线下的学习目标和考核评价的一致性是决定线上线下教学效果的关键。

四是如何有效激发学生的学习兴趣。无论网课还是线下教学，我们非常善于给学生设计出一门课程必须要掌握的知识点列表，然后要求上这门课程的所有学生都必须掌握这些知识点，这本身和当前倡导的兴趣导向的教学是冲突的。兴趣作为一种个性化的情感表达，每一位同学都是不同的，要求一个班几十位甚至几百位学生对同样的几个知识点感兴趣，可能本身就没有遵从人性。而要真正给予学生在课堂中发现和追随兴趣的机会，老师首先需要放下规定学生都要学会特定知识点的执念。其实如果我们把目标真正转向了高阶能力和素养，那么老师也不会再纠结是不是所有的学生都要学习一样的知识点。

面向未来，我们需要激活网课在大学教育中的独特价值，特别是网课对于培养学生自主学习能力有着不可替代的作用。同时，我们也需要重新认识网课：网课并不是天生低质量的课，而是支撑学习者终身学习不可替代的载体；网课不是把传统的线下知识教授过程搬到线上，而是学生拥抱海量学习资源开展自主学习的载体；网课并不一定要教给学生知识点，而是需要和线下课堂结合来训练学生的能力和素养；老师需要沿着当前国家倡导的"金课"建设理念来革新网课，需要基于以上四个关键问题来一场真正的教学创新。

综上，通过线上线下真正融合来培养未来人才，需要在线上线下这样全新的学习场景中，从三个方面对课程进行根本性革新：目标、考核、活动（内容）。而线上线下要实现融合不是简单的混合，老师在设计课程时并不是把线上和线下看作独立的两部分，也不是简单把传统线下的一部分移到线上，而是通过线上线下融合，给予学生新的、一体化的学习体验和收获。同时，老师不能从传统线下教学的任务出发去设计线上线下融合教学，而应该超越传统的线下，从学生未来的需求出发。线上线下混合和融合的本质差异在于，线上和线下的学习活动是否针对同样的目标，特别是高阶目标。

第一，我们设计线上线下融合的学习目标，线上部分相对而言是老师不太擅长也不太熟悉的领域，因此很重要的一点是老师要明白线上学习相对于线下的优势，特别是线上教学应该如何超越过去单一的线下学习目标。实际上线上学习可以更有效地支持很多高阶目标。例如，线上学习能更好地培养学生面向未来的终身自主学习能力，特别是自主学习中的自我管理、解决问题、线上资料搜索等能力。同时线上可以打造个性化的学习环境，每个人都可以把自己独特的生活环境融入学习，而不是限于一致的教室环境中。又如，针对一个问题的大规模同步及异步的讨论，则让学习更加自由、自主、灵活。

第二，我们需要超越过去线下教学的观念重新理解线上线下融合学习的目标，并且整合线上线下两种场景来支持每一个目标，而不是线上有线上的目标，线下有线下的目标。例如，即使老师认可线上线下融合式学习应该超越简单地让学生学会特定知识点的追求，转而训练学生学会学习和自主学习的能力，也需要对支持什么样的自主学习以及如何支持自主学习有深入的研究和尝试。在实践中，很多老师的线上课程也以培养学生的自主学习为目标，过去老师在课堂上讲授的内容，都通过制作短视频、链接到优质的线上 MOOC 等方式，让学生在课前就自学知识点，老师甚至还通过设计章节测试让学生自己测试是否学会了这些知识点。大家往往把这个环节设定为培养学生的自主学习能力，不可否认的是这相对于过去老师线下讲授的方式，确实让学生更加自主，但是这种自主，并没有很好地针对学生面向未来的终身学习能力，还是局限在老师要完成知识点讲授的任务上。终身的自主学习能力是什么？可以想象等我们的学生离开大学，将不会有老师提前给每个人设计好你需要学习什么，不会有人把这些将要学习的内容想方设法用通俗简单的语言录成短视频供学生学习，也不会有人设计专门的测试题来帮助学生衡量学习效果。学生毕业后面向未来的自主学习，包括几个核心要素，即自主学习的内驱力，知道需要学什么，知道如何找到自己需要学习的知识和信息，把碎片化知识信息整合起来的能力，并且基于别人的知识形成自己的观点，评价自己的观点和学习效果的能力等。这些才是线上线下融合的课程应该培养的学生自主学习能力。

因此，在线上线下的学习活动设计中，通过线下课堂引导学生融入社会、融入生活，并带动学生自主搜索和整合好海量的互联网资源，是很好的融合途径。

线上学习的优势不是把几十个知识点以学生喜欢和易于理解的方式呈现给学生，而是引领学生在互联网知识海洋中学习。笔者认为99%的老师不需要花大力气创建线上学习资源，包括慕课、视频和测试题等，而由1%善于且有精力做线上教学的老师做出精品的线上资源共享给大家即可。线上学习资源应重点关注知识和理论的系统性和引导性，而不是细致性。学生在一门课程中的线上学习内容不应该局限在特定的学科和理论框架里，特别是传统的教材框架里，学生的学习范围应该是海量的互联网学习资源。

参考文献

［1］克劳雷，等．重新认识工程教育：CDIO培养模式与方法［M］．顾佩华，译．北京：高等教育出版社，2009．

［2］金民卿．新时代如何弘扬爱国主义精神［N］．北京日报，2018-10-15．

［3］张晓军，席酉民．大学转型：从教师主导到以学生为中心［M］．北京：清华大学出版社，2021．

［4］Sinha T, Kapur M. When Problem Solving Followed by Instruction Works：Evidence from Productive Failure ［J］. Review of Educational Research，2021，91（5）：761-798．

第三章 如何做出好的教学创新

第一节 教学创新的热情从哪里来

自 2012 年以来，笔者主导举办了几百期短期教师教学培训，在全国各地的教学创新研讨活动，以及西浦全国大学教学创新大赛中，有幸和数万名一线教师进行了深入的沟通与交流，让笔者感触最深的无疑就是老师的教学热情对于做出好的创新至关重要。教育界和社会上对于什么是好老师有很多不同的界定，也有不少对于一名合格的教师应该具备的素质的讨论，尽管一名好老师所要具备的素质可能有很多维度，但笔者认为，一个好老师首先需要的是对教学这份事业的极大热情。

教师对教学的热情主要体现在对学生的关心和爱护上。这是一切教学活动的基本和最终追求，但因为教师岗位的职业化，以及在大学环境中教师职责的多元化（特别是科研职责），老师已经很难做到把心思都放在学生身上，很难做到每天琢磨如何通过自己的课程让学生变得更好。而只有一切从学生的成长出发，才有可能做出好的教学。因此，在当下，教师的教学热情对学生和老师都显得弥足珍贵。

教师的教学热情还体现在对教学议题的持久兴趣上，以及对于教学活动的积极参与。笔者曾经询问几位经常参加 ILEAD 活动的老师为什么每次都来，得到的答案是，"这些话题我们很喜欢，这种活动感觉就是为我们设计的，觉得就应该来"。而且他们每次来都有很多自己的想法，会很积极地参与到各种讨论活动中。这可能就是内心深处的教学热情的显现。

教师的教学热情还体现在对教学过程中遇到的挑战和挫折上。这对于开展教学创新特别重要。我们时常会听到老师抱怨开展教学创新的阻碍，如学校政策不支持、学生不支持以及做创新投入精力太大等。真正对教学有热情的老师，也会遇到这些挑战和问题，有时候也会抱怨，但是从不放弃，面对挑战和挫折大多从积极的角度去思考和应对。

从西浦大赛的诸多案例当中，也能清晰地体会到，热情是教师开展教学创新的源泉。

一、热情是教师创新教学的源泉

南京农业大学的黄颖老师，从教之前做了五年辅导员，所以十分了解学生，善于从学生的角度出发考虑教学，她在教学中的"三问"："我讲的内容学生喜欢听吗？能够听得懂吗？可以为他们创造更多的实践机会吗？"可以说是对"以学生为中心"理念的很好诠释。从最早课程的"一穷二白"，没有行业合作伙伴，没有经费，到现在有了平台，有了教学团队，有了稳定的外部合作伙伴。黄老师能坚持下去的动力就是教学热情。那热情到底是什么？我从黄老师的案例中感悟到，教师从事教学创新的热情，大抵就是无时无刻不把学生的学习和成长放在心上。教学创新的过程中挑战很多，问题不少，但是只要时刻考虑如何能更好地支持学生的学习，为他们的长远发展着想，那么这些挑战和问题就都可以找到解决方案。"我想努力给学生创造不一样的、有意义的学习经历"，黄老师的这句话，就是对她的教学创新的最好诠释。

西南石油大学的刘红勇老师，在任教之前已经是高级工程师、水利总监，但却放弃了这些工作加入了高校，实现了自己当老师的梦想。出生教育世家的她，受家庭氛围的熏陶，不惜一切为学生着想在她身上体现得淋漓尽致。尽管身为教授，已经没有职称晋升的压力，但并非教师出生的她，一开始投入教学便开始探索联合毕业设计这样的创新实践，还是会遇到很多挑战：老师质疑、学生茫然、不同专业学生间的时间冲突与协调困难、大量的加班、学生项目的持续返工，等等。但她没有放弃创新这件事，靠的就是对教学的热情。2020年笔者受邀到西南石油大学和老师们分享大学教师如何做教学创新，在笔者一个半小时的分享后，刘老师和其他几位老师围成一圈，又进行了近两个小时的激烈讨论，从那样的讨论中，笔者能真切地体会到她的热情，当我们讨论到学生的表现时，永远有说不完的话和分享不完的故事。

南京工业大学的张淑娟老师是少见的对教学非常痴迷的老师，她入校时签了非升即走的科研岗合同，在第一个任期内必须要达到特定的科研绩效标准才能留校，对教学绩效反而没有特别的要求，但据笔者观察，真正让她满怀热情的是教学创新。张老师曾说，"在教学过程中我发现学生压根不会学习。他们迷茫、沮丧、自责、无助的样子，让我想起读博期间的自己（也是和自己的经历相关的）"。基于这样的原因，她开始了没有终点的教学创新征程，这也是典型的"以学生为中心"的创新。张老师在创新过程中，也遇到了比别人更多的挑战：从入校是副教授的岗位，到后来由于科研任务不足只发讲师的工资。这种压力恰恰是很多一线教师无法全身心从事教学的根本原因，但张老师并没有因为这个压力放弃教学创新，而是更加卖力地投入到了创新的征程中。这可能只有对教学最本真的热爱可以解释。张老师为了改进自己的五问反思报告，和很多学校不同学科的老师合作，每当有老师提出她的反思报告不适用于某门课程时，张老师会直接写一篇这门课程的五问反思报告来说服这些老师。

于桂兰老师是吉林大学的教授，这在西浦大赛的参赛选手中相对较少，作为第五届西浦大赛的一等奖获得者，笔者对于老师有一个简短的采访，"她作为研究型大学的教授，科研压力不大吗，为什么要花这么多精力做教学创新？"于老师告诉笔者她对教学的热情，源于她作为学生时，老师对她的帮助。出生农村的她，今天之所以能成为大学教授，得到了很多位恩师的帮助，所以她也希望帮助自己的学生能有更好的人生发展。这是朴素的人间感情，但却可以支撑起一位老师把课程创新做下去的决心。于老师的课程创新，至今已坚持了 11 年，她的课程创新也基本上涵盖了高阶目标重构、学习活动再造和考核方式改革等方方面面的创新，已经形成了一个课程体系的创新案例。之所以能坚持创新这么长时间，和于老师对教学的热情密不可分。

湖南大学的黄茜老师也来自研究型大学，是第六届西浦大赛唯一的特等奖获得者。黄老师说她之所以做教学创新，源于对色彩教育事业的使命感，但真正让笔者感受到她的使命感的是，她在教学创新中，始终把培养学生的社会责任作为首要目标。建筑色彩学这门课，可以只是和学生谈谈理论层面的事，但黄老师每年都要带着学生走入社会，希望学生瞄准社会问题，特别是社会弱势群体，黄老师希望学生通过学习来帮助这些人过上更好的生活。当然，这样的教学并非易事，在第六届西浦大赛决赛后的一次聊天中，黄老师告诉笔者在创新过程中她甚至有过放弃教学的打算，但这些年让她坚持下来的，还是对学生的使命和责任，是对教学的热情。实际上黄老师在参加西浦大赛之前，已经获得了诸多教学比赛荣誉，包括湖南大学和湖南省的教学比赛一等奖。获得第六届西浦大赛特等奖后，她多次表示希望在西浦 ILEAD 的平台上共同做一些力所能及的事情，帮助更多的老师开展有意义的教学创新，把教学的热情传递下去。

这样的故事还有很多，从这些老师的故事中，可以深切感受到他们对于教学创新的热情。

二、教师对创新的热情从哪里来

既然热情对老师的教学创新非常重要，那么，老师的教学热情是从哪里来的呢？为什么有些老师的热情高，有些老师的热情低？从大量案例的分析中发现，有三个激发老师教学热情的因素：老师自己的成长和学习经历，从学生的反馈中得到的激励，从与同行的深入交流中得到引领。

（一）老师的自我经历是产生教学热情的重要原因

不少老师对教学很有热情，源于小时候的家庭成长环境，如教育世家等。这些环境对于一位老师去理解教师的职责，以及如何关爱学生，有很重要的意义。还有很多老师之所以选择教师这个职业，并且在岗位上表现出极大的热情，是因为受到自己学生时期老师的榜样力量的影响，从而也希望成为老师，去帮助更多人的成长。对于家庭环境，我们能做的很少；但对于教师榜样力量的影响，每一位老师都能做到，无论是中小学还是大学的老师，实际上其一言一行都在影响着学生，甚至对学生长期的职业生涯有直接影响，教师价值观的代际传递值得每一位老师和每一所学校重视。

（二）从与学生的互动中汲取能量

教师这个职业很独特的一点，就是和学生之间的互动关系。学生对于老师而言，不是完全意义上的顾客，教师与学生之间的交流，完全超越了顾客与服务者的关系，也完全超越了一门课程的内容，更多的是关于人生的交流，是生命与生命之间的碰撞。一位老师可以对学生产生很大的影响，无论是学生短期的成绩，还是长期的职业发展、人生追求，都有可能潜移默化地被老师影响。反过来，学生也会影响老师，如会激发老师对教学的热情。我们看到很多老师之所以对教学倾注了大量的心血，主要是因为从学生那里得到了慰藉和成就感，找到了人生的价值。

所以，对于老师而言，打通并强化与学生之间的互动交流，特别是超越知识和内容的沟通，对于师生双方都有积极的意义。对于学校而言，如何建立起老师和学生常规化的超越内容的沟通机制，也是一个重要的命题。

（三）与有热情的老师学习交流

热情还可以在一群人之间传递。笔者最初感受到这一点，是有很多素未谋面的老师向我反馈，他们关注了西浦全国大学教学创新大赛，看到了里面的很多参赛老师对教学充满热情，这种热情进一步激发了他们的教学热情。后来，为了把这种热情传递给更多的人，我们依托西浦大赛建立了分享与交流的线上平台。此外，从2018年开始每年举办一次的教育创新者大会，其目的也是传递教学热情。这个活动的设计别具一格，活动上没有密集的报告和研讨，而是相对轻松的共创性和参与性活动，目的就是希望通过这种形式，让热情在老师之间流动，让一个人去影响另外一个人。这个活动每年的参与者主要是参加西浦大赛的选手，因此很多老师也自带热情。活动举办三年后，已经成为很多老师每年最向往参加的活动。为了把这种传递热情的活动拓展开来，我们还致力于搭建城市本地化的教学创新社群：创新者说。这个活动的风格和教育创新者大会类似，希望给热衷教学的老师提供在其城市方便参与且可持续参与的平台。截至2021年底，我们已在全国20个城市开辟了"创新者说"活动。

近几年，国内高校的教师发展中心得到突飞猛进的发展，笔者一直呼吁，教师发展中心除了给老师做培训和讲座外，更重要的活动是搭建老师之间情感交流的平台和社群，让老师之间相互影响，让热情在老师之间流动起来。这大概是学校能够激发老师教学热情最直接、最有效的方式了。

第二节　教学创新是否有章可循

教学创新应该从哪里开始？教学创新过程中的关键是什么？教学创新需要老师具备什么样的能力？如何提升教学创新的成功率？这些是老师和学校十分关注的问题，这涉及一个根本的问题：教学创新是否有章可循？

在现实中很多教学创新的实践并没有遵循特定的路径，很多时候是靠老师自己摸索。创新做得好不好，很多时候也是专家说了算，老师自己也没有自我的判断。不得不说这样的教学创新实践成本很高，老师可能需要花费很大的精力去摸索教学创新中一些基本的策略和做法，同时这类创新可能风险也很高，因为创新的结果很大程度上取决于专家的意见，而没有提前设定好明确的评判标准。

其实教学创新和其他领域的创新并没有本质的差别，需要考虑一些创新过程中的共性问题，也可以借鉴一些一般性的创新方法以提升创新的成功率。西浦教育前沿院专门开发了一门提升教师教学创新能力的线上课程，本节基于这门课程的案例分析，提出了教学创新的三个步骤以及根本方法（见图3-1）。

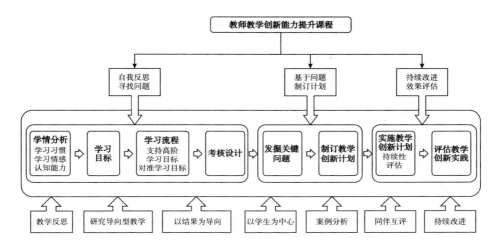

图 3-1　教师教学创新能力提升课程的结构

一、教学创新的三个步骤

老师做教学创新的出发点很多，有的是为了让学生更满意，有的是响应学校的号召，还有的是为了申请某种奖励、项目或者参加比赛，但不管出发点是什么，好的教学创新一定是从老师本人对自己的课程的深刻省思开始的。因此，教学创新的第一步是老师全面系统地反思自己的课程，从中识别出问题和可以改进的领域。教师能不能识别出自我教学实践中的问题，能不能抓住问题的本质，既是教师反思能力的体现，也是决定教学创新最终取得成功的关键。

在西浦开发的线上课程中，教师对自己课程的反思可以通过回答四个基本问题来开展：你了解你的学生吗？你的课程目标合理吗？你的课程学习流程能有效支持学习目标吗？你的课程考核方式对准课程培养目标了吗？老师通过系统研究和回答这四个问题，就可以对自己的课程有一个全面的了解。精准了解自己的课程是老师开展教学创新的重要基础。

教学创新的第二步是基于识别的教学问题制订详细的解决方案。很多时候老师知道自己教学当中的问题是什么，但却不一定能够开发出一个很好的解决方案，也不一定能通过教学创新来解决这些问题。这取决于老师解决问题的能力。由于老师的日常工作相对复杂多元，且大多数老师本身并没有经过教学创新方面的训练，不了解教学创新的系统路径，导致很多教学创新的过程实际上是缺少规划的，创新过程中多伴随老师的随意性操作和决定。在西浦 ILEAD 开发的课程中，教学创新首先被视为一个项目，因此就需要全过程的项目管理。如设定教学创新的长期目标和短期目标，然后在一个学期或者一个创新周期内做到对目标的精细管理，包括做详细的时间规划、确定关键步骤和行动、定义关键结果、梳理所需资源、识别利益相关方并制订沟通策略等，这些行动对于确保一个教学创新项目的成功有重要帮助。

　　教学创新的第三步是在创新实施过程中的效果评估和持续改进。前面两步已经提出了创新要解决的关键问题，也制订了详细的计划，但是从计划执行开始到达成解决问题的目标，很多时候并不是一蹴而就的，需要反复试验、不断改进。特别是对于教学这种非常依赖于学生和教师的个性化场景的创新活动，多轮的反复是常见的现象。这考验老师的评估能力和持续改进的能力。关于评估的重要性，实际上很早以前就有学者给出答案（见图 3-2），但在实践中很少有真正系统开展教学创新评估的老师和学校。

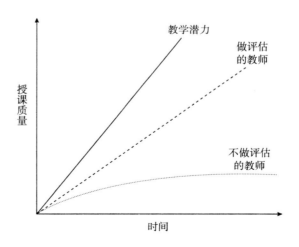

图 3-2　评估对教学的影响

　　资料来源：Fink L D. Evaluating Your Own Teaching. Improving College Teaching［M］. MA：Anker，1995.

在很多教学创新大赛中，每一位老师都会介绍自己的创新效果，但绝大多数老师都是从自己课程获奖或者学生参加比赛取得名次来证明自己的创新产生了良好效果。但实际上这并不能说明一门课程的创新做得好不好。一门课程往往少则几十个学生，多则几百个，每一次参加比赛的学生也就几个，通过几个学生获得的成绩，很难证明全班其他学生也在创新中受益。另外，参加比赛的学生，往往是学习了很多门课程后才参加比赛得了奖，任何一门课程的老师都不能完全证明学生的成绩是由于上了自己的课而取得的。

真正能说明一门课程的创新效果的，一定是所有学生通过学习这门课程之后的受益数据。例如，一门课程所有学生的考核数据应该可以说明创新的效果，当然这也取决于这门课程的考核方式是不是真的做到了对所有学习目标的考察，如果一门课程制定了很多包括知识、能力和素质在内的目标，但是考核中只考察学生的知识掌握程度，那么这样的考核数据也很难说明创新的效果。另外，由于当前线上线下融合式教学的盛行，学生在一门课程上的学习往往会留下大量的过程性数据，这些过程性数据也能说明学生的学习状态和收获。

综合案例：西浦的教师教学创新能力提升课程

第一步：开启反思旅程：教师自我反思的框架

主题一：从了解学生开始

通过这个主题的学习，学习者可以：

- 认知到在日常教学中了解学生的学习行为、情感、认知能力的重要性；
- 根据自己的教学需求，灵活运用工具来研究调查学生的学习状态；
- 应用学情分析的结果改进自己的教学设计，发展学生研究导向型学习能力。

主题二：预期学习结果

通过这个主题的学习，学习者可以：

- 用语言说明学习结果在自己的课程设计中的作用；
- 反思自身课程教学中，目标的设计原则和应包含内容；
- 分析自身课程设计的目标并指出优劣点；
- 针对自身课程目标设计中的不足提出修改意见。

主题三：你的课程的学习流程能有效支持学习目标吗

通过这个主题的学习，学习者可以：

- 拓宽思维，丰富及改进自身课程的学习活动；
- 基于对自己教学实践的反思，探讨学习活动及流程如何对准及有效支持学习目标；
- 运用工具化的手段，改进自身课程的学习活动，从而能更有效地支持高阶学习目标。

主题四：你的课程的学业考核与反馈对准学习目标了吗

通过这个主题的学习，学习者可以：

- 分辨不同类型测评在教学环节中的作用；
- 分析自身课程的测评设计是否与学习目标（学习结果）衔接，形成教学设计闭环；
- 更新自身课程现有测评设计；
- 反思及改进自身课程的反馈设计，让测评发挥最大作用。

第二步：识别关键教学问题，形成教学创新计划

通过这个主题的学习，学习者可以：

- 运用工具，从自身课程的众多教学问题中找到有价值的且能在一定时间内完善或解决的关键问题；
- 基于关键问题，制订出可操作的教学创新计划。

主题五的学习内容	
主题引入	引入视频：教学创新如何从想法变成实践？
识别关键教学问题	任务一讨论：我的教学问题清单
	视频一：如何找到有价值的且能在一定时间内完善或解决的关键问题？
	任务二讨论：确定我的关键教学问题
形成教学创新计划	任务三讨论：你的教学理念如何影响你的教学创新？
	视频二：制订教学创新计划的具体步骤有哪些？
	任务四测验：制订教学创新计划的步骤及策略
同伴互评	作业：针对正在教授的一门课程，提交一份以一学期为时间轴的教学创新计划表

第三步：评估创新效果，让教学创新循序渐进

通过这个主题的学习，学习者可以：

- 运用评估模型，评估自身教学创新的实施效果；
- 基于评估，调整改进自身的教学创新计划和实践。

主题六的学习内容	
主题引入	引入视频：教学创新为什么总是失败？
评估的重要性	视频一：如何提高教师教学创新的成功率？
	任务一讨论：关于如何支持教师进行教育教学创新的一些思考
教学创新计划 TIP 评估模型	视频二：如何进行过程性评估？
	任务二讨论：你会使用什么过程性评估工具来评估自己的教学创新计划？
同伴互评	作业：评估自己正在开展的教学创新实践

二、反复迭代是创新教学的根本方法

前文介绍的教学创新三步法是开展创新项目的步骤，这些步骤一般而言并不是完成一轮就可以达到效果，西浦大赛中的优秀教学创新案例很多都是在五年甚至十年的长期反复迭代中打磨而成的。因此，这三个步骤的循环往复就成为教学创新的常态，反复迭代也是创新教学的根本方法。

吉林大学于桂兰老师把劳动关系管理课程的教学创新迭代过程总结为六步：

1. 教学创新试验设想萌芽

该教学创新的萌芽，始于桂兰教授指导 2004 级本科生团队做大学生创新创业项目"长春市出租车司机劳动关系调查研究"。三人学生团队通过访谈和问卷调查等，完成了三篇调查报告。这三位学生后将报告修改成论文，论文被首届中国劳动关系学会年会录用。这让于桂兰教授确信，本科生有潜力做劳动关系研究。再远一点的教学创新种子是在 1995 级本科生人力资源管理与开发课的课间，一名学生的一句话："老师您讲人力资源开发，为什么不把我们作为人力资源开发一下"；更久远的种子是于老师高中英语老师对其的影响。

2. 应用型研究试验

2007~2009 级三个年级，任课教师是于桂兰教授。在该阶段，除了课堂讲授劳动关系理论和讨论案例外，还将学生分成多个 5~7 人的研究团队，分别对网吧管理员、理发店洗头工、加油员、小餐馆服务员、大学门卫等进行劳动关系问题调查，撰写调查报告，在期末进行课堂展示，并邀请教师、博士和硕士研究生参与评分。

3. 学术型研究试验

2010~2012 级三个年级，任课教师先后由王弘钰教授和孙宇翔副教授担任。在该阶段，除了课堂讲授劳动关系理论和讨论案例外，还给学生讲授如何做劳动关系的相关实证研究，并将学生分成多个 5~7 人的研究团队，每个团队完成一篇实证研究论文，并在期末进行成果展示，邀请教师、博士和硕士研究生参与评分。除了实证研究训练外，2015~2019 级五个年级，渠鄢副教授在讲授第 8 个理论单元"劳动关系质量评价"时，将网络爬虫、文本挖掘、可视化等新的研究方法和技术也介绍给了学生，鼓励本科生用大数据方法去做研究。也许这将是本科生学术型研究的新突破口，因为"00"后学生对新技术的学习更快。

4. 应用型和学术型研究并行且成熟

2014~2017 级五个年级，任课教师由于桂兰教授和王弘钰教授共同担任，形成了"理论学习""应用型研究""学术型研究""学习总结与建议"四个功能模块；每个学生团队都按照选题、开题、中期和结项四个阶段，展示和提交劳动关系问题调查报告和实证研究论文成果；同时每个学生团队配备博士和硕士研究生助教。每次课堂展示和成果提交时，都根据事先设计好的评分表，由博士和硕士研究生助教、本科生团队派出的评委与教师一起进行评分。

5. 模拟实践试验

2013 级的任课教师是于桂兰教授，鼓励两个学生团队首次进行了一场模拟集体谈判；2018 级六个学生团队分别尝试了模拟劳动合同签订、模拟集体谈判、模拟劳动争议仲裁、模拟劳动法庭，并将律师、仲裁员、法官等请进课堂，对学生的模拟活动进行指导和点评；2019 级五个学生团队分别进行了模拟集体谈判、模拟劳动争议调解、模拟劳动争议仲裁、模拟劳动法庭，并邀请企业人力资源经理和总监、企业法务部经理、劳动争议仲裁院仲裁员、法院法官等，深度参与模拟活动主题和内容的设计，并到模拟现场进行指导和点评。

6. 教学创新成果系统化

教学团队参加了 2020 年第五届西浦全国大学教学创新大赛、2021 年吉林大学教学创新成果奖申报等重要活动。这些活动促进了教学创新成果的总结和提升，促进了该课程"以学生团队为中心的研究型教学模式"更加系统和成熟。该模式以高阶培养目标为追求，以"理论学习""模拟实践""应用型研究""学术型研究""学习总结与建议"五个功能模块为教学内容，以分步渐进式增加挑战度的学习活动为过程保障，以形成性考核评价体系为质量控制保障，形成了可推广应用的成套教学创新成果。

南京工业大学的王万竹老师则给我们呈现出一个教学迭代三步曲：第一步是吃透教学内容，第二步是抓住课程中的关键问题进行研究，第三步则是引入实践元素支持学生"做中学"。在这个过程中，王老师特别强调了与学生互动的重要性，可以说教学创新的过程也是老师和学生相互合作的过程。

第一阶段的教学创新主要是自发的、原始的行为，目的是吸引学生，为了让课堂变得有趣，让自己通过认真教学收获成就感。其中，课堂辩论赛、撰写策划书和作汇报是从我的老师那里学到的教学方式。在教学中，我也会组织学生讨论，经常出现的情况是学生讨论看起来很热烈，回答问题却抓不住重点，停留在现象层次绕圈子（我也发现自己在回答问题时有这种情况），不能深入。所以建立了课堂讨论的制度：逢讨论、必记录；逢讨论、必发言；发言前，做关键词引导。

第二阶段的教学创新是外界因素的驱动。主要是通过教师发展中心孙芸老师的引荐，我们接触了优澜美蛋黄粉的企业项目，并把它引入课堂。这时候，也恰逢学生作业出现大量抄袭堆砌的现象。这个阶段的教学创新主要就是把三门课程整合到一起，让学生完成大作业。在这一阶段，教学创新完成了框架搭建，西浦大赛获三等奖以及西浦各类活动让我坚信教学创新是一条"可持续发展之路"，于我个人而言，教学创新也是职业生涯发展的蓝海市场。

第三阶段主要是做标准化。经过三个教学周期的历练，以及西浦大赛、西浦活动、申报一流课程等工作驱动，发现自己的工作还很粗浅，不符合"教育学"的要求，没有实验与对照（主要是内心反感排斥通过教学实验收集数据）。特别是看了一些"教育技术与科学"专业的硕士和博士论文，知道自己的问题在于不够"标准化"。也就是说，没有用教学的行话和通用模式来构建自己的教学创新。所以，近些年，围绕这方面，看文献、应用与推广、参赛、申报奖项、撰写各类教学创新的材料就成了主要工作。尤其这两年，个人发现教育部的很多文件要"精读精读再精读"，从中把握发展趋势，这也与管理学科的 PEST 分析是一致的。

总体来说，这是一个不断地发现学生学习问题，不断地自我反思，不断地打通管理学专业知识和教学实践的持续改进过程。

教学创新的反复迭代，其实也是一名教师的成长历程。许昌学院耿沛甲老师的故事很好地印证了这一点。耿老师是一位在教师岗位上有追求的老师。他从教十几年来，不断地改革创新自己的教学，更为重要的是，耿老师也在这样的迭代中逐渐成长起来。教学创新的迭代过程，实际上也是老师从学生处获取能量的过程，这个过程中学生与老师的互动，是支撑老师走下去的重要心灵支柱。无论是过程中学生从不理解到理解，还是一开始就得到学生非常积极的反馈，都成为老师坚持走到底的重要动力。

第三节　如何通过教学管理创新带动教学创新

教学创新需要由老师来实施，但仅靠老师往往很难达到效果，自下而上的创新，可以促进创新的多元化，但却往往充满风险和不确定性，甚至遇到重重阻力。真正要形成一个学校或者机构的系统性教学改革和创新，自上而下的力量不可或缺。尽管很难促使学校参与教学创新的过程，但如何通过政策支持给予创新者更多的空间，已经成为当下教学创新实践中迫切需要解决的问题。本节列出了教学管理者可以通过自身努力推动教学创新的十条举措，其中，五条是为教学创新松绑，三条是为教学创新提供系统支持，两条是通过改革以优化教学创新的文化氛围。

一、减少课堂时间，给予学生和老师更多的自主空间

现在学生几乎从早到晚都在上课，很少有自主的学习时间，老师也把大量的精力放在课内教学上，这导致教学创新的空间非常有限。我们建议大幅降低学生的上课时间，例如，一周的课堂学习时间不超过 15 个小时，这样就可以确保学生有大量的时间安排课堂以外的自主学习，有时间去追求自己的兴趣，同时也有利于打破学生固有的在学校就是向老师学习的意识，以及被动的学习习惯和环境。对于老师来说，教课时间少了，就需要考虑如何用别的方法来支持学生在课外的自主学习，这时候，好的教学创新也会应运而生。

二、降低对课程大纲中教学内容的关注

过去很长一段时间，一份标准的课程大纲里，充满了知识点，甚至每一节课要讲什么知识点都写得清清楚楚。新时代我们要更加关注立德树人，更加关注学生在能力和素质层面上的提升，因此，逐步放宽对于知识和内容的关注，可以给老师松绑，从而使老师有更多的时间和精力来通过教学创新，提升学生的高阶能力和素养。要降低对课程大纲中的内容的关注，通过修订大纲就能实现，当然也要同时修订相关的教学制度，如取消诸如老师必须要讲完课程知识点的相关规定。

三、撤销对期末考试的硬性要求

一门课程的考核方式是牵一发而动全身的因素，也是当前大量的教学乱象背后的根源。尽管近几年呼吁改革考核方式，更多地关注过程性考核，弱化终结性考核，但在实践中很多学校的政策并没有跟上，很多学校对期末考试在课程考核中的比例有硬性要求，有些学校甚至规定期末考试的占比不少于70%。在这样的规定下，老师想要做出创新并不容易，因为学生习惯在考试前一段时间集中突击以应对期末考试，很难全身心投入整个学期的课程中。另外，期末考试的方式也难以衡量高阶的能力和素质目标。因此，撤销对期末考试的硬性要求势在必行。

四、降低一门课程对一本教材的依赖

传统的教材是"以教师为中心"的教学体系中的核心要素，也是以知识为导向的教育中的参考书。教材的本质是一个领域的知识和理论的体系，能够为学生提供一门课程学习的直接导引，也是老师教好一门课程的重要参考。但当我们把课程目标从教给学生一个知识体系转变为培养学生的能力和素养时，就不能再单纯依赖一本传统的教材来组织教学，而是应该引导学生不要关注学会了多少知识，而是关注能否自主地学会自己需要的知识。

五、减少对教学的"督"，加强"导"

教学创新很多时候会突破常规，也会突破既有的经验。有些学校的督导不认可老师做教学创新，认为会影响正常教学，有些时候督导还会当着学生的面训斥老师。这无疑会打击老师做教学创新的动力。在新时代教学改革的进程中，要想让老师做出真正高质量的教学，重要的不是"督"，而是"导"，即多给老师引导新时代的教学理念，引导他们如何做一名好老师，引导老师做出好的教学创新。

六、建立体系支持教师的教学创新

教学创新不是一蹴而就的，也不是轻易就能实现的。过程中的不确定性、风险、挑战以及挫折，只有老师自己才能体会到。学校可以建立体系有针对性地支持老师在教学创新中突破挑战，从而帮助老师渡过教学创新中的难关。正在从事教学创新的老师，有时候可能会受到政策的限制，有时候可能需要更改原有的教学计划，有时候可能需要得到专家的指导，有时候可能需要某种资源或者技术的

支持，等等。学校能否提供强有力的支持，对老师开展教学创新很重要。

七、建立教学创新的规范化报备机制

教学创新作为一种创新活动，和其他领域的创新并无不同，本质上是突破过往的做法，达到更好的效果。因此，教学创新有些时候会突破既有的政策，加上目前正处于教学创新的早期，大量既有的政策需要改革和调整。因此，当老师在创新过程中需要突破政策时，如果学校可以建立一条让老师报备的渠道，则可在一定程度上降低老师在创新过程中的风险，减少老师的压力，从而让老师大胆安心地开展创新。

八、建立教学质量保障机制

教学质量保障机制是一种确保所有的教学都能达到既定标准的过程性机制。体系化的质量保障机制包括设定保障的目标、观测目标的点、每一个目标维度的标准、收集数据，以及基于数据的分析和持续改进等（张晓军和席酉民，2021）。体系化的质量保障机制可以孕育好的教学创新，因为教学创新的根本目的也是为了更好地达到这一体系的标准（主要是学生学习结果的标准）。同时，体系化的质量保障机制可以避免某一个人或者一个部门的观点和偏见，可以确保教学同行客观地评价教学创新的价值，而不是由行政部门决定教学创新的水平。从另一个角度上看，体系化的教学质量保障机制也是教学管理者能够系统地支持教学创新的一种方式。

九、改革教学评价方式和教师教学考核方式

从根本上改革教师教学评价体系在当下已经成为推进高校教学改革的一个关键点，也是难点，改革中关键是厘清教学质量评价的一些根本问题：为什么要评价，该评价什么，谁组织评价，谁来评价，何时评价以及如何评价等。搞清楚这些问题对于如何改革教师教学评价体系起着至关重要的作用。关于这些问题，在实践中有三种不同的导向和范式（见表3-1）。

表 3-1　教师教学评价的三种不同导向和范式

对比项	绩效导向考核体系	质量保障导向评价体系	职业发展导向评价体系
为什么评价	评教学绩效，发工资	保障每个人的教学都达标	反馈和改进教师的教学水平

对比项	绩效导向考核体系	质量保障导向评价体系	职业发展导向评价体系
评价什么	教学工作量，多为课时量	针对人才培养的标准，衡量教学每个环节和结果是否达标	教师教学中的短板和可以改进之处
谁组织评价	学校（教务及人事）统一核算，统一评价	质量保障主管部门，主管（系主任、院长）	教师发展部门
谁来评价	教务处计算课时量，学生评价，督导评价	同行评价，学生评价，主管（系主任、院长）评价	自我评价，教师发展部门的专家
何时评价	每年或每个评价周期结束后	在质量保障的关键环节设立评价	随时，终身性
如何评价	设定量化指标，计算总分	针对质量保障关键环节制定达标要求，对标	针对自我教学发展目标，对标评价
基本评价逻辑	做了多少事，给多少报酬，多劳多得	作为教师，每个人都需要满足质量保障体系中的基本要求	教学的改进和教师的成长是永无止境的终身职业发展需求

要真正激励教师做好教学创新，就需要从当前绩效导向的考核体系转向质量保障导向的评价体系，同时也可以尝试建立职业发展导向的评价体系。

十、改革教学组织方式，鼓励和促进教师跨学科合作

跨学科的课程合作已经成为新时代教学创新的一个重要方向。但很多时候教师之间的跨学科合作受到组织架构的限制。改革教学组织方式，建立一线教师可以自主开展合作的机制，让一线教师可以通过网络化的方式而不是遵照层级命令和别的学科的老师开展合作，是跨学科教育能否真正落到实处的关键。

第四节　如何举办高质量的教学创新大赛

当前，举办教学创新比赛已经成为各个学校、区域和国家推进教学创新的重要举措，那么如何才能充分发挥教学创新比赛的价值，以支持更多的老师做出好的教学创新呢？本节以西浦全国大学教学创新大赛为例，来回答上述问题。

一、西浦全国大学教学创新大赛的六条办赛理念

西浦全国大学教学创新大赛（以下简称大赛）从 2016 年开始举办，是国内

较早的教学创新比赛之一，最近几年还出现了其他很多学校的、联盟的、省级的以及国家级的教学创新大赛。

记得 2016 年刚开始做第一届大赛的时候，还很少有人关注教学创新，更少有人专注于做教学创新。当时组委会联系一些学校的教师发展中心或者教务处，希望学校向老师们推荐西浦教学创新大赛，尽管有学校会转发我们的通知给全体老师，但更多的是石沉大海，甚至有些学校回复他们只组织老师参加国家级的比赛。

最近几年里，也有不少高校里的朋友建议，一定要想办法把这个大赛办成国家级的比赛，这样参加的人就更多了。我们非常理解这样的建议，也能理解学校对于比赛级别的关注，因为这对于老师和学校的绩效有着直接影响。我们也承认，如果这个大赛成为国家级的比赛，应该能够吸引更多的人报名。

实际上，西浦大赛是否为国家级的比赛，对于实现这个活动本身的使命并不是不可或缺的。根本的原因在于西浦大赛的理念和所追求的目标具有独特性。我们举办比赛，最根本的目的不是每年吸引一大群人参赛，从中选出一批人颁奖，然后年复一年地举办。

西浦大赛从 2016 年一个不知名的比赛，到现在每年吸引上百万人关注，这个过程也是组委会不断学习和努力的结果，这几年的学习，也让我们摸索出一套办好教学创新大赛的经验，也逐渐打磨改进形成了这个大赛的基本理念和原则。在这里总结出六条理念和原则，这些理念和原则不仅对希望举办教学创新大赛的人和机构有益，也对各大高校的教师发展中心有借鉴作用，希望大家能从中领悟到支持教师教学创新的思路。当然，想做教学创新的老师，也可以将这套经验作为自己选择参赛的一个参照。

（一）好的教学创新要让学生受益

举办教学创新大赛，首先要回答的问题，就是什么是好的教学创新，只有对这个问题有深刻的理解，才有可能办出高水平的比赛，也才有可能引领社会的教学创新方向，产生强大的影响力。

西浦大赛有一句非常简单的理念：通过教学创新，让学生受益。这句话其实道出了我们对于什么是好的教学创新的理解，即能让学生受益的创新。所以在西浦大赛的评审标准中，始终把学生的受益是什么、有多大受益作为评判的核心。

这一理念，其实和我们当前倡导的"以学生为中心"的理念是一致的。大家都知道，互联网兴起后，教育从"以教师为中心"到"以学生为中心"的转型已经成为必然趋势，那教师在课堂中如何才能把以学生为中心的理念落地？这个问题就是大赛所倡导的教学创新的起点。循此逻辑，这个大赛希望引领的创新，不是"以教师为中心"的体系下的创新，而是面向未来的"以学生的学习和成长为核心追求"的创新。这是西浦大赛的本质特征。

举一个例子，两年前某校一位教授大学基础数学课程的老师想要参加西浦大赛，我们表示欢迎，顺便询问他的创新是什么。他说学生非常喜欢他的课，他们整个教研组里有很多老师上微积分这门课，但是他的课学生选的最多。其中的秘诀就是他能在课堂上把那些公式和定理给学生讲得更清楚，上他的课的学生，不仅上课更轻松，而且课后花的时间也更少，最后的考试成绩还更高。他觉得他一定能在大赛中取得好成绩。我们尽管也佩服他的这种授课能力，但是，遗憾的是这种能力并不是西浦大赛所倡导的。原因很简单，这种能力还是过去"以教师为中心"体系下，以知识传授为核心理念之下的能力，上这门课程的学生和其他课程的学生相比，可能是知识学得更好了，但是并没有获得我们现在所倡导的能力和素养维度的收益，因此这并不是真正意义上的教学创新。

另一个例子，有一年，有一位选手在进入实地调研的环节时，我们希望他去联系所在院系的领导进行访谈，他告诉我们，他想退赛了，原因是他的一位领导说他这个创新不是学院看重的。但我们还是鼓励他继续参赛，并告诉他，我们这个比赛要找的创新，不是领导喜欢的，而是能够让学生受益的，如果你觉得你的学生真的受益了，何必那么在乎领导的看法。最后，他在我们的鼓励之下，继续参赛并获得二等奖。

（二）寻找对教学有热情的人

如果要问我们举办大赛最有成就感的是什么，那就是找到了一批对教学有极大热情的老师，也基于此进一步激发了一大批老师对教学的极大热情。我们为什么非常看重教学热情？是因为基于这几年上千个优秀教学创新案例的分析发现，老师要做出好的教学创新，第一秘诀就是一定要对教学有极大的热情。

做了教学创新的老师都清楚，在创新的过程中，有很多不确定性，也需要面对来自学生和领导等的诸多质疑，还会由于占用大量个人时间而造成教学与科研的矛盾以及工作与生活的冲突，等等。在这么多的挑战面前，唯有对教学的那份最纯的热情，才能支撑一个人坚持走下去，并取得最后的成功。

为了找到真正对教学创新感兴趣的人，而不是因为其他原因做教学创新、参加比赛，我们鼓励老师以个人参赛，而不是通过院校组织，就是希望凡是报名参加西浦大赛的老师，都是出于个人对教学的兴趣和热情。

某个一流高校的老师告诉笔者，通过参赛，改变了她的人生。原来自己只是一所知名大学的小老师，想着这辈子工作就是这样了，尽管自己对教学很上心，但是无奈学校考核不太看重这些。参加我们的大赛获奖后，给她打开了一扇窗，学校破例晋升她为副教授，她也重新规划了自己的职业，开始出现在各种教学研讨活动中。

这些故事，我们每年会收到很多，笔者认为这也是西浦大赛最朴素的影响所在。

（三）通过大赛促进教师成长

尽管大赛会选拔优秀的教学创新，但并不是只有教学创新做得好的老师才能报名参加。我们的定位是，有热情并希望做出好的教学创新的老师都可以参加。原因在于，这个大赛不仅是一个选拔过程，也是一个教学创新的培养过程。为了有力地支持参赛老师的教学创新，我们特别把大赛的时间设定为一年，只要老师们有足够的热情，一年的时间里可以让自己的教学发生翻天覆地的变化。

每年我们都会对比参赛老师在当年9月提交的书面材料和次年5月决赛现场的展示，在大多数参赛者身上都能很明显地看出二者之间的差异。这说明，在这段时间里，参赛者的教学在不断迭代，持续创新。只要这个过程做得扎实，参赛就值了，最后是否获奖只是次要的。

（四）教学创新者的家园

我们希望西浦大赛不仅是一个比赛，而且是对教学有热情、对教学创新感兴趣的老师的家园。这不是一句空话和口号，而是指引我们不断创新办赛模式的路标。

我们听到太多的故事，有些老师很愿意去创新自己的教学，但是在很多学校，这样的老师反而显得另类，平时很少可以找到一起交流教学创新的同伴。我们办这个大赛，也是为了给这类老师搭建一个交流的平台。这种交流，不单是关于教学的，还是有相同兴趣的老师聚在一起，相互交流、关怀、鼓励，让大家感受到，不是一个人在"战斗"。

为了促进这种交流，我们创新性地推出了各种活动，如在2018年推出的教育创新者大会，2019年推出的城市本地化社群"创新者说"。这些活动非常注重参与者的深度参与，很少简单设置成邀请几位嘉宾，然后由几个人向几百人单向传输的活动。我们的活动都深受老师的喜爱。

（五）让好的教学创新实践传遍全国

尽管每个比赛都会有固定的赛制，从初选到决赛，选出名次，这种名次对于办赛者和参赛者而言，可能都不是最重要的东西。像西浦大赛这种以公益为导向的比赛，其追求的目标是希望好的教学创新实践能够广泛地传播开来，让更多想创新的老师去参考和借鉴。同时，我们把所有的参赛资料公开，也让所有对创新感兴趣的人都可以讨论和评判到底哪些案例才是好的教学创新。

西浦大赛从选手提交的书面自述到视频材料再到决赛现场等资料都是全部公开的，不仅如此，每年大赛结束后，入围决赛前 20 名选手的参赛案例会在我们的平台上呈现，还会选择六七名老师做线上分享，每年 9 月开始的全国各地海选也会邀请历届的参赛老师分享经验。所有这些举措，就是为了让好的教学创新实践传播开来。

（六）引领教学创新比赛的理念

几年的办赛，让我们觉得最意外的一个影响，就是带动了大家办教学创新大赛的热情。自西浦全国大学教学创新大赛举办以来，很多机构在研究我们的赛制和标准的基础上，推出了类似的教学创新大赛。这些比赛，有些是学校层面的，有些是联盟举办的，有些是省级组织的。很多比赛参考了西浦的办赛理念和赛制，有些比赛还专门邀请西浦大赛的组织者提供指导和支持。

二、办好教学创新大赛的五个关键

怎么办好比赛？怎么让比赛变得有意义？怎么通过办比赛来实现学校的发展？怎样的比赛能促进老师的成长？这些是必须要回答的问题。基于我们在过去几年办西浦大赛的经验，总结了五大关键点。

（一）教学比赛的理念是关键

我们之前跟其他学校合办过教学比赛，也受邀担任过不少学校教学比赛的评委，一个很深刻的感受，就是教学比赛的理念很关键。很多时候尽管一个学校的教师教学发展中心不一定在教学比赛理念层面做出具体的设计或者陈述，但是有没有陈述，在很大程度上会影响这个比赛的水平和参赛老师的关注度。一般从学校主办机构发出的比赛通知，就能看出是否有理念，能否把理念落实到比赛流程当中。其实很多比赛通知里只有流程，而对于比赛当中应该倡导的理念并没有呈现。教学比赛不管在什么层面举办，它都是一种手段，而不是目的。办比赛是为了实现学校的某些特定目标，而不是为了比赛而比赛。

纵观目前各种各样的教学比赛，我们发现有三种不同的理念和逻辑（见表3-2）。

表 3-2　不同类型的教学比赛

对象	逻辑	核心关注点
学生	学习需求与效用	如何促进学生的学习和成长
教师	教学效果	如何解决教师和教学的问题
组织	表演	如何把组织倡导的理念演出来

第一种是以学生为中心，通过比赛让老师意识到，了解学生的需求，支持学生的学习很重要，促使老师想方设法地提升学生的学习效果，这类比赛在总体上是比较少见的。第二种是以教师的教学效果为核心的比赛，大部分比赛都是这种类型。有些比赛非常重视老师的基本功，而有些比赛非常重视老师的教学设计，还有一些比赛很重视技术的使用。这类比赛大多是围绕着教师来设计的，更像是以教师为中心的比赛。第三种是以表演为主的比赛，这类比赛需要搭建一个舞台，让老师把好的一面呈现出来，但是不同比赛的表演方式不一样，老师呈现出的教学水平也有很大差异。有些比赛，老师在台上展示 20 分钟教学，评委在下面针对这个展示进行评判，这就是表演。老师在舞台上表现的东西可能根本不是他平时在课堂里的做法，他在舞台上表现的只是那些能让观众和评委喜欢的教学。

西浦大赛也有一个舞台——教学创新大赛的决赛，20 位参赛选手各自展示 15 分钟教学，这也可能存在表演，也许我们现在的教学比赛中不可避免地会有表演，但是怎样让表演接近于现实，并且与老师真正的教学紧密相关，这很重要。

以西浦全国大学教学创新大赛为例，在教学比赛通知和公告中非常清楚地呈现了比赛的理念是通过教学创新让学生受益。在比赛评审标准中也非常明确地突出了这个理念，即以是不是让学生真正受益了，学生受益在哪方面，受益的效果有多大来进行评判。

此外，办比赛还需要重视组织理念。如在学校层面举办比赛，最好是要发动全体师生参与，并号召全员学习。如果办一个比赛，学校挑 3~5 个人去集中支持和打磨，然后送去参加更高层次的比赛，这样的做法，除了完成任务之外，没有太大意义。因为教学比赛本身的价值不在于选拔几个人或帮助他们获奖。举办比赛更大的使命是促进整个学校的教学发展，营造老师关注教学、热爱教学、愿意参与教学、投身奉献教学的氛围。

（二）标准决定比赛水平

一个比赛能否选拔出高水平的选手，有两个重要因素：标准和评委。一个高水平的比赛，标准非常关键，即用什么标准衡量一个选手的教学水平。目前国内有两个较大的教学创新比赛：中国高教学会举办的全国教学创新大赛和西浦全国大学教学创新大赛。通过对比可以发现这两个比赛的标准有很大差异。比赛的标准会解答选手关心的问题：这个比赛倡导什么样的教学？倡导什么样的创新？而且标准一旦发布，选手就会想方设法地琢磨这个标准，然后按照标准去设计他们的参赛作品，所以标准有很大的引导性。

比如，在中国高教学会的比赛中非常重视教学内容，但在西浦大赛中就找不到"内容"这两个字；再如，中国高教学会的比赛重视视频，基于课堂实录视频的评价分值很大，但在西浦大赛中不需要视频。

不同的比赛各具特色，老师参加不同的比赛，所受到的影响也是不一样的，这个就是标准的意义。西浦大赛能吸引一大批认可并愿意深度参与的人，就是因为大家认可比赛的标准，这个标准是大家所追求的东西。可见，标准很重要。

（三）评委水平决定比赛结果

一个比赛的标准可以列出很多条，也许评委只关注一条或几条，剩下的不是评委感兴趣的东西，就完全忽略，这是评委基于个人喜好对选手进行评价，这种情况经常出现。因为评委对什么是好的教学创新有自己的认知，所以可能他的评审标准并不是这个比赛的标准。很多时候，比赛前说得很好，以学生为中心作为比赛理念和评价标准，最后获奖的选手却不能很好地体现这一理念，这很大一部分原因就出在评委身上，因为分数是评委打出来的，不是完全由主办方控制的。如果要举办比赛，需要十分重视评委的选择，并在赛前做好培训和沟通。

（四）大力推广传播让比赛真正发挥影响力

很多比赛其实不太重视推广传播，大家花费了很大工夫选出了好的教学创新案例，但好像就没有后续了。我们要让一个比赛营造或者促进学校的教学氛围，就需要把这些好的案例传播到更广大的老师群体中去。如果我们成功举办完一个比赛，但到这里只是比赛流程结束了，后面还有推广传播工作，因为我们办赛的最终目的是让选拔出来的好案例在广大的教师群体中，传播、讨论，并引导他们的教学。

传播推广除了能实现比赛的最终目的，还能有助于弘扬比赛的理念。真正跟绝大部分老师相关的不是比赛中谁获得了一等奖，而是比赛里所倡导的教学理念和自身有什么关系，可以如何学习以改进自己的教学。以西浦大赛为例，每一次决赛之后都会有大规模的分享活动，把选出来的好案例让大家去评判和借鉴。针对老师自身，只有广泛地观摩和研究各种各样的案例才能更加清楚地认识自我的教学。通过分析参赛作品，在这个思考和反思的过程中，就可以对每位老师的教学提升带来帮助。

（五）活动设计是实现比赛目标的基础

教学比赛一般包括发通知、收集材料、请评审、办现场活动、公布结果等，比赛是否完全按照这个流程来办，首先要看办这个比赛的目的是什么。如果是为了完成学校任务，这样当然是可行的。但如果是希望通过办赛来实现另外的价值，如调动老师对于教学的积极性，鼓励更多的老师关注教学，让更多老师去学习好的教学创新等，那么教学大赛的活动就需要精心设计。

以西浦大赛为例，全年共有八个活动（见图3-3），大部分活动都跟一般的比赛活动不同，甚至看不出这是比赛当中的环节。例如，线上分享、全国海选，这是让感兴趣的人去了解比赛理念和标准；教育创新者大会，这主要是给热爱教学的老师一个高手过招的舞台；实地调研，其根本目的是搭建一个选手和感兴趣的老师之间的沟通交流平台，给每一位选手配两位调研员，形成相互学习的共同体，很多选手和调研员都反馈说，通过这个环节能更多地了解别人的教学，这也是一种沟通；专家函评、大众投票、现场决赛这几项是传统的比赛活动；教学创新案例集，这个环节体现了西浦大赛的整体理念和目的：不是为了选出几个人，而是希望建立一个社群，将教学创新案例分享在这个社群平台上，所有对教学创新感兴趣的人都能在平台上自由讨论、交流、分享。

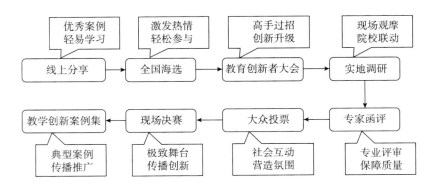

图3-3　西浦全国大学教学创新大赛的环节和意义

参考文献

［1］席酉民，张晓军．我的大学我做主：西交利物浦大学的故事［M］．北京：清华大学出版社，2016.

［2］张晓军，席酉民．大学转型：从教师主导到以学生为中心［M］．北京：清华大学出版社，2021.

第二部分

面向未来的教学创新精彩案例

第四章　教学创新案例导读

　　本部分提供的案例，均为历年西浦全国大学教学创新大赛中的获奖案例，这些案例能突出地体现本书主张的面向未来的教学创新的特点。为了方便读者对所有案例的核心特征有一个基本的认识，本章特别提供了所有案例的总结表。同时，在第五章每一个案例内容之前，都提供了一个简短的案例评介，希望能够帮助读者更好地把握这些案例的精髓。

案例总结表

序号	创新者	学习目标	考核方式	学习活动	创新初衷	创新出发点	创新挑战
01	姜晓东	自主学习能力	游戏闯关测验，自主阅读	游戏闯关测验	如何激发学生的好学之心，开发学生喜爱的教学活动	了解学生，通过观察学生的实际喜好（喜欢打游戏），设计出能够充分调动学生积极性的学习活动	如何评价每次教学改革的实际效果
		文献阅读能力	阅读分享评价	分享式阅读			
		学术评价能力，批判性思维	学术报告评价	研讨式报告			
		科普创作能力，社会责任感	科普推文评价	推文式科普创作			
02	张倩莹	提出问题的能力	同伴互评选题任务	选题任务	负责学校创新班和实验班的教学；教学成果奖获得者，但是课堂上学生不积极	从重新确定课程目标开始，一步步走到内容重构、活动重构和资源重构	转变自己和学生的理念；家庭和工作的平衡；科研和教学的平衡
		学术诚信意识	基于作业的评估	贯穿其他活动中			
		信息检索和评价能力	同伴互评作业	信息检索作业			
		批判性阅读与写作	同伴互评作业	文献综述作业			
03	于冰沁	自主学习能力	线上学习成绩	自主学习资源库，分阶段设定进阶学习	传统教学方法单一，授课时间局限于课堂上的内容；限制了学生的拓展思考	自建SPOC，并开发线下沉浸式学习项目	教学和科研的平衡；教学创新的过程遭到同行的质疑；建设团队不易
		解决问题的能力	团队协作任务	沉浸式真实场景，真实问题项目			
04	孟亚团队	临床思维与动手能力	在线训练与实验考核	基于虚拟仿真案例的学习	线上平台可以为医学学生的学习提供新的可能性	重构课程学习流程，纳入线上虚拟平台和仿真模拟案例开发实践	真实场景的案例开发
		自主学习能力	在线训练与实验考核	小组模拟及在线任务			
		团队协作能力	同伴互助	实操训练			

续表

序号	创新者	学习目标	考核方式	学习活动	创新初衷	创新出发点	创新挑战
05	侯萌萌	综合研发能力，解决问题的能力，社会责任感	项目设计，项目完成度，项目销售结果	市场调研、项目设计与汇报、项目实践	如何加强课程前置，后续课程间的联系，以改变各门课程各自为政的教学状态；如何解决学生设计与市场脱钩的问题；如何通过课程创新实现从作品到产品再到商品的转化	四门独立的课程整合为童装系列课程	如何在线上学习环节，提高学生学习的自觉性及学习效率；在项目化教学过程中如何正确发挥教师的主观能动性；如何调动企业育人的积极性
06	黄茜	社会责任感 解决问题的能力 自主收集与分析信息的能力	评估公益项目成效 评估真实问题解决方案 评价自主收集和分析信息成果	学生走入社会参与公益活动 真实问题导向的研究式学习 自主收集和分析信息	教师对教育的思考与执着；扩大色彩教学影响力	构建"教学生态圈"	如何在新时代重新塑造教学模式
07	耿涵甲团队	写作思维 表达能力 学习兴趣	材料分析与写作 项目考核 —	真实写作项目 真实写作项目 情景式项目	提升大学生的写作能力	设立写作类通识课程	非教育专业的老师对教育相关理论的学习；如何使自己的教学创新真正满足学生所需
08	于桂兰团队	掌握并应用劳动关系管理专业知识 劳动关系管理专业能力 团队合作与沟通能力 科学精神与人文情怀	期末笔试，评估模拟实践 解决劳动关系现实问题和理论问题 评估学生自组团队完成三类项目的合作情况 评估学生参与学术性项目的情况	专题讲授、案例讨论 应用型研究项目、学术研究项目 学生组成团队完成任务 参与学术研究	培养本科生的研究能力和走向社会所需的管理能力与社会责任；助力学生成长	课程教学如何从"以知识和理论灌输为主导的传授型培养模式"转换成"以学生为中心和能力培养为导向的培养模式"	本科生没有接受过实证研究方法的训练

续表

序号	创新者	学习目标	考核方式	学习活动	创新初衷	创新出发点	创新挑战
09	秦素洁	解决问题的能力	实验方案的可行性	基于了解真实问题的研究导向型学习	传统实验教学缺乏自主性和创造性的培养	解决教学模式单一和教学内容陈旧的问题	教学时间少；学生基础薄弱
		自主学习能力	自主完成实验	学生的作业互评和角色扮演			
		创造性能力	自主设计实验	完成设计性实验			
10	方建松团队	市场意识	商品的市场接受度	作业—作品—产品—商品的四链条	学生在校园内的学习难以塑造实践中真正需要的市场调研能力和商品开发能力	把学生的学习从校内拓展到企业的真实场景中，让学生在真实的环境中学习	企业导师的稳定性
		创新意识和能力	商品的设计水平	产品设计			
		沟通能力	产品到商品的转化	企业项目实训			
11	李慧	解决实际问题的能力	实际项目的完成情况	基于项目问题的设计与执行全过程	当下学生仍存在"被动接受"知识、"会学不会用"的教学痛点	引入与企业合作的真实项目，改变学生学习流程和场景	缺少真实项目需要的设备；教师个人多重角色的平衡
		合作沟通能力	小组合作项目的完成情况	小组完成真实项目			
12	唐亚团队	可持续发展意识	可持续项目的报告及实施情况	走入真实社会持续发展问题	让大学校园的可持续变成为大学教研科技创新、人才培养和科研发的"第一现场"	探究可持续校园建设	"忙"是主要挑战
		跨学科思维	项目报告及实施效果	运用跨学科理论解决问题			
		合作学习	小论文、项目报告及实施效果	团队协作设计解决方案			

续表

序号	创新者	学习目标 数字素养	考核方式	学习活动	创新初衷	创新出发点	创新挑战
13	赵璐团队	发散性、批判性、创新性思维；分析、解决实际问题的能力	理论考试、学生互评、在线测评、项目考核	案例学习、课堂展演、即兴辩论、项目任务、大创项目竞赛	解决教学内容陈旧的问题；将数字素养目标具象化	教学体系的重构；教学设计注重"以学生为中心"	团队如何合作；如何得到学校的认可；如何应对大量的教改工作
14	王万竹团队	沟通能力、领导力	小组任务考核	班级PK赛、方案展示会	解决学生被动学习、老师不了解实情的管理、人才培养"不落地"问题	考核方式的改变；三门课程五次作业五个选题改为一个选题五次作业	教学与科研的平衡；学生不了解教学创新的意义
		解决问题的能力	项目策划与汇报	针对真实项目提供解决方案			
		自主学习能力	项目策划与汇报	学生主导的小组任务			
15	刘红勇团队	跨学科思维	评估跨专业学生的项目合作	不同专业学生在一起合作	解决工程领域学生缺乏跨学科思维，从而导致在解决实际问题时出现的系统偏差问题	把不同专业的大四学生组成一个项目组，共同解决一个实际工程问题	不同专业学生和老师的磨合；不同学生在时间上的冲突；真实工程项目设计实施难度高
		解决实际问题的能力	解决实际工程问题的结果	解决实际工程问题			
		团队合作能力	团队共同解决问题的成果	团队协作			
		自主学习能力	解决实际问题的成果	在解决问题的过程中需要大量的自主学习			
16	黄颖团队	创意策划能力、解决复杂问题的综合能力	学生团队策划真实旅游项目的方案	策划真实旅游项目	想努力给学生创造不一样的、有意义的学习经历	建立校企合作教学团队，打造以实战为核心的实践课程	前期缺少经费；工作与家庭的平衡；教学与科研的平衡
		跨学科思维	跨学科团队合作的成果	不同专业的学生在一起合作			
		合作沟通能力	专题旅游策划的汇报情况	组建跨学科学习小组			

续表

序号	创新者	学习目标	考核方式	学习活动	创新初衷	创新出发点	创新挑战
17	尹逊波团队	个性化学习	平时作业	丰富的在线学习资源；大班授课小班研讨	帮助学生克服学习遇到的挑战	改变传统的线下授课模式及纸质试卷的考试模式，形成全新的信息化与传统授课相融合的教学及考试体系	来自学生和同行的质疑；家庭和工作的平衡；教学和科研的平衡
		自主学习能力	在线题库	慕课学习			
		公平性	线上、线下考试	计算机辅助阅卷			
18	王开宇团队	自主学习能力	实验报告考核	学生通过在线平台做实验，形成实验报告，获得反馈	实现信息化技术与实验教学有机融合	为学生提供新型实验学习模式	教学任务重，时间紧
		自我管理能力	实验报告考核				
		实验素养	远程实验操作				
19	曹敏惠团队	激发学习兴趣	平时成绩	慕课学习、平时作业、课堂表现	引导学生自主学习	线上线下混合式教学	部分学生对某些教学改革的不适应和不接受；不断出现的新挑战
		自主学习能力	制作思维导图	学会反思、多元产出			
		课程思政	课前暖场	思政案例			
20	李慧慧团队	自主学习能力	学习全过程考核	线上学习、翻转课堂慕课	从教给学生知识到帮助学生养成自主学习能力	构建一种反映新业态特征的混合式课堂教学模式	学生不适应新的学习方式；翻转课堂教学内容与进度较难把控
		合作能力	组长打分、小组任务	小组讨论			
21	张永策团队	自主学习能力	虚拟实验预习、在线测试	自学网络实验操作、慕课	随时随地开展在线实验；自我设计喜欢的实验	通过深度开发、应用实验管理平台及虚拟实验项目，帮助学生在"玩"中学	部分老师存在抵触情绪
		实验能力	实时实验操作评价、电子版实验报告	随时随地开展在线实验；自我设计喜欢的实验	尊重学生的学习需求；满足学生的个性化学习		
		信息化素养	电子版实验报告	撰写电子版实验报告			

续表

序号	创新者	学习目标/学习素养	考核方式	学习活动	创新初衷	创新出发点	创新挑战
22	何欣忆团队	数字素养；科研道德规范；人机协作能力	创作项目结果；评估创作报告；翻译项目结果	文献检索与整合；创作型学习项目；人工与机器翻译协作	改变学生不想学和对学不会的状态	利用翻转课堂提升教学效果	无现成可参考案例；紧张的建课时间和对教育新技术的不熟悉
23	王彤	十二项教师教育能力；自主学习能力	专技评价与学生教学实践评价；测试网络平台自主学习效果	师生共同建设五大视频库；网络教学平台自主学习	从教给学生知识转向培养学生自主学习能力和教学能力	建立线上线下混合式排球教学体系	新技术的应用；学生需要适应期
24	张淑娟	反思能力；创新能力	互问反思报告	撰写互问反思报告	引导学生学会学习；探索如何衡量高阶目标的达成度	基于自己与学生类似的状态以及写过互问反思报告的经历	面对来自同行、督导和学生的不认可甚至反对；教学与科研的平衡
25	张驰团队	辩论思维；数据收集与分析能力；自我反思能力	辩论表现、热点问题分析；辩论表现；基于自我表现的反思与改进水平	就具体问题开展辩论；为辩论进行充分的准备；对自我的学习行为进行分析并改进	训练学生的辩论思维	把课程中学生的表现作为生成性资源反馈到学生的学习改进中	学生自信心的提升

第五章　优秀教学创新案例

01　"以学为中心"的水生生物学课程混合式教学设计

姜晓东　华东师范大学

案例评介

姜晓东老师的课程创新的最大特点是对创新的"目标—考核—流程"整体链条的设计十分清晰，链条三要素两两之间的对应关系也十分清晰。例如，自主学习能力是课程的一个目标，衡量这个目标用的是闯关式测验的考核方法，学习活动是闯关游戏，可以说基本上形成了一个成熟的创新教学模式。此外，本课程在链条的每一个环节都有创新亮点，如在目标层面，姜老师大胆提出了自主学习能力、文献阅读能力、批判性思维等六大高阶目标，这在水生生物学这样的理科课程中十分不易。在很多理科老师的眼里，这些高阶目标只有通识类和文科的课程才能设计。在考核环节，本课程的设计也不落俗套，紧紧围绕每一个高阶目标定制考核方式，如对批判性思维的衡量，用学术报告评价来考核的方式十分巧妙。在活动环节，姜老师的设计也颇有特色，如针对社会责任的目标，学生的活动是推文式科普创作，这可以给学生带来有趣和有成就感的学习体验，并在其中熏陶学生的社会责任感。特别值得指出的是，姜老师在学习活动设计中，一个基本的出发点是了解学生的兴趣，然后把这些兴趣嵌入在学习活动中，这是切实把"以学生为中心"的理念落到了教学行动中。例如，针对调动学生学习兴趣、提高文献能力和自主学习能力等目标，设计了游戏化的闯关测验、分享式前沿文献阅读、研讨式学术报告以及推文式科普四大学习活动。游戏化闯关契合当代大学生的兴趣和行为习惯，能充分调动学生自主学习的积极性；分享式阅读则把自我学习变成先自学后教人，也能有效调动学生的主动性；研讨式学术报告则对培养学生的科学研究素养有直接的效果；推文式科普则巧妙地融入了课程思政的元素。

第一部分　案例课程小档案

一、课程概况

水生生物学是生物科学专业的专业选修课，共计 2 个学分、36 个学时，面向生物科学专业大二和大三学生开设。每年开课一次，每次开课选修人数通常为 40 人左右。课程教学团队由 1 名主讲教师和 1 名研究生助教组成。

二、课程的目标和学习产出

通过本课程的学习，期望学生获得三方面的提升：一是能分析常见水生态系统的结构与功能，能解释生物对特定水环境的适应现象。二是能阅读水生生物英文教材和前沿学术论文。每位学生将阅读一本英文教材和一篇与本课程内容紧密相关的发表于 *Nature* 或 *Science* 上的学术论文。三是能对水生生物科学进展及相关的社会现象做出正确评判。每位学生将结合课程内容，全面评价一篇 *Nature* 或 *Science* 上的学术论文，并创作和推广一篇对应的科普作品。

三、课程的考核方式

学生总成绩由平时成绩和期末成绩组成。平时成绩由课堂表现、在线教学平台表现、英文教材阅读三部分构成，占总成绩的 50%。课程全程记录每位同学在课堂上的提问次数和回答问题次数，占平时成绩的 40%；课程对每位同学在教学平台中的参与度和活跃性进行定量分析，占平时成绩的 30%；通过在线教学平台"阅读分享"环节，定量考核学生对英文教材的阅读与理解，占平时成绩的 30%。

期末成绩由学术报告、科普推文、期末考试三部分构成，占总成绩的 50%。学术报告占期末成绩的 30%，师生依据量规共同对学术报告的效果进行评分后，将评分和评语在课程平台上进行匿名公布；科普推文占期末成绩的 20%，由老师根据量规评定学生发布于课程微信公众号上的科普小推文；期末考试占期末成绩的 50%，期末试卷由判断题、选择题、图文题和问答题组成。

四、课程的学习活动

①闯关式测验，学生对单元测验由过去被动完成一次变为主动尝试十余次；②分享式阅读，学生对英文教材的阅读量提高了24%；③研讨式报告，孕育学生批判性学术精神，激发学生主动学习潜能；④推文式科普，培养学生创作能力和社会责任感。

第二部分　案例介绍

一、闯关式测验的教学设计与效果

受学生大多着迷于游戏的启发，我将游戏闯关理念引入教学中，开发出闯关式测验。教师根据教学进度，设置多个关卡，分别对应相应的教学单元。学生完成自主学习后，就可以进行与本次学习任务相应的闯关式测验。系统设置为随时抽题、限时答题，测验时屏幕每次显示一题，并且只进不退。每关题目全部答完后，系统自动批改、自动晋级。如果闯关失败，则表明本阶段学习效果还有待提高，学生重新学习后，可以再次进行闯关〔见图1（a）〕。

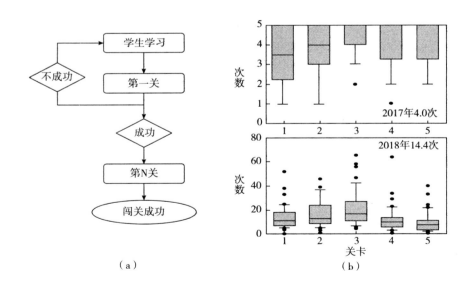

（a）　　　　　　　　　　　　　（b）

图1　闯关式测验流程及学生使用次数

注：箱形图中矩形上下边线和中位线分别代表全班前后25%学生和中位数学生的使用次数；矩形外部的横线代表使用次数的正常分布范围，圆点代表可能的异常值。

闯关式测验以兴趣激发和知识内化为目标，让学生成为教学活动的主体。通过新型教学活动激发学生的学习兴趣，培养学生的自主学习能力，培育学生锲而不舍的求学精神。闯关式测验虚拟了游戏环境，激发了学生的学习兴趣。2017 年水生生物学课程对每个关卡设置了最高 5 次的尝试机会，学生对每个测验的平均尝试次数为 4.0 次，很多学生都达到了最大尝试次数。由于学生对尝试次数的需求增加，于是我进一步大幅扩大题库、提高随机抽题的能力，将最多 5 次尝试次数改为不限次数，2018 年学生平均每关的尝试次数为 14.4 次〔见图 1（b）〕。

二、分享式阅读的教学设计与效果

人的天性就是好奇，好探究、好分享。我将分享理念引入阅读中，建立分享式阅读。学生阅读每一章教材，将自己读得最好的一小节进行分享，录制约 5 分钟的音频，将音频上传到课程平台。阅读者首先进行自评，然后系统随机邀请 3 位同学进行互评。评价量规包括内容充足性、理解透彻性、总结概括性、成果分享性和学习互助性〔见图 2（a）〕。

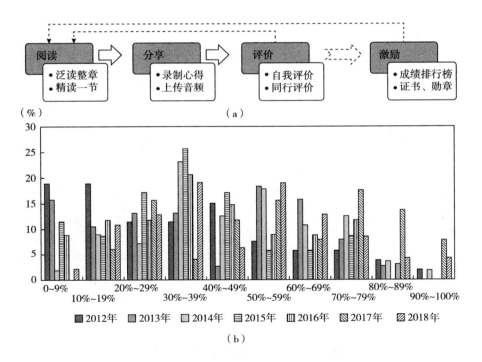

图 2　分享式阅读流程及学生对英文教材的阅读量

注：图中部分柱形未标出，代表此时的百分比为零。

分享式阅读激发了学生的阅读兴趣，提高了阅读质量。分享则让学生"变学为教"，不仅要自己理解所读章节的内容，还要通过自己的思考和梳理后，较为精炼地向其他同学表述。分享式阅读注重阅读过程考核，实现了形成性评价。与没有推行分享式阅读的前五年（2012～2016 年）相比，学生对英文教材的阅读量提高约 24%（2017～2018 年）［见图 2（b）］。

三、研讨式报告的教学设计与效果

我引入学术交流理念，开发出研讨式报告，在课堂上模拟学术会议。老师首先向学生讲授如何检索、阅读、分析与本课程相关的 *Nature* 和 *Science* 上的论文，如何完成学术报告；然后由学生根据自己的兴趣自由选择一篇论文，在课堂上引导全体师生进行讨论。评价量规包括内容相关性、理解透彻性、评判全面性、展示有效性和互动活跃性。在课堂讨论的基础上，老师鼓励学生将课堂上由于时间限制没有完成的讨论，转移到在线教学平台的讨论区，从而实现课上课下、线上线下的一体化研讨［见图 3（a）］。

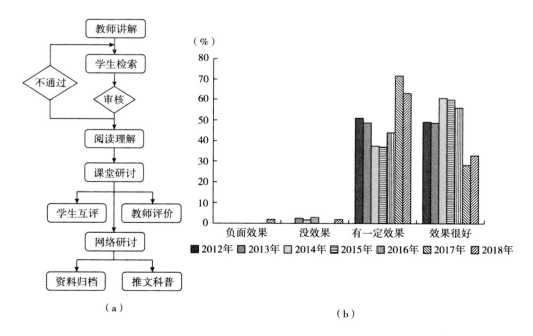

（a）　　　　　　　　（b）

图 3　研讨式报告流程及实施效果反馈

注：图中部分柱形未标出，代表此时的百分比为零。

以 *Nature* 和 *Science* 上的论文为载体的研讨式报告，有效增强了学生的课堂参与度，全面调动了学生的学习热情。这是以学生为主、让学生走上讲台的课堂交流新模式，呈现出师生双向和学生间多向的新特点。连续七年的调查数据表明，认为该教学活动"有一定效果"和"效果很好"的学生占绝大多数，仅有极少数学生（<3%）认为"没效果"［见图3（b）］。

四、推文式科普的教学设计与效果

针对大学教学中高阶能力培养偏弱、大学科普形式单一等问题，充分利用微信公众平台强大的功能，设计并实践了基于课程微信公众号的学术前沿科普创作与推广。老师引导学生总结学术论文的线上线下讨论结果，创作成科普作品，经教师审核和润色后，由课程微信公众号"海洋与生命"进行推送（见图4）。

我建立的"海洋与生命"课程微信公众号定位精准、主题开放、内容真实，并由学生主导、接力运营。在两年多的探索和实践中，一方面，新教学模式着重培养学生的高阶能力，充分体现了"以学生为中心"的理念；另一方面，新教学模式创新了大学育人的有效途径，开创了学生勇担科普重任的局面，弘扬了网络空间的科学主旋律。

图4 学生创作的基于前沿学术论文讨论的科普推文

五、课程在线学习平台的建设与效果

水生生物学在线教学平台实现了教学内容数字化、师生交流网络化、课堂管理智能化。课程平台已经完整运行四年，学生使用活跃、平台访问量高。近三年，每位学生每周平均访问课程平台约 200 次（见表1）。

表 1　学生使用水生生物学课程平台的情况

年份	总访问量（次）	生均周访问量（次）
2017	11.5 万	159
2018	15.4 万	162
2019	10.1 万	233

水生生物学课程平台实现了智能化管理。游戏闯关测试会自动出题、自动批改、自动晋级；课堂上使用的快速检测能实时评估学生的学习情况，并实现自动点名；课程平台能根据学生的成绩和表现，为学生自动发放证书、勋章。我们用"可爱学生"和"课程成长"，分别把学生和学生学习课程的每一个小进步都记录在平台上，让学生感觉到"家"的温度。

第三部分　你的创新是如何做出来的

牛津大学有一句话，"教师在学生面前'喷烟'，直到把学生心里的火把点燃"。在"互联网+"的大背景下，如何激发学生的好学之心，开发学生喜闻乐见的教学活动，是高校教师面临的重要教学难题，这也是我近年来重点开发线上线下混合式教学活动的初衷和强大动力。

我在实际教学过程中发现：第一，新时期大学生对打游戏，富有激情、乐于挑战；对学习，兴趣不浓、应付交差。知之者不如好之者，好之者不如乐之者，教学改革的着力点应该让学生好学、乐学。我将游戏闯关理念引入教学改革中，开发出闯关式测验这一新型教学活动，颠覆了学生"被学习"的角色，引导学生主动接受闯关式挑战，提高了学生的学习兴趣，培育了学生自主学习能力和创新能力。

第二，现在学生"读书难，难于上青天；读英文教材，更是难上加难"。英文教材阅读在大学教学中意义重大，但是高质量的英文教材同时意味着高要求、高难度，大多数学生使用英文教材还有一定困难。学生往往对英文教材困惑较

多，久而久之阅读英文教材的兴趣越来越低，阅读英文教材的能力越来越弱。此外，很难去监督学生的课外教材阅读活动，完全依赖学生的自觉性。如何引导学生使用英文教材是一个亟待解决的教学难题。人的天性就是好奇，好探究、好分享。我将分享理念引入阅读中，建立了分享式阅读。分享是为了督促学生课外阅读英文教材，及时检验教材阅读的成效，并给予学生展现学习效果的机会，让学生获得阅读英文教材的成就感。学生将自己的阅读心得分享给其他学生，每次分享都是学生才能展示的一个窗口。通过分享式阅读，学生的学习主动性明显提高，英文教材的阅读能力明显提高。

第三，大学教学常常停留于低阶能力的训练，对高阶能力的培育缺少有效措施和成功经验。即使在信息技术的推动和先进教育理念的指导下，开展了一些探究学习、项目学习、任务驱动等教学活动，但也没能把握这些模式的精髓，常常"形似而神不似"，只是简单地嫁接到传统教学上，没能真正提升学生的高阶能力。我提出的学术前沿科普创作与推广，将微信公众号融于大学教学过程中，营造信息化教学环境，激发了学生的主动性、积极性、创造性，实现了"以教为中心"向"以学为中心"的转变。前沿论文的科普创作和推广，增强了学生对水生生物学课程及专业的认同感和自豪感，促使学生融会贯通不同课程的知识，锻炼了学生的沟通、组织、协调等综合素质。

在教学创新中遇到的最大挑战是，如何评价每次教学改革的实际效果？我们没有平行班，所以最初我采用问卷调查，收集学生对教学创新的反馈意见，但问卷调查有时会带有明显的主观性。后来我利用在线教学平台实时记录学生的学习轨迹，进行大数据分析。现在我将问卷调查、学习过程数据分析、学生评教、同行评教等方式结合，对教学创新的效果进行综合分析。

综上所述，我的教学创新就是贯彻"以学为中心"的教学理念，尝试解决现实中存在的教学问题，努力引导学生进行主动学习，从而提高学生的学习效果。

02　以信息素养为目标的线上学习共同体建设

张倩苇　华南师范大学

案例评介

　　张倩苇老师的教学创新，瞄准了一个对学生非常重要的高阶目标——信息素养，设计了以项目和任务为中心的学生学习活动，并且通过开发多种学习资源助力学生选择自己感兴趣的个性化学习项目和任务。我个人觉得张老师的教学创新，有两大亮点：一是对项目和任务导向的学习任务的分解。现在项目和任务导向的课程设计相对多见，特别是在很多应用型院校的教学中，已经普遍化。但是项目和任务导向教学中的一大难点是如何设计一个循序渐进、环环相扣的学生系列学习任务，并能把课程的主要目标分解到这些小的任务环节中。既保证学习任务本身的流畅性，又确保学生在完成任务的同时，达成相应的学习目标。张老师的创新做到了。二是张老师的教学创新包含了一个面向未来的教学设计，即构建线上线下相结合的学习共同体。尽管近些年国内大学开始重视师生互动和学生互动，也开始设计小组合作和团队任务等学习活动，但这些互动活动多数局限在知识学习任务的达成上。我认为，真正有效的互动学习，应该是建立学习共同体。学习共同体的典型特征：一是要尊重学习者的个人兴趣，以兴趣为导向开展学习；二是丰富的互动内容，不局限于围绕特定知识点的讨论，而是拓展到针对解决实际问题的项目和任务中，甚至在相互的项目解决方案的评估反馈中。这种学习共同体的构建，适用于所有的课程和学习场景。未来可能有很多学习，是通过学习共同体而不是通过课程班级来实现的。

第一部分　案例课程小档案

一、课程概况

　　信息素养是一门通识类选修课，面向全校大二和大三学生开设，每学期有60位学生选择本课程。课程由3位老师组成的教学团队负责教学任务。

二、课程的目标和学习产出

通过本课程的学习，培养学生的学术诚信意识，提高学生的信息检索和评价能力，帮助学生获得批判性阅读和学术写作能力。

通过确定综述选题、检索文献、阅读文献、拟定文献综述提纲、撰写文献综述初稿等一系列任务的完成，最终形成一篇文献综述。

三、课程的考核方式

①"课堂互动+探究活动+专题汇报"（占总成绩的20%）；②在线论坛讨论（占总成绩的20%），讨论设计激励学生思考且有话可说的问题，引导学生多维交互、深度研讨分享；③在线单元测验（占总成绩的10%），针对课程中的知识要点，精心设计题库、及时反馈评分，帮助学生诊断学习情况；④基于量规的在线同伴互评作业（占总成绩的30%），包括选题的确定、中文数据库的检索方法与技巧应用、撰写文献综述初稿三个作业；⑤小组完成文献综述终稿（占总成绩的20%），考察学生文献综述写作掌握情况。

四、课程的学习活动

本课程包括学生课前观看视频、在线测试、线上线下讨论、上机实操、个人作业互评、小组汇报选题互评、撰写文献综述和组间互评等活动。既强调学生对信息素养的基本概念、原理的掌握，也注重学生实践操作能力和综合运用能力的培养。强调学生主动学习、互动交流、学以致用。

第二部分　案例介绍

自2010年9月为我校综合人才培养实验班、勤勤创新班开设信息素养课到2013年该课程立项为首批校级通识课，再到2015年又立项为省级通识课。在这个过程中，我不断完善这门课的教学内容和结构体系，不断探索运用信息技术支持"教"与"学"，不断改进评价学生学习成果的方式和方法。

这门课程需要解决的主要问题有三点：一是国内信息素养课程多沿用信息检索课程的体系，所涉内容对科研选题、专业学习帮助不大；二是以往"信息素养"课程多侧重于理论知识教学，对实际操作能力重视不够；三是传统的"教师讲、学生听"的讲授方式，无法有效提高学生的主动性、积极性。针对这些问题，我开始了教学创新实践。

一、课程创新的实践

（一）强调学术导向，系统化重构课程目标内容体系

1. 确立提高学术能力的信息素养课程目标

信息素养是 21 世纪公民核心素养的重要组成部分；培养本科生科研能力是促进学生全面发展，助力建设创新型国家的需要。于是我将信息素养课程的目标凝练为"提高信息素养，开启学术研究之门"。具体包括树立学术诚信意识，遵守学术规范，形成良好的信息伦理道德；提高获取、加工、处理、评价、表达信息的能力；学会批判性阅读和写作。这一课程目标也与学校培养目标和大学生核心素养发展目标，密切相关且高度一致。

2. 重构课程内容，建设立体化课程资源

以系统论为指导，将课程目标的制定、课程内容的设计、教学活动的组织、课程资源的开发、课程评价的实施联系起来，形成统一的整体。借鉴美国、英国、日本等高等教育信息素养标准，依据学生的反馈和教师的反思，强调"检研结合"，我重新设计了课程内容和结构，注重培养学生学术研究能力。课程内容包括信息素养导论、研究选题的确定、信息源的选择、信息检索（上）（下）、文献综述的撰写、学术诚信与剽窃、论文的写作与发表等 12 个专题（见图 1）。

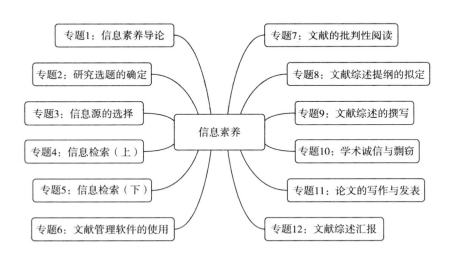

专题1：信息素养导论　专题7：文献的批判性阅读
专题2：研究选题的确定　专题8：文献综述提纲的拟定
专题3：信息源的选择　专题9：文献综述的撰写
专题4：信息检索（上）　专题10：学术诚信与剽窃
专题5：信息检索（下）　专题11：论文的写作与发表
专题6：文献管理软件的使用　信息素养　专题12：文献综述汇报

图 1　信息素养课程的教学内容结构

根据《信息素养：开启学术研究之门》新版教材，结合在线课程特点，我们制作了 36 个课程视频，每个视频都附有完整的教学 PPT 课件，并提供讨论主题和拓展资源。我们还会及时更新视频和案例，以展示最新研究成果。

（二）以任务为中心，强化科研实践能力培养

学习任务的设计注重关联性、程序性、连续性，并在学习任务中体现高阶性和挑战度。通过辅以个性化自主任务，将信息素养的培养有机嵌入选题确定、文献检索与利用、文献管理与评价、论文撰写与发表、学术道德与规范等一系列循序渐进的任务中，帮助学生一步步掌握信息素养技能，真正实现"做中学""学中练"，知行合一（见图 2）。

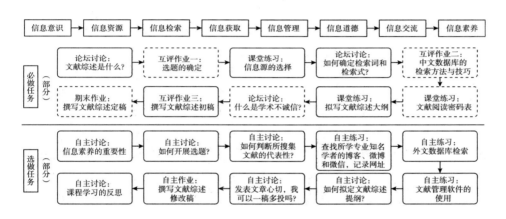

图 2　信息素养课程的必做任务和选做任务

（三）构建基于慕课学习共同体的混合式教学模式

我们开展了基于慕课的线上线下相结合的混合式教学模式，将课前、课中、课后有机结合，促进线上评价与线下评价互相交流，校内校外学习者与教学团队互动学习，构建了基于慕课的学习共同体（见图 3）。

这种混合式教学模式，具备以下优势：第一，注重及时反馈，促进学生参与学习。通过教师点评学生讨论情况、雨课堂测验、教学团队定期参与论坛等，及时对学生遇到的问题提供解答，并反馈意见与建议，做到教学相长。

第二，构建学习共同体，有利于提升学习者在线讨论参与度。我们以教学理论为指导，开展实证研究，通过问题导向策略、互动交流策略、知识建构策略来提高学习者的在线讨论参与度（见图 4）。问题导向策略重视讨论题的设计，明确制定了参与发帖答题的规则，以便于活动交流和知识建构。该策略包括讨论题

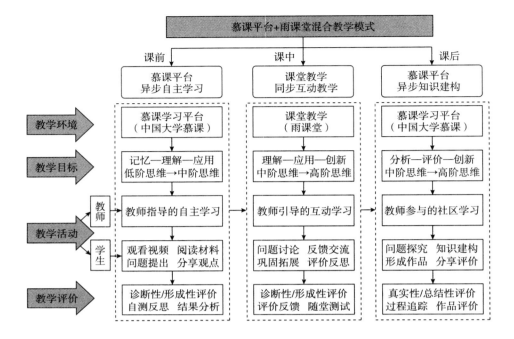

图3 基于慕课学习共同体的混合式教学模式

教学要素	在线学习参与度提升策略	学习参与度
教学设计 →	问题导向策略：以问题为基础的讨论活动设计 →	行为参与度
促进对话	互动交流策略：以交流互动为导向的促进对话 →	情感参与度
直接指导	知识建构策略：以知识建构为导向的直接指导	认知参与度

图4 在线学习参与度提升策略

设计方法、讨论区总体设置、建议参与时限、有效使用媒体和制定网络礼仪五个方面。互动交流策略帮助学习者认识到参与讨论的重要性并形成参与讨论的习惯，促进教师与学习者、学习者与学习者、学习者与课程内容之间的互动交流。该策略包括吸引学员参与讨论、营造学习氛围、确定观点异同之处、达成共识并理解、认可学员参与表现、回应技术问题六个方面。知识建构策略通过直接引导学习者深入思考，以提高其认知水平。该策略包括挖掘深度话题、聚焦重要帖子、总结讨论概况、确认理解、诊断误解、拓展知识六个方面。

第三，开展基于量规的在线作业同伴互评，可以促进学习者的学习和反思。

该课程包括选题的确定、中文数据库检索和文献综述初稿三次互评。表 1 展示的是"选题的确定"的评价量规。

表 1   "选题的确定"的评价量规

任务	权重	维度	具体描述
基础项	10%	整体评价	• 要点齐全（所有问题是否都有回答）（3%） • 选题明了具体，能突出研究问题和对象（3%） • 论据表述准确，理由充分（2%） • 思路清晰，紧扣主题（2%）
研究问题	20%	必要性	• 问题是明确的实际问题或理论问题，不空洞，具有一定的研究需求（10%）
		具体性	• 问题表述清晰，有明确的研究内容、研究对象、研究目的（10%）
关键词/相关术语	20%	相关性	• 选取的关键词数量适中（4~6 个）（5%） • 选取的关键词和术语与主题相关（10%）
		准确性	• 用词准确；避免宽泛的词或"分析""影响""研究"等普通词组（5%）
研究选题	20%	价值性	• 选题充分查阅了文献或做了调查，有理论指导，问题得出有依据（5%） • 选题目标明确，具有一定的实际意义（5%） • 选题对该学科的发展具有一定的理论价值（5%） • 选题范围、大小适当，不是太抽象、太空洞（5%）
	25%	创新性	• 能够指出选题与其他研究的不同、新颖之处，如研究角度、研究方法的不同，或者是对其他研究的补充、修改等（5%） • 研究内容具有时效性、前瞻性（5%）
		可行性	• 选题在能力范围内（主观条件）（5%） • 选题的实现有一定的客观条件（5%）
		修改完善	• 通过自查发现了问题并做出了合理的修改，且有一定的依据（5%）
总结反思	5%	总结	• 选题分析全面，有逻辑和依据（5%）
评语	请对扣分的原因做解释说明，并提出改进意见（字数不少于 20 字，不能出现堆砌字数、用重复的字眼作为评语的情况）		

二、课程创新的成效

（一）大学生信息素养显著提高

从学生信息素养课程前后的测试成绩结果对比可以发现，学习这门课程前，学生的测试平均分数为 49.67 分，而课程学习结束后平均成绩为 77.11 分，学生成绩有显著提高。并且对前后测试成绩样本的 T 检验结果表明，学生的前后成绩存在显著性差异。进一步地，也表明通过信息素养课的学习，学生学会了科研选题、数据库检索、批判性阅读、撰写文献综述等（见表 2）。

表 2　学生信息素养课程前后测试成绩（N=57）

测试	平均数（分）	标准差	t 值
前测试	49.67	7.99	19.007*
后测试	77.11	7.51	

注：＊表示 P<0.05。

（二）大学生科研意识和能力得到提升

通过学习该课程，多位学生参加校级文献综述大赛获奖；部分学生参与各类课题研究，并发表论文。学生在学习中意识到学术诚信和规范的重要性，并以此为戒。我们后续对部分已是硕士或博士的学生进行回访，得到的反馈是，这门课程的创新型教学为他们开展科学研究打下了良好的基础。

（三）混合式教学模式得到学生肯定

学生肯定了本课程线上线下相结合的教学模式，认为课程内容具有一定挑战性，对他们的知识结构有很强的完善与补充。此外，学生认为，课程内容非常丰富，学习本课程有利于提升信息检索、文献管理、文献阅读、论文写作等方面的能力，有利于熟悉论文写作步骤，有助于学生提高团队协作能力和学习能力。

第三部分　你的创新是如何做出来的

教学创新的目的是促进学生的发展，培养学生面向未来的核心素养。其实，这些都是为了提高我国人才培养质量，增强国际竞争力。作为一位曾经获国家级教学成果一等奖且有 30 多年教龄的高校教师，我一直在思考如何改进自己的教学方式和方法，让学生学得更好，学有所获。大学毕业刚工作时，我参照我的大学老师的教学方式开展教学，以为上课时给学生讲得越多，就是对学生越有帮助。未承想，自己每次辛辛苦苦、口干舌燥讲了 2~3 节课，嗓子快哑了，学生却不领情。有一次我在学生评教中只得到了 79 分，全院排名靠后，对我刺激很大。加之，所从事的教学和科研工作与教育信息化密切相关，我也一直在思考如何运用信息技术工具和软件改进教学。还有一个原因是，我关注到不少人抱怨国内高校的教学质量，认为与国外相比有很大差距。我本人曾在荷兰、美国留学，接触和了解到两国的教育教学，所以也希望尽个人之力，结合我国教育实际，对国外教育去芜存精，帮助学生更好学习。

我的创新热情出于对学生负责的想法。我当年在荷兰读博时，我的副导师Joke教授就是一位极为认真负责的人。在我的博士学位论文接近最终定稿时，我们每天都会发邮件修改确认一章，哪怕是周末她都会抽空审阅我的论文并提出反馈意见。她认真负责的精神对我触动很大。既然选择从事教师这个职业，就应该认认真真做好这份工作，对学生负责！

在教学创新中，我也遇到很大挑战。例如，如何转变自己的教学理念和教学行为，如何转变学生的学习理念和学习行为，如何平衡家庭和工作，如何平衡教学与科研，等等。但基于对学生负责的职业使命，我不断尝试、反思、改进，克服困难，我的教学创新也取得了成效。

03 基于沉浸体验式案例资源的混合式教学方法：风景园林简史课程的创新

于冰沁　上海交通大学

案例评介

于冰沁老师的教学创新，很好地诠释了教学创新必须要从教学中的实际问题出发这一原则。我们都知道任何创新都是为了解决现实中的特定问题，但在当下，很多教学创新是由外部力量主导和推动的，导致很多时候创新难以根植于学生的学习和教学的实践。作为国内知名研究型大学的年轻教师，于老师扎根于教学一线，碰到问题不回避，想方设法寻找解决方案，短短几年积累了大量的创新做法和资源，形成了包括学习方案、学习活动、学习环境、学习资源、学习评价等在内的系统的课程设计与实践。例如，针对学生的兴趣和基础的"三阶"个性化学习方案设计，11项学习活动构建，调动学生兴趣的沉浸式和游戏化学习场景与环境设计，4个在线学习平台的学习资源建设，分阶段多元化的课程评价体系建设等。另外，很多教授专业课程的老师往往觉得自己的课程知识点多且零散，很难设计整体性的创新教学方案，而于老师的创新实践，对于同类型的知识点众多且零散的课程的改革创新亦有借鉴价值。

第一部分　案例课程小档案

一、课程概况

风景园林简史是本科生专业基础课程，同时也是通识核心课程西方风景园林艺术史和研究生研讨课程风景园林历史与理论的重要组成部分。它既是一门课，也是课程群的重要组成部分。这门课程是必修课，面向风景园林专业的大一学生开设，上课学生数约为每学期30人。本课程的虚拟教学核心技术来自张洋老师，研究生研讨课程与李玉红老师合作教学，但尚未形成系统的教学团队。

二、课程的目标和学习产出

希望通过课程创新，实现"四位一体"的教学目标。

一是知识探索。重述风景园林发展变迁的历史进程，帮助学生区分不同发展阶段及不同国家的风景园林艺术特征；以加强核心知识与前沿理论学习为抓手，拓展学生国际化视野和宽广的跨学科知识。同时，紧扣学科前沿，结合生态文明建设的需求，培养学生解决复杂问题的能力。二是能力建设。通过分析风景园林设计手法，剖析影响风景园林样式变化的影响因素，评价其对近现代风景园林建设的影响，以培养学生的审美与鉴赏能力、沟通协作能力、批判性思维、实践与创新能力、自主学习和终身学习的能力。三是人格养成。通过同伴学习、技能实操等，让学生感受风景园林之"美"与"趣"，培养学生追求卓越、大胆质疑和勇于创新的精神，以及刻苦务实、积极乐观、坚韧不屈的人格。四是价值引领。立足学科及行业领域，培养学生的哲匠精神，并通过翻转课堂，讲好中国故事，做到言之有理、言之有物、言之有力、言之有度，以培养学生的文化自信和民族自豪感，厚植行业情怀和家国情怀。

三、课程的考核方式

一是线上成绩，占总成绩的40%。包括单元测验、单元作业、互动讨论次数和考核，这一考核以过程性评价为主，重在考察知识点的掌握情况。二是线下课堂互动，占总成绩的20%，包含翻转课堂、辩论、讨论、角色扮演、模型实操等，重在评价深度分析的逻辑性和自主学习的能力。三是线下团队协作任务，占总成绩的40%。通过跨学科小组协作达成知识解构与重构任务，以评价学生协作能力、动手能力及知识应用能力。

四、课程的学习活动

我设计了三步式课程活动：第一步，课前重在发现问题，学生通过SPOC平台自主学习，完成线上开放性练习和主题讨论，并根据参考文献和教学视频，准备翻转课堂任务，同时也带着问题来到课堂，为线上和线下的师生讨论、学生讨论奠定基础。第二步，课堂强调参与式学习，学生通过VR虚拟现实案例的体验、小组讨论与辩论、翻转课堂等，参与课堂师生互动，在老师的陪伴和引导下，真实感知教学内容，在轻松的互辩环境中提升客观赏辨能力，树立文化自信。第三步，课后注重能力拓展，学生需要完成线上练习测试、思维导图绘制和线下团队协作任务，并自主设计实施计划与方案，填写核查反思表，通过"5 问反思"实现自我觉察、自我评价和自我调节。

第二部分　案例介绍

一、课程创新的实践

传统课程中面向构成和兴趣多样的学生，教学方法单一，授课时间局限于课堂时间。学生对知识点的掌握也局限于课堂学习，极大地限制了学生的拓展性思考，无法平衡课程建设目标中知识与技能的融合、研究与实践的平衡、价值与情怀的提升等关键问题。

为匹配"新工科"专业教育的高阶性、创新性和挑战度，弥补 MOOC 的通识性与课程专业性之间的差异，我对风景园林简史课程体系、教学设计和评价体系进行了重构和持续改进与迭代。我自建了 SPOC 平台，该平台已运行四轮，累计 300 余名学生参与。进一步地，我首创了"三阶+四化+三省"混合式教学模式，极大地激发了学生的学习兴趣，促成了高阶学习目标的实现。具体来讲，我的创新实践体现在以下几个方面：

第一，重构线上教学资源——引导自主学习。基于校内 SPOC 平台，在西方风景园林艺术史课程的基础上，持续补充学科前沿的教学内容，累计上传视频 120 个、视频时长共计约 2400 分钟，课外阅读文献 500 余篇，讲义及教案 69 篇，练习题 425 道，互动讨论话题逾 400 次。我适当提升了单元测试、单元作业与期末考核的难度，考核重点也从赏析和辨识转变为分析与评价。我围绕教学重点、难点、热点、争议，发起开放讨论话题，引导学生渐进式实现自主学习与辩证思考的高阶目标。

第二，构建线下沉浸体验式虚拟现实案例资源库——解决实地踏勘问题。通过 VR 虚拟现实技术，构建中西方风景园林历史名园的沉浸式案例资源库，为学生带来沉浸式的交互体验，让学生真实感知教学对象，这有效解决了中西方风景园林难以实地踏勘的现实问题。同时，通过真实的情景体验和信息感知实现虚实结合的教学。

第三，三阶：分阶段设定渐进式教学目标、教学设计、评价体系。基于学生的不同需求和课程推进的不同阶段，根据美国佛罗里达州立大学的约翰·M. 凯勒教授提出的 ARCS 教学设计模型，设定了渐进式的教学目标、教学设计和评价体系，以培养学生学习兴趣，激发学生自主探索欲望，帮助学生构建知识体系。

第四，四化：教学过程的互动参与化、游戏趣味化、沉浸体验化、课程思政化。基于教学设计，从学生学习的角度出发，通过"4（智慧教学平台）+5（教学方法）+11（教学步骤）"，对罗瑞兰德对话框架中提出的教学过程中学生学习的6种主要活动进行互动参与化、游戏趣味化、沉浸体验化和课程思政化的转译。

第五，三省：分阶段构建多元化的真实性评价体系与详细量规。根据不同学习阶段的学生需求和学习目标，构建涵盖线上知识点闯关答题（低阶目标）、课堂辩论与讨论互动（中阶目标）和线下团队创意作品设计（高阶目标）的"一课三省"多元化评价体系与详细量规。通过线上线下混合式的过程评价、结果评价和教学效果反馈，考核与评价不同阶段学生的学习成效，以便及时调整教学进度和方式。同时，根据低阶、中阶、高阶三个阶段的学习目标，制订真实性评价指标和详细的量规，以对学生的能力提升进行质性评估。

第六，"三阶+四化+三省"的混合式教学方法。"三阶、四化、三省"的线上线下混合式教学方法贯穿在课前预习、课堂教学和课后复习的整个教学环节中。以教学目标为导向，反向设计教学活动。课前预习重在发现和提出问题，课堂教学重在参与互动，课后作业的设置重在促进学生的思考与反思。实施该教学方法的目的是调动学生的学习积极性，激励学生主动参与，唤醒和激发学生探究问题的兴趣。在学生学习的不同阶段，根据学生的需求，持续给予学习支持和引导，积极提供反馈和鼓励，促进学生心理上的满足。

二、课程创新的成效

通过问卷形式对风景园林简史课程中初阶、中阶和高阶三个阶段的学生进行真实性评价任务的满意度调查发现，80%以上的初阶学生认为引入的游戏具有启发性，可以激发学习兴趣，且知识获取更有效；70%的中阶学生认为线上和线下讨论与辩论的活跃度、案例研究的适宜性均有较大幅度的提升；80%的高阶学生认为团队协作比较高效。学生对真实性评价任务的总体满意度达到83%。

在创新实践中，我们推动课程与教学改革不断深入融合，长期致力于在线教学、混合式教学和虚拟现实技术的研究与实践，主持混合式教学和虚实结合教学方法等教学改革项目6项，主讲的风景园林历史类系列课程两次获得上海市重点课程立项。在课程建设期间，我们获得国家级、省级、校级奖励与荣誉称号25项；师生合作完成并取得风景园林设计类和社会实践类等奖项17项。教学团队成员主持国家社会科学基金、上海市艺术规划基金等国家级及省部级课题5项，参与自然科学基金等项目10余项，发表学术和教学论文40余篇。此外，依托零号湾创新设计研究院，与光辉城市、甲板科技等开展了广泛且深入的校企合作，景观数字化工作室和虚拟现实实验室的建设日趋成熟。

第三部分　你的创新是如何做出来的

创新的热情源于学生在学习过程中遇到的痛点问题，以及学生认真而积极的反馈。学生所付出的努力远比我付出的多，为了回报学生的这份努力，理应不忘师者初心，牢记育人使命。同时，作为一位刚刚卸任的班主任，我深知陪伴对于学生的重要性，而教书是一场淡泊名利的坚守。知育要教人不惑，情育要教人不忧，意育要教人不惧，灌输未必是对的方式，而言传身教、身体力行则可能影响一名学生对自己和对世界的认知。

作为一门注重探索、辩证思考、问题解决的本科生专业课程，把"理论记忆"的"动脑"转化为"课题研讨""团队协作""创新创意"的"动手"，培养学生发现和解决复杂问题的能力，是我课程创新的主要目标。而以赛促建是课程建设的基础，通过参与竞赛不断强迫自己梳理和重构课程内容，不断迭代教学资源以期课程更加符合学生的学习规律。

当然，教学创新的过程会面对许多质疑，例如，"传统教学方式有什么不好？""炫耀技术、哗众取宠、折腾学生"……但幸运的是，我在课程建设与创新的过程中获得了学校教务处、教学发展中心、校工会、设计学院，以及同样奋战在一线的老师的支持、鼓励和帮助。更重要的是，学生的认可，让我拥有了坚持的力量。同样，与热爱教学的教师们不断交流共进，也使我更加坚定要做好教学创新。因为这个世界上没有盖世英雄，有的只是平凡人的挺身而出。虽然我的教学创新还不完美，但我依然选择执着与热爱。

04 理论与实践一体化的学习流程设计：基础护理学课程创新

孟亚团队　黄河科技学院

案例评介

孟亚老师团队的教学创新，涉及医学类课程改革当中的一个基本问题，即学生的理论学习和临床实践之间如何融合。我个人一直倡导有效的学习，要从学生的生活或者实践出发，而不是从理论和概念出发。这个问题在所有的专业中都存在，例如，很多专业都是由老师先教授理论部分，后组织学生进行实践或者实习。这里面有一个基本的假定，就是学生先能通过学习掌握知识，然后去应用学到的知识，我个人觉得这个逻辑的有效性值得商榷。因为在现实生活中，我们每个人解决问题的步骤是先碰到问题，然后按照问题的需求去学习和整合需要的知识，而不是先学习一堆知识，想着以后拿着这些知识去解决问题。回到医学教育中，我一直好奇，为什么不能先让学生走进真实的临床场景中，让大家去观察和感受给病人看病是一种什么样的感受，从而再有目的地去学习理论知识。当然，学生从一开始到临床，并不是真的给病人看病，而是从教育的角度去激发他们的兴趣，让他们在真实的场景中感受自己的角色以及需要的知识。孟老师团队的护理学课程创新，在一定程度上给这个问题提供了解决方案，即课前线上学习理论知识，在课堂学习中主要是针对真实案例的讨论，并且引入在线虚拟场景训练和线下同伴互助实操练习，这样的安排可以很好地让学生理解自己学习的理论知识到底能解决什么样的问题，并且尝试去解决实际问题。

第一部分　案例课程小档案

一、课程概况

基础护理学课程是一门面向护理学专业大二学生开设的专业必修课，每年有50~70名学生参与本课程的学习，由教学团队组织授课。课程的目标是提高学生的临床思维能力、动手能力、自我导向学习能力、团队协作能力、分析问题和解决问题的能力。

二、课程的考核方式

本课程的考核由五个部分组成：①理论考核，占总成绩的50%：设置选择题、病例分析题两种类型。②实验考核，占总成绩的20%：采用OSCE客观结构化考核模式。教师设置若干病例，学生随机抽取后，先汇报护理评估、计划和健康教育，再以情景模拟的形式落实护理措施，即实施操作技能，教师根据操作评分表进行记录并打分。③在线训练，占总成绩的20%：训练完成提交后，系统自动生成并导出训练得分报告。报告包括每个操作步骤的得分明细、总体评价、操作建议和错误等级情况。④随堂测试，占总成绩的5%：每节课设置5~10分的测试，包含单选题、多选题、填空题等题型，最终核算为百分制。⑤同伴互助，占总成绩的5%：除在线训练系统自动生成评分外，小组成员还运用同伴互助评分表进行操作情况记录，以帮助同伴评判、纠错、知错和采集错误。

第二部分　案例介绍

一、课程创新的背景

随着互联网科学技术的发展，高等学校教学手段与方法也不断向信息化、网络化、数据化转变。其中，由清华大学与学堂在线共同研发的新型智慧教学工具——雨课堂，通过信息技术手段将微信和PPT进行无缝衔接，为学生的课前预习、课堂学习及课后拓展各个环节建立了实时在线的沟通平台。虚拟仿真技术是以信息技术为基础，通过计算机和传感设备构建虚拟的操作环境，为学生提供视觉、触觉、听觉等感官的模拟，并通过语言、手势等方式进行实时交互。基础护理学是实践性极强的学科，也是护理专业的核心主干课程，是培养学生临床思维、动手操作能力和评判性思维能力的关键。

我们将雨课堂和虚拟仿真训练相结合，以典型病例为导向，以案例分析、小组讨论、同伴互助实操训练为方法，将理论知识和实践操作有机结合。理论授课重视奥瑞姆护理理论等经典护理理论的讲解及护理程序的实际应用，而具体的护理实用技术，如静脉输液、心肺复苏、肌内注射、导尿术等56项护理技术操作则更重视实践。理论与实践的结合以护理程序为框架，将护理评估、护理诊断、护理计划、护理实施及护理评价有机地贯穿始终，适应整体护理的需要，有助于培养学生的职业道德和职业情感，提高学生独立思考、评判性思维及分析问题、解决问题的能力。

二、课程创新的实践

（一）研究对象与方法

1. 研究对象

我们采用便利抽样法，整群抽取黄河科技学院 2017 级 114 名四年制本科护理学专业学生为研究对象，分成观察组 55 人、对照组 59 人。观察组年龄为 17.90~20.50 岁，对照组年龄为 18.51~20.15 岁，该差异无统计学意义（t = -0.208，P = 0.840）；观察组有男生 10 名、女生 45 名，对照组有男生 8 名、女生 51 名，该差异无统计学意义（x^2 = 0.457，P = 0.499），两组研究对象具有可比性。

2. 研究方法

基于理论分析，我们整合出雨课堂与虚拟仿真训练相结合的理论与实践一体化的教学模式，分析与设计观察组的学习内容、学习资源、学习组织、学习活动及评价等环节。两组教学师资相同，但观察组于大学第二学年第二学期开始，在基础护理学课程中应用新型教学方法。而对照组采用传统教学方法进行理论和实验教学。理论教学以教师讲授为主，实验教学采用教师示范、学生练习的方式进行。

（二）观察组的教学方法

1. 课前准备与预习

①老师需要做的教学准备，包括大纲、教案、参考书籍及慕课微课等网络资源；依据教学大纲和人才培养需求，整合高等教育专家和临床护理专家意见，设计贴合课程的导学案例与脚本；雨课堂学生预习及教师授课 PPT；与信息技术公司合作，选择虚拟仿真训练项目；确定学生训练流程：通过学号登录虚拟仿真训练平台，选择项目、呈现病例、分析病例，然后根据系统提示进行物品准备等具体操作；制作同伴互助评分表和二维码，用于实验操作练习时，同学之间的相互评价；通过雨课堂创建基础护理学课程和班级，上传课件、导学案例等；将学生姓名、学号等信息输入虚拟在线训练系统。②学生需要做的准备，包括扫描二维码加入班级，完善个人信息，预习教师发布的资料，进行课前虚拟仿真训练，将遇到的问题及时反馈至雨课堂。

2. 课堂学习

本课程课堂学习包括：①理论授课。教师开启雨课堂，学生扫码签到；在传统授课的基础上，将临床经典案例引入教学，案例由临床专家与任课教师结合教学大纲共同设置，将护理教学和临床实践相结合，把遇到的传统理论知识和过往经验不易解决的问题拿到课堂上进行分析和讨论，找到解决问题的根本途径；通过角色扮演和小组讨论，提高学生对患者和护士角色的认识，针对病例中存在的各种问题，组织学生参与制定护理方案，在小组讨论中整合有效信息，运用专业知识，为患者解决实际问题；结合授课内容适时推送试题，进行随堂测验，掌握教学效果；对预习中的共性问题以研讨的形式归纳和提炼。②虚拟仿真训练。学生进入虚拟仿真实验室，通过学号登录虚拟仿真训练系统，结合理论课内容，练习导尿术、灌肠法、静脉抽血等单个项目，通过演示、练习和考核三种模式，以熟练掌握操作流程及注意事项。③实操训练，同伴互助。以雨课堂随机抽签的方式，将观察组学生分成4~6人的小组。组内成员依次进行练习，小组某成员在实操时，其他成员使用同伴互助App，扫描二维码获取项目评分单，并记录与评价该成员的操作练习效果。

3. 课后拓展

每次课结束后，教师利用雨课堂发送公告、复习题，通过后台查看学生预习及训练情况，管理学生考勤和平时成绩。同时注意收集、汇总共性问题，再有针对性地调整授课内容。课程全部结束后，通过雨课堂进行在线考试，便于学生即刻知晓考试成绩，并且快速准确地获得试卷分析结果。

三、课程创新的成效

（一）两组学生考核成绩对比

观察组学生的选择题、病例分析题及实验考核的得分均高于对照组学生的得分，差异有统计学意义（$P<0.05$）（见表1）。

表1 观察组与对照组学生的成绩对比（$\bar{x}\pm s$，分）

	理论考试		实验考核
	选择题	病例分析题	
观察组	48.08±5.97	24.67±3.03	88.08±6.68
对照组	41.60±7.40	21.20±3.12	81.10±7.42
t	2.278	2.639	2.323
P	0.034	0.016	0.031

（二）学生自我导向学习能力对比

在雨课堂结合虚拟仿真训练教学实施前，观察组与对照组学生的自我导向学习能力，差异均无统计学意义（P>0.05）；而在实施后，观察组学生自我导向学习能力总分、学习动机、人际沟通维度的得分均高于对照组学生的得分，差异有统计学意义（P<0.05）。此外，观察组学生在总分、学习动机、计划与实施维度上的得分均高于自己在实施教学创新前的得分（见表2）。

表2 两组学生自我导向学习能力对比（$\bar{x}\pm s$，分）

项目	学习动机	计划与实施	自我管理	人际沟通	总分
实施前					
观察组	20.25±4.18	21.83±3.81	13.67±3.20	13.75±3.44	71.00±11.77
对照组	21.21±3.79	20.29±4.30	13.14±3.39	13.21±2.55	70.29±12.23
t	-0.617	0.963	0.403	0.455	0.151
P	0.543	0.345	0.691	0.653	0.881
实施后					
观察组	23.92±3.45*	23.75±4.12*	14.83±4.43	15.83±3.01	80.58±9.52*
对照组	20.79±3.07	21.57±3.11	13.86±4.35	13.07±2.95	71.36±11.69
t	2.450	1.537	0.566	2.359	2.181
P	0.022	0.137	0.577	0.027	0.039

注：* 表示 P<0.05，即在教学创新实施后，观察组得分差异有统计学意义。

（三）新型教学方法实施效果的评价

教学督导及观摩老师对观察组认可度较高的是"拓展教师知识"（90.9%）、"认可本教学方法"（90.9%）、"增加备课负担"（90.9%）三个条目，认可度最低的是"易统计学生成绩、愿意尝试此教学方法"（54.5%）。除学生互动良好和易统计学生成绩外，教学督导及观摩老师对观察组的认可度均高于对照组，且差异有统计学意义（P<0.05）。观察组学生对新型教学方法认可度最高的是"提高自主学习能力"（81.8%），且对"能激发学习的积极性、主动性""提高自主学习能力""增进知识理解"的认可度均高于对照组，差异有统计学意义（P<0.05）（见表3）。

表3　教师和学生对新型教学方法实施效果的评价（n=114）

条目	观察组			对照组			Z	P
	同意（n,%）	一般（n,%）	不同意（n,%）	同意（n,%）	一般（n,%）	不同意（n,%）		
教师评价								
学生互动良好	16（72.7）	6（27.3）	0（0）	12（54.5）	9（40.9）	1（4.5）	-1.316	0.188
课堂气氛活跃	17（77.3）	5（22.7）	0（0）	10（45.5）	8（36.4）	4（18.2）	-2.369	0.018
拓展教师知识	20（90.9）	2（9.1）	0（0）	9（40.9）	13（59.1）	0（0）	-3.458	0.001
增加备课负担	20（90.9）	2（9.1）	0（0）	8（36.4）	9（40.9）	5（22.7）	-3.775	<0.01
易统计学生成绩	12（54.5）	8（36.4）	2（9.1）	11（50.0）	8（36.4）	3（13.6）	-0.392	0.695
认可本教学方法	20（90.9）	2（9.1）	0（0）	10（45.5）	10（45.5）	2（9.1）	-3.229	0.001
愿意尝试此教学方法	12（54.5）	10（45.5）	0（0）	4（18.2）	11（50.0）	7（31.8）	-3.151	0.002
学生评价								
能激发学习的积极性、主动性	42（76.4）	12（21.8）	1（1.8）	29（49.2）	19（32.2）	11（18.6）	-2.941	0.003
提高分析和解决问题的能力	37（67.3）	11（20.2）	7（12.7）	31（56.4）	16（29.1）	8（14.5）	-1.059	0.290
提高操作技能的学习效率	38（69.1）	13（23.6）	4（7.3）	35（59.3）	18（30.5）	6（10.2）	-0.672	0.502
提高自主学习能力	45（81.8）	9（16.4）	1（1.8）	30（54.5）	21（38.2）	4（7.3）	-3.084	0.002
增进知识理解	40（72.7）	13（23.6）	2（3.6）	29（49.2）	27（45.8）	3（5.1）	-2.187	0.029

（四）观察组学生对新型教学方法的评价

观察组学生对雨课堂与虚拟仿真训练相结合的新型教学方法，认可度最高的是"雨课堂在线讨论与测验增加了师生的互动"（92.7%），最低的是"同伴互助对相互督促学习很有帮助"（74.5%）（见表4）。

表4　观察组学生对新型教学方法的评价（n=55）

条目	同意（n,%）	一般（n,%）	不同意（n,%）
更喜欢新型教学方法	45（81.8）	8（14.5）	2（3.6）
雨课堂在线讨论与测验增加了师生的互动	51（92.7）	4（7.3）	0（0）

条目	同意（n,%）	一般（n,%）	不同意（n,%）
案例引入、弹幕、随机点名增加了课堂趣味性	50（90.9）	4（7.3）	1（1.8）
同伴互助对相互督促学习很有帮助	41（74.5）	10（18.2）	4（7.3）
虚拟仿真训练对技能操作有较大帮助	44（80.0）	9（16.4）	2（3.6）

雨课堂与虚拟仿真训练相结合的理论与实践一体化的混合式教学模式，体现了以学生为中心的教学思想，丰富了课堂教学内容。具体体现在两个方面：一是提高了学生的自我导向学习能力。调查结果显示，新型教学模式实施后，观察组学生的自我导向学习能力较之前明显提升，且在总分、学习动机及人际沟通维度的得分均高于对照组学生的得分，差异有统计学意义（P<0.05），学生的自我导向学习能力呈逐步提高趋势。二是有助于学生建立系统化的知识体系。通过雨课堂对"教"与"学"的数据进行信息化分析和统计，能使教师快速地了解学生的知识掌握情况、跟踪学生的答题状况，进而给予针对性的指导和教学调整，实现"教"与"学"的实时更新。学生也可利用雨课堂平台，随时随地进行碎片化学习、整合与加工知识，尤其是师生的实时互动，可以进一步强化和巩固所学知识。通过在虚拟环境下进行实验操作、健康教育及护患交流等，帮助学生固化知识，发挥创造性思维，实践专业技能，形成规范化、标准化的操作技巧和临床思维。此外，理论知识和操作技能的深入融合和相互渗透，也有利于学生整合资源，系统地进行课程学习。

第三部分　你的创新是如何做出来的

良好的课堂互动和学生参与度，对老师来说，能够增加教学热情，甚至影响上课心情和身心健康。学生被动学习和"低头族"过多，是我不愿看到的。基于学生的学情分析，我愿意花费更多的时间和精力，去做教学设计，活跃课堂氛围，这也是我教学创新的出发点和落脚点。在信息化的背景下，老师的教学活动和学生的学习活动，都打破了传统的模式。老师运用信息技术手段进行教学观念和方式的改革，依托网络教学平台、微课、翻转课堂等为教学实践提供了广阔的平台；学生可以利用雨课堂、虚拟在线训练等信息技术手段进行专业课程的自主性学习。教学方法的改革不但强调知识的传授，更注重学生对知识的内化，这对激发学生学习兴趣、培养学生的协作和自主能力、创新思维和表达能力，提高考试成绩和学习满意度等方面都具有促进作用。

在创新的过程中，我们团队也遇到过许多挑战，比如，家庭和工作的平衡问题、科研与教学的平衡问题等。但实际上，这些并不矛盾，反而是相互促进、相辅相成的。只要充分利用各种碎片时间，是可以平衡好家庭和工作、科研与教学的。成功的教学改革与创新可以进一步产出相应的教学成果，这也是教师科研能力和教学水平的综合体现。又如，如何跳出教材和大纲，设计出科学、有效、灵活的场景和案例，这就需要临床专家与学校合作，共同设计科学严谨的病例供学生学习。

通过坚持不懈地创新教学，坚韧不拔地直面各类问题，终于，我们的创新得到了认可。调查结果显示，教学督导及观摩老师对观察组的认可度均高于对照组；76.4%的观察组学生认为创新教学能激发学习的积极性、主动性；相比传统教学，81.8%的学生更喜欢理论与实践一体化混合式教学方法；92.7%的学生认为雨课堂在线讨论与测验增加了师生互动，活跃了课堂气氛，从而激发了学习的积极性和主动性；80.0%的观察组学生认为虚拟仿真训练对技能操作有较大帮助，通过虚拟仿真训练模拟临床工作情境，能使空洞的理论知识变得直观、形象，类似游戏的操作模式也增加了学习的趣味性和学生的沉浸感，缩短了理论到实践、教室到临床的进程，学生学习效果更好，满意度较高。

我想，师生的认可，学生的进步，就是我们始终坚持的动力。

（团队成员：孟亚、黄涛、张浩、郭晓娜、董亚娜）

05　童装系列课程体系重构及系统化教学创新设计

侯萌萌　郑州轻工业大学

案例评介

　　侯萌萌老师的教学创新，有三大亮点：一是四门课程的重构与融合，形成了一门全新的课程，这是一个典型的课程体系重构的案例，我个人觉得，单独一门课程的创新，在解决面向未来的教学问题时，有诸多局限，多门课程的融合，是未来教学创新的趋势；二是打造了完整的项目制学习流程，不仅是从真实的项目出发去开展学习，还要在学生设计完解决方案后，去真实的市场环境中竞争，这是在当前大学的教学中不多见的，而且学生在市场上竞争的情况也纳入考核范围；三是与企业的深入合作，国家现在非常重视产教融合，但是在老师个体层面，产教融合在传统的实习实践模式上难有实质性突破，侯老师的教学创新在这方面进行了有益的探索，包括企业与大学双导师制，学生以企业的真实项目作为课程学习项目等，都值得借鉴。

第一部分　案例课程小档案

一、课程概况

　　童装系列课程涉及服装与服饰设计专业的四门课程，包括大三上学期童装教学模块中的童装设计课、童装结构设计课、童装工艺课及大四上学期的童装品牌实务课四门专业必修课。本系列课程面向服装与服饰设计专业的学生开设，上课学生为每学年 120 人。由教学团队负责教授本系列课程。

二、课程的目标和学习产出

　　通过本课程的学习，提升学生的童装产品研发综合能力，增强服务社会的意识。具体包括：①知识目标：通过学习童装设计、制版、工艺的基础知识，掌握童装造型设计、结构设计和工艺设计的方法及流程；②能力目标：提高学生分析问题、解决问题的能力，帮助学生掌握科学的学习和研究方法，全面提高学生童装产品研发的综合素质，使学生具备扎实的理论基础和较强的实践能力；③情感目标：培养学生具备一定的社会服务意识、责任意识及团队合作精神，具有开阔的国际视野和敏锐的市场意识，具备良好的表达能力、沟通能力、协同合作能力，以及严谨务实的工作作风。

三、课程的考核方式

本课程总评成绩满分为 100 分，由以下五个维度构成：①视频观看（占总评成绩的 25%）：学完所有视频且正确回答试题；②阶段作业（占总评成绩的 25%）：配合相应章节完成实践任务；③学习笔记（占总评成绩的 5%）：学习相应知识点的笔记与心得；④项目完成度（占总评成绩的 40%）：按企业要求完成产品开发的数量并确保质量；⑤所开发产品在市场上的持续销售情况（占总评成绩的 5%）：根据企业阶段销售数据的反馈来衡量。

四、课程的学习活动

本课程总共由五项学习活动组成：①借助于理论与实践一体化教学设备和线上微课，带领学生学习结构制图部分和实操环节的内容；②课堂听讲，采取双导师制，即聘请校外企业设计师、版师、工艺师与任课教师共同授课；③市场调研，由企业设计师带领学生前往面料市场、商场，进行面料、品牌和流行趋势的调研，为项目开展做准备；④小组活动，以小组为单位分工合作，按照项目进度表共同完成商品企划、产品开发、样衣制作方案、成衣制作；⑤成果汇报，小组根据项目完成情况进行汇报，并与低年级的学生开展成果展示与交流活动。

第二部分　案例介绍

一、课程创新的背景

该创新案例始于 2017 年服装专业第四次培养方案的修订。在规划教学大纲时，我们开始注重构建模块化的知识结构体系，逐步重视加强前置、后续课程之间的联系，同时注重原创设计与市场产品相结合。根据这个思路，我们开始了童装系列课程整合和链接的探索与实践。

我们想要解决的核心问题是：①从教师教学的方面，加强童装前置、后续课程间的联系，改变各门课程各自为政的教学状态，使知识结构更加系统化、连续化；②从学生学习的方面，解决学生设计与市场脱轨的问题，通过课程创新实现从作品到产品再到商品的转化，提升学生研发童装产品的综合能力。

二、课程创新的实践

我们将服装专业涉及童装的四门课程打通，通过教学内容的前后串联将其进行整合，整个课程链的完成共分两个阶段：第一阶段的童装设计课（48 个学时，3 个学分）、童装结构设计课（64 个学时，4 个学分）、童装工艺课（64 个学时，4 个学分）开设于第六学期的第 1~11 周，课程主要内容为童装设计、结构、工艺一系列基础理论知识的学习，在每门课程教学任务的设置上加强了前置课和后续课在内容上的串联，设计出一条统一完整的任务主线（设计课上的设计稿要在之后的结构课上进行制版，再由后续的工艺课做成成衣，最后通过成衣的完成效果来验证第一门设计课的设计是否合理），这有效改变了教学创新前每门课以各自为中心设置独立教学任务而导致课程间缺少联系的做法；第二阶段为童装品牌实务课程（70 个学时，5 个学分），开设于第七学期的第 1~5 周，课程任务为对第一阶段学习的理论知识的运用，偏重于综合能力提升和项目化实践教学（以校企合作的方式进行联合童装品牌研发或通过引入横向课题以项目化教学为手段进行真题实做）。

在授课模式的探索上，主要采用线上线下混合式教学模式，教学活动主要以学生为中心，以企业实体项目为出发点，结合探究式、项目式和合作式教学组织开展教学活动。在教学方式上，借助于视听媒体，用录像、影片等形式进行实操环节的授课。在教学团队的组成上，成立校内童装课程教学小组（设计、结构、工艺方向教师各 2 名），并聘请企业设计师 2 名、版师 1 名、工艺师 1 名加入课程小组共同进行授课。其中，第一阶段的理论知识教学以校内任课教师为主，第二阶段的理论知识的运用采取双导师制，由校内任课教师和企业导师共同承担。在课程考核上，采取集体评分制度，由课程组全体教师分别对学生两个阶段四门课程的学习效果进行共同评分，根据项目进程进行阶段总结与分析，以提高学生在童装产品开发方面的综合能力。

三、课程创新的成效

该系列课程的创新与实践历时三年，主要的成果和收益有以下几个方面：第一，从学生学习成果的角度看，在知识结构方面，学生掌握了童装设计的基本原则、童装结构设计体系及思维方法，并熟练掌握童装工艺的相关知识；了解国内外童装市场的现状、童装产品企划的相关知识。在技能方面，学生提高了从设计、制版到工艺实现的能力；加深了对童装整个产业的认知和理解，在熟练驾驭服装造型设计、结构设计和工艺技能的同时，初步具备了一定的童装产品研发能力；掌握了科学的造型方法和造型思维，真实体验了把设计构想转化为成衣产品的过程。在个人素质方面，提高了学生分析问题、解决问题的能力，帮助学生掌握了科学的学习和研究方法，全面提高了学生的综合素质，使学生具备扎实的理论基础和较强的实践能力。在个人品格方面，通过项目实践，学生具有了一定的社会服务意识、责任意识、创新意识及团队合作精神，具有了开阔的国际视野和敏锐的市场意识，具备了良好的表达能力、沟通能力、协同合作能力，以及严谨务实的工作作风。

第二，从教师个人成长及团队建设的角度看，通过校企合作的开展和横向课题的引入，提高了教师钻研业务的热情，加强了教师的业务能力，从而进一步提升了教学质量；通过教学内容与企业研发项目的对接，教师在磨合的过程中逐渐适应了企业产品开发、生产的节奏，使教师与市场接轨的能力有了进一步提升；通过课程间的链接，进一步加强了教学团队的建设，初步建立了新老搭配合理、教学效果明显、示范作用突出的主干课程教学团队。

第三，从案例创新本身发挥的作用看，对于服装专业其他课程体系来说，童装系列课程的创新设计，改进的是传统课程各自为政、相互之间内容割裂的授课模式，取而代之的是打通式、系统化、模块化的教学模式。课程创新所形成的是课程间的合理链接方式和授课内容上的科学整合方法，通过实践证明同样适合于女装、男装、竞赛等系列课程。现阶段该教学模式已被应用于我校女装、男装系列课程的创新与实践，各项教学活动均开展得比较顺利。对于其他学科领域来说，因为该创新致力于研究课程体系的构建，研究的是合理的链接手段和科学的整合方法，任何一个学科都存在前置后续课程或者与相关专业领域需要链接的内容，均可以借助于模块化、打通式的方法进行创新实践，甚至可以跨行业、跨专业、跨学科进行串联与合作。

第三部分　你的创新是如何做出来的

为了顺应时代和社会的需求，以及学科和专业未来的发展趋势，我们必须不断地进行教学创新与探索。除此之外，就我个人感觉而言，在一线教学尤其是在某一个固定领域从事教学的时间太久容易让人"缺乏成就感"，"按部就班"的教学活动也会让教师教学能力的提升进入一个"瓶颈"期，这个时候我们往往会想办法改变现状、打破常规，开始探索一些新的教学模式。同时，教学创新带来的一系列成果，除了让教师得到教学、科研、专业素质等综合能力的提升外，也让教师强烈地感受到了自我价值的实现。

创新的过程不是一帆风顺的，也会遇到一些挫折和挑战。面对困难，我们勇往直前，不断提出解决方案。例如，针对线上无人监控环节中出现学生只播放视频不观看内容的情况，我们采取在观看视频的过程中随机进行提问、要求学生做学习笔记及在课上随机挑选学生进行分享等措施来解决，学生应付了事的现状得到了改善。又如，教师长期从事一线的理论教学，缺乏市场实战经验，与企业项目组工作的开展存在一个磨合和适应的过程，为了更好地配合和融入项目组的工作，我们定期为教师提供进企业学习和实践的机会，改善"短板"。再如，校企合作不仅要育人，还要为企业带来一定的效益，但由于在校生缺乏实践能力，有些企业往往难以坚持到课程结束。为解决这个问题，我们在同期开设了 Workshop 工作组，择优选拔工作小组人员，平行推进项目内容，以保证企业在该项目上得到多重保障。

除了教学创新本身遇到的困难，当然也存在家庭和工作、科研与教学的平衡问题。这要求我们在做教学创新的同时，提升个人的时间管理和情绪调节能力。教学工作繁重的时候在一定程度上会影响科研与创新工作，有时候甚至会荒废了科研，对个人的全面发展非常不利。但随着学院对科研工作的扶持以及教学团队中科研氛围的提升，我们开始尝试在这两项工作中找到一个共通点，既能完成教学创新又能开展科研，发挥二者的相互促进作用。

在课程创新的实践过程中，得到了学生的积极配合与高度认可。学生普遍反馈，本系列课程引入实践项目，让学习有了更加明确的目标，感觉学习任务更有意义和价值，既增强了大家的学习动机，又拓展了大家思维的深度和广度。同时，课程设计以兴趣为出发点，以行业市场为导向，引导学生有计划的学习，帮助大家建立起自主学习的习惯。

学院一直以来大力支持教学创新活动，支持以教育改革为研究对象的各项科研项目，同时在政策和制度上也对积极进行教学创新的教师和团队予以支持。学院于 2019 年 5 月至 2020 年 12 月分批次投资建设了两个服装理论与实践一体化教学实训中心，为本系列课程的开展提供了硬件保障。此外，学院为我们提供了外出进修与考察、同企业交流与合作的机会，为促成项目化教学提供了机遇和后勤保障。

06 高阶能力导向的建筑色彩学课程的
教学生态构建与实践

黄茜 湖南大学

案例评介

黄茜老师的课程把培养学生的社会责任感作为重要的目标,并且通过建立"教学生态圈"把学生引入社会,让学生在真实社会中学习,在参与公益活动中提升对社会的责任感。这既能体现老师自身的社会责任,也能启发我们思考如何通过一门课程来提升学生的社会责任感。黄老师的课程设计清晰、系统,"目标—考核—活动"链条一目了然,除了社会责任感的培养这一亮点外,还设计了一系列活动帮助学生提高自主解决问题和重新梳理问题的能力,特别是对学生收集信息和分析信息的能力做了重点关注,也对学生运用信息化工具的能力进行了系统训练。综上,黄老师的课程有三大面向未来的探索:一是社会责任感的培养,二是数字素养的培养,三是以真实社会问题为导向的自主学习能力的培养。

第一部分 案例课程小档案

一、课程概况

建筑色彩学课程是面向建筑学专业的专业选修课,共 1.5 个学分、24 个学时,授课对象为大三学生,每学期上课人数为 20~90 人。课程教学由 1 名主讲教师负责。

二、课程的目标和学习产出

通过本课程的学习,一是帮助学生掌握色彩的基本原理,使学生在面对色彩设计的具体任务时,科学地构建"问题—理论—工具—实践—反馈—优化"的设计思维;二是帮助学生对接色彩设计的社会需求,促使学生在真实的实践项目中培养社会责任感;三是帮助学生提高资料查找、统筹、分析、运用的能力。

三、课程的考核方式

课程平时考核由色彩密码慕课学习情况和高阶能力评价两部分组成，占总成绩的 60%。其中，色彩密码慕课学习占比 10%，着重考核学生色彩基础知识的掌握程度；高阶能力的评价占比 50%，包括：①文献查阅（占比 10%），以小组互评为标准，定量考核学生对于信息的评价能力和判断能力；②知识点输出式解读（占比 10%），定量考核学生输出信息的能力；③架构问题及修正计划（占比 20%），定量考核学生分析问题、生成研究框架的能力；④色彩服务及执行（占比 10%），考核学生多方统筹和设计创新的能力。

课程期末考核为撰写个人课程论文，占总成绩的 40%。老师主要根据学生在课程中的系统学习成果进行评价（见图 1）。

	考核内容	目标	权重值	考核方式
	色彩密码慕课学习	色彩基础知识的掌握	10%	线上生成
高阶能力评价 50% / 小组学习	文献查阅	信息评价及判断	10%	小组互评
	知识点输出式解读	输出信息	10%	小组互评
	架构问题及修正计划	分析问题，生成框架	20%	教师评价
	色彩服务及执行	多方统筹，设计创新	10%	教师评价
	个人课程论文	系统学习反思能力	40%	教师评分

图 1　课程的考核评价标准

四、课程的学习活动

在教学生态的建设中，为了培养学生的社会责任感，我们与当地的小学、医院、养老院等机构长期合作，收集最新的问题和需求，各小组从中选择一个问题和需求进行研究。在解决问题的过程中，有助于学生建立社会服务意识，提升社会责任感。

同时，我们建立了多个色彩公益平台，鼓励学生课外以色彩学所长，参加多种色彩公益活动，强化社会责任感的认知。如在湖南省儿童医院基地，以湖南大学建筑与规划学院青年志愿协会为组织基础，结合建筑色彩学课程的色彩疗愈等相关内容，鼓励学生采用彩画手绘、模型建构、视频影像等学科特色形式，面向医院住院部患儿，长期开展青年志愿色彩公益系列活动。

第二部分 案例介绍

一、基于在线学习平台的教学设计

我们全面建设了网络课程在线教学平台，实现了线上线下双途径教学，以色彩密码课程为色彩基础知识输出核心，在学银在线、中国大学慕课网两大平台进行发布，色彩密码慕课每年开课两次，单平台页面总访问量达到 160 万余次，且每次开课均有 1600 余人报名，目前累计选修人数超过 6000 人，课程每日学习人数保持在 600 人左右。课程在各平台上运行情况良好、师生互动活跃，校外教师和学员对课程评价很高，课程评价达 5.0 分（总分为 5.0 分）。

通过学习色彩密码慕课，让学生认知中国色脉、掌握色彩的基本知识、培养色彩美感，为学生提供坚实的理论体系支撑。此外，色彩密码慕课以通俗生动的风格吸引了其他领域从事与色彩相关工作或学习的人士，也在新冠肺炎疫情期间成为小学美术线上教学的补充资料。丰沛的线上资源推动了色彩知识的科普与中国传统色的传承。

二、基于新媒体科普的学习共同体建设

建筑色彩学课程充分利用网络、电视、新媒体传播科普知识，建设了 B 站视频号、微信公众号等自媒体，及时反馈课程成效，促进教学共同体的高效互动。同时，我们与湖南省图书馆合作，开展"中国传统色之韵"等系列讲座，相关资料会共享至湖南图书馆体系、惠及村级文化站。微信公众号"色彩密码 colorcode"累计发布原创内容 63 篇，内容涵盖学生课程成果、优秀作业。B 站视频号"色彩密码 colorcode"累计发布原创短视频 11 个，内容涵盖色彩公益活动和色彩教学，充分展示了学子风采，科普了色彩知识。

可以看到，新媒体等载体的运用对教学生态的优化起到了积极作用。通过以"建筑色彩学"为核心，协同共建教学生态的诸个要素，并形成良性互动，将学生履行社会责任的成效及时转化为可见的成果，有助于增强学生的学习胜任感。

三、基于问题导向的小组合作学习模式

本课程的学习单位为 4 人小组，小组合作学习有助于学生高阶能力的提高。教学创新执行的思路为"以问题导向小组合作学习为主导，教学生态多层多维联动为支撑"。课程内容以解决真实问题为目标，小组通过自主拆解任务、查找资料、链接资源、实地调研等方法，尝试解决真实问题。在这一过程中，有利于提升学生解决问题和合作的能力。同时，我们鼓励学生进行学科交叉思考，向不同领域的专业人士请教，拓展解决问题的思路。

四、基于公益活动的社会责任感培养

本课程的核心思政目标是从能、知、行三维度来培养学生的社会责任感。以课外的青年志愿者活动为载体，鼓励大学生自主策划活动，并与色彩科普基地合作进行公益科普活动。学生志愿者已在湖南省儿童医院志愿者基地、红枫养老中心、东茅街小学开展了系列色彩公益活动。这不仅培养了学生的公益实践能力，增强了学生的情绪调控能力、情绪运用能力和情绪知觉能力，而且有效地开展了色彩科普，传承了中国传统色彩，提高了国民色彩素养。

五、基于交叉学科的研讨式教学

本课程与设计艺术学院 CMF（色彩、材料、质感）课程联合开展交互研讨式教学，CMF 课程面向工业设计、艺术设计专业的学生进行相关色彩教学，本课程在 CMF 色彩实验室进行教学和科学研究，探索国际著名色彩体系的基础知识、应用工具、工艺流程，以及材料新工艺的前沿趋势。同时，本课程与营销学、管理学、心理学等学科也存在交叉关联，我们会邀请相关领域的优秀校友分享实际经验与未来展望。在此基础上，学生能够找到学习榜样，并意识到社会协同的必要性。

第三部分　你的创新是如何做出来的

教学的热情来自对色彩教育事业的使命感。我常常思考什么是教育，以及教育在人类整体架构里的意义。我一直期盼自己终身从事教育事业，且从事的是"真教育"。人类为什么需要教育，从社会学的角度看，是社会整体协同、文明上下承接及扩展的要求；教育还是个人完整与健康的需要，独立的人、完整的人，是来自对生命的生动体验，对人类本身的信任，对自我深度的认可与开启。

教育者在对教育哲学的认识之上，将专业知识通过正面的教学交流，传授给学生。同时，普及中国色彩美育、宣传传统色彩教育、以点带面扩大色彩教学影响力，也是我教学热情的源泉。

教学创新并不是一帆风顺的，我遇到的挑战是如何在新时代重新塑造教学模式。在信息爆炸的时代，课程资源与信息不再稀缺，原有以知识教授为主的教学模式不能再给学生带来核心竞争力。为了让学生适应时代发展，能在未来的工作中游刃有余，我建立了一个真实的训练场，即"教学生态圈"，在这一"生态圈"中，我也完成了教学模式的重塑。

此外，还有家庭与工作的平衡问题，我会把与家人相处的时间预留出来，给家人高质量的陪伴；我还会将公益活动与孩子的家庭教育结合起来，让孩子在公益活动中获得成长。

教学与科研的平衡也需要大量的时间和精力，但在长远目标上，二者是统一的，所以可以将它们结合起来。比如，开展患儿色彩疗愈，它一方面可以作为研究的课题，另一方面也是教学与公益的实践结合。

教学创新是一个不断尝试和反思的过程，需要在学生的反馈中不断迭代改进。有时也会受到学生的质疑：学生不能理解一个专业选修课，为什么要研究学习，而不能"舒服地"完成。但当学生毕业后再回头看，都认为这一教学创新让他们颇为受益。

我们学校认可教师的教学创新热情，也在教学改革课题上给予支持，鼓励教师创新。我相信，随着制度上弹性加大，硬件支持更加充分，课程的持续性成长会更好。

07　三维教学工作坊与行动课堂：思维与写作课程创新案例

耿沛甲团队　许昌学院

案例评介

耿沛甲老师团队的教学创新，通过跨学科的教师团队来支持学生通识能力的提升。课程通过指导学生的写作，专注学生思维能力的培养；通过设计课前自学、课堂讲授和课后写作项目训练三个核心学习活动来支持学习目标的达成。在与耿老师团队的沟通中，我意识到这个团队的老师是学校选拔出来的教学精英，专门来教授这门创新性通识课程，用我的话来讲，他们属于大学里"被宠爱的老师"。学校为了支持这门课程的创新在很多方面开了"绿灯"，对于学校来说，这很难得。当然，耿老师团队也不负众望，这门课程在开设的第二年，就取得了很好的效果，可以说这是新时代通识课程创新、跨学科教学团队构建以及思维能力培养方面的优秀案例。

第一部分　案例课程小档案

一、课程概况

思维与写作课程是一门面向全校大一、大二学生开设的通识类选修课（未来将设为必修课），每学期约有 400 名学生选修。本课程由教学团队负责教授。

二、课程的目标和学习产出

本课程针对当下应用型高校大学生写作困难的痛点，以结构化写作为研究对象，通过思维训练，让学生掌握适用于写作的思维工具，如金字塔原理、思维导图等。进而从思维和方法上解决学生的写作难题，为学生写作能力的全面提升奠定基础。通过让学生掌握梳理信息、分析问题、合理搭建结构、准确有效表达等方面的具体方法，让学生能够勇敢面对问题、主动解决问题，并通过写作来表达自己的观点，引导学生成长为一名问题解决者。学生对正确写作方法的掌握，能有效激发学生对文字表达的兴趣，提升学生的写作能力与应用能力。

三、课程的考核方式

课程的考核由多元方式构成：线上学习的考核通过观测信息化数据得出；线下课堂教学以课堂行动项目、课后实践项目、期末考试的方式进行课程考核。期末考试的试卷也改变了过去主观题与客观题相结合的形式，由材料分析、改错、序言写作、话题写作四个部分组成。

四、课程的学习活动

在教师授课时，首先通过精心设计的情境与案例故事激发学生的学习兴趣，其次通过具有目的性的、嵌入相关知识点的行动项目引导学生在行动中发现知识，最后通过演讲与总结引导学生相互学习，收获知识。在课后的行动项目中，以真实项目的成果展示使学生产生学以致用的成就感，进而固化所得。

第二部分　案例介绍

一、为什么要做这个创新

目前，有关大学生写作能力退化的问题引发了高等教育届异常激烈的讨论。为有效解决应用型高校大学生普遍存在的写作能力痛点，许昌学院大力推进通识写作课程体系的建设。在通识教育课程群建设中融入大学生写作能力提升的通识类写作课程体系。针对通识类写作课程的特点，为促进课程体系集群化效果的有效达成，我们提出了"1门通识必修—多门通识选修—多门专业选修"的课程体系建设思路。在具体的改革中遵照"基础、技巧、实用—深层、实力、兴趣—专业、综合、科学"的理念，采用层层递进、由易及难、循序渐进的课程体系框架。

二、创新解决的核心问题是什么

第一，学生的学习兴趣问题。我们面对的学生存在重视专业课、轻视通识课的情况。为确保课程具有吸引力，课程内容上摆脱了章节式的传统知识体系，构建起以实现能力目标为核心的专题化课程内容。在教学形式方面突破传统课堂互动形式，用精心设计的行动项目贯穿课堂教学全过程。将培训、研修常用的工作坊形式植入课堂教学中，改变传统授课方式，打造高效课堂。同时引导学生转变知识能力的获得观念，从学习知识到探索知识。

第二，面向不同专业学生的问题。通识类课程面向的是全校各专业的学生，他们的专业背景不同，学习诉求自然不同。我们设置的教学行动项目可能在对文科专业的学生授课时效果极佳，但在对理工科的学生授课时却反响平平。我们课程组解决的办法是，提前调研授课专业的学生特点，根据不同专业背景下学生的兴趣点与思维习惯调整教学环节，准备针对性的案例素材与行动项目。

第三，大班额问题。我们发现，30 人以下的班级更匹配我们的教学形式，当班级人数超过 30 人，就会遇到分组人数过多，课堂活动耗时增加等尴尬问题，这就不能做到有效激发所有学生的兴趣与思维活力。我们课程组的解决办法是借鉴"俄罗斯套娃"的形式，给一个行动项目设置多个抽签式的随机任务，在分组人数较多的情况下，可以确保所有人都能有效地参与行动项目。

三、能对学生产生什么益处

通过学习本课程，使学生收获如下学习成果：①了解思维的类型，掌握适用于写作的思维方法，能够在写作中灵活运用思维导图等思维工具；②掌握以金字塔原理为核心的结构化写作方法，能够在写作前使用 5W2H 原则分析问题，使用金字塔原理搭建写作结构，运用 MECE 原则充实写作内容；③掌握规范的行文、用词和标点符号的方法，具有严谨的写作态度，能具备发现错漏的改错能力，以及规范写作、准确表达的写作应用能力；④掌握写作常用的修辞方法，并能够凝练写作主题，在写作中使用恰当的语言，使写作内容具有一定的感染力；⑤能够完成写作项目，运用批判性思维进行辩证分析、论证说理、有效表达；⑥树立积极面对问题、善于思考问题、擅长解决问题的态度，自信开放且能主动学习、自我突破。

我们充分相信每个学生都有一个"小宇宙"。在课堂与项目中，我们支持学生试错，使其能在错误中主动发现知识；在课堂行动项目中，我们给予学生高度自由，学生可以通过绘画、相声、小品、歌曲等任何能想到、认为适用的形式展示行动项目成果，全面激发学生的思维活力。同时，我们的课堂鼓励演讲与辩论，并不设置标准答案，所有的内容与产生的成果都是开放式的，引导学生批判性思维的形成。

总体来说，我们通过启发、容错、探索、表达、自由与开放等综合手段来引导与支持学生的学习。同时，我们为学生提供了较为丰富的教学信息资源，包括参考书籍、资料，思维训练资料库、视频库；我们还协调学生去到相关单位获取写作素材。此外，我们利用自有资源为学生提供真实的实训项目，并为学生的面试类考试提供辅导。

四、课程创新的实践

目前，从思维训练入手去解决大学生写作问题的通识写作课程尚不多见。我们主要通过以下方式开展教学创新：①将课程定位为基础性、技巧性、实用性的写作课程，通过线上线下混合式教学丰富了学生的学习路径，形成了课后自主学习、课上行动化学习的新型"教学生态环境"。②摆脱章节式的传统课程框架，建立了能力导向的专题化课程内容。③提出了目标能力的实现路径，即一个核心、两个要素、三个维度、四个关注。一个核心，即以结构化写作的有效工具——金字塔原理为课程核心内容；两个要素，即以思维的训练为先导要素，以结构化写作为方法要素；三个维度，即会用思维分析问题（知识）、能用写作表达思想（能力）、有情怀和三观正（情感与价值观）；四个关注是在充分分析当下学生学情，深入思考学生未来发展的基础上，通过关注学生的需求、关注学生的激情、关注学生的能力、关注学生的成长，真正实现"以学生为中心"。其中四个关注是课程特色的直接体现。④通过课程思政映射点的融入让学生在启思维、习方法、说道理的教学过程中树立正确的价值观。

我们的教学创新主要体现在线上线下混合式教学与行动化课堂的集成创新上，具体表现为：①在教学理念上，我们引导学生转变知识能力的获得观念，从学习知识到探索知识；②在教学内容上，确立了线上学习写作基础理论，课堂教学提升学生思维表达能力的立体化内容体系；③在教学方法上，我们采用"教学工作坊+行动课堂"的综合方式开展课堂教学活动，将培训、研修常用的工作坊形式植入课堂教学中，采用行动化教学法，打造集启发式、探究式、行动式、项目式为一体的高效课堂。

五、课程创新的成效

在许昌学院教务处通识教育中心的支持下，思维与写作课程教学团队初步组建完毕，现有主讲教师20余人，所有任课教师都按行动化课堂的创新方法开展教学，目前已有五个学院的2018级学生完成了本课程的学习，今后将在全校范围内推广这门课，开设面向全校两万多名学生的通识必修课。

课程效果的反馈由课程组全体教师以研讨会的形式进行自评与互评，由学校通识教育中心进行审核评估，并参考学生评教情况。期间，我们非常重视学生课后座谈与问卷调查，同时我们也会结合上课学生所在院系的专业课教师对学生学习本课程后的变化进行教学效果的观测。在我们的课程中，学生不但能够主动建立微信公众号展示成果，还能够利用在线平台主动学习，学生的学习效果与目标能力得到了全面提升。我们的教学创新也受到媒体关注，《河南日报》教育观察栏目曾对我们进行过专题报道。与此同时，经过团队的努力，我们的课程也被认定为河南省首批一流本科课程。

在本课程中，课程组全体老师共同构建了学生成长支持体系，在课程学习结束后，我们与学生建立了新型的师生关系，结合课程所学内容为学生考研、考公与职业规划提供支持。

第三部分 你的创新是如何做出来的

自 2006 年加入教师队伍，至今也有近 16 年了。我有刚入职时的激情满满，也有"七年之痒"式的职业倦怠；从急功近利地表现自己，到认真反思沉淀自己。2008 年，我所在的许昌学院为了鼓励教师进行课堂教学创新，举办了首届课堂教学大奖赛，我自信满满地参赛，获得了二等奖，虽然获奖，但对年轻气盛的我来说没有得到一等奖就是失败，此后我又连续参加三届比赛，算是有名的参赛"钉子户"了。终于在第四次参赛时，我如愿以偿得了一等奖。获奖以后，我自信地都能"走出六亲不认的步伐"，以为自己就是一名"教学专家"了。之后的一个学期，我给以前上过专业基础课的班级上专业课，结果发现上个学期我所教授的课程知识技能，学生都给忘得差不多了。这对我产生了很大的震动，我开始反思我的教学有效果么？实际教学效果不好，我得再多的一等奖又有什么用？回想起来，在教师这个岗位上，我们要履职尽责，但如何履职尽责呢？我认为是要把教学本职工作做好。自此以后，我开始静下心来反思沉淀，探索有利于激发学生兴趣、固化知识技能，对学生就业有帮助的教学形式与方法。经过教学实践，我也取得了较好的效果。有了这个层次的认知后，我积极组建或加入教学团队，真正把教学创新当作自己事业中最重要的组成部分，这也是我热情的源泉。

我可能和许多高校的同行一样，不是教育学出身，对于教学原理及其相关的理论知识都是通过后期的培训学习与长时间的教学经验积累获得的。在进行教学创新时因缺乏较高站位的教育学理论，很多知识都要重新学习。这是我遇到的第一个挑战。应对这个挑战没有捷径可走，缺"钙"就要补"钙"。我自己购置了许多自觉有用的教育教学理论书籍，同时关注了大量教育教学的公众号，加了很多教育学专业教师的微信。我先自学，然后对照自己的教学经验看有无对应的理论，如果遇到不通不懂之处就向专家请教，自我感觉这样的提升还是比较快的。我遇到的另一个挑战是如何使自己的教学创新真正满足学生所需。教学创新的目的，我个人认为是解决教学中遇到的问题或者痛点，应对时代发展出现的新情况，有效地帮助学生成长。我们的出发点是好的，也是充满热情一定要做好的。但我们所做的创新是否真正满足学生所需，这一点是不能用主观臆断来评价的，如果两相脱节就不只是尴尬了。为真正了解学生所需，就要让学生说真话。我对学生做出的承诺是手机 24 小时在线，晚上 12 点前保证信息及时回复，这样让学生时刻感受到一种陪伴，我也能获得修正教学内容与方法的一手信息。我的爱人经常吐槽，"你和学生在一起的时间比和家人在一起的时间都长，你和学生说的话比和你儿子说的话都多"。我也经常和家人说，"教师是一个良心活儿"。家人的理解，为我继续投入大量的精力进行教学创新提供了温暖的支持。

我所从事的专业是应用性非常强的设计专业，相对有的专业而言，这个专业比较容易将教学与科研一起来，我们也经常把正在做的项目作为教学内容让学生去尝试，将我的经验与学生共享，使学生得以在求学阶段就能积累一定的工作经验。正因如此，学生通过我们的教学创新获得了较高的收益，并由此取得了一系列的成果。学校对于我们的教学创新给予了很大的支持，目前未受到任何制度约束，这也让我们有极大的动力在教学创新的道路上持续前行。

（团队成员：耿沛甲、于妍、张山佳、张晓华、张翼）

08　以能力为导向的研究型教学创新：劳动关系管理课程创新

于桂兰团队　吉林大学

案例评介

　　于桂兰老师团队的教学创新的最大特点是针对批判性思考、团队合作、分析并解决现实问题和理论问题，以及学术沟通等高阶能力的培养形成了体系化的创新设计和实践，是我目前看到的各式各样的教学创新中少有的在学生学习成果、成果的衡量、学习活动和流程上都有系统设计的案例。西浦全国大学教学创新大赛提倡教师在教学中瞄准高阶目标，形成独特的学生学习成果设计，同时要有丰富的学习活动来支撑特定学习成果的达成，并对学生的高阶学习成果有准确的衡量，而要实现这一体系，基本上需要改变过去主流的以理论和知识讲授为主的教学设计，引入实践导向的项目式学习。于老师团队的教学实践，将学生分成多个团队，每个团队在理论学习的同时，还要完成模拟实践、应用型研究和学术型研究三种类型的研究项目，因此学生可在真实的项目中提升高阶能力。另外，尽管这个教学创新来自吉林大学这样的研究型大学，但是通过模拟实践项目、应用型研究项目和学术型研究项目的设置，其对于应用型大学的老师也具有很好的参考价值。

第一部分　案例课程小档案

一、课程概况

　　劳动关系管理课程是一门专业选修课，面向我校商学院人力资源管理专业的本科三年级学生开设，上课学生为每学期40人，共计64个课时，由本课程教学团队负责教授。

二、课程的目标和学习产出

本课程的目标是让学生在掌握劳动关系管理知识和理论的同时，提升发现、分析和解决劳动关系现实问题和理论问题的专业能力；培养学生自主学习、团队合作、协调沟通、持续改进等通用能力；树立学生和谐劳动关系、科学精神、人文情怀等情感价值观。

通过本课程的学习，学生个人能够通过期末考试，并完成一篇期末"学习总结与建议"。每个团队需要完成一个劳动关系管理的模拟实践项目，如模拟集体协商、劳动争议模拟调解、劳动争议模拟仲裁庭、劳动争议模拟法庭；完成一篇"劳动关系问题调查报告"；完成一篇"劳动关系相关实证研究论文"。

三、课程的考核方式

课程考核的主要目的是以形成性考核评价体系引导学生达成高阶目标并实现有效评价，具体考核方式包括：①针对四个学习模块设计差异化的考核方式、考核对象和成绩权重。理论模块，采用期末笔试，以个人为单位进行考核，一般占总成绩的25%左右；模拟实践项目属于理论模块的应用环节，暂时未设计考核权重；应用型研究模块，以团队为单位，依据选题、开题、中期、结项四个阶段提交的研究成果质量与课堂展示效果进行考核，一般占总成绩的25%左右；学术型研究模块，以团队为单位，按照选题、开题、中期、结项四个阶段进行考核，一般占总成绩的45%左右；学习总结与建议模块，根据期末撰写的"学习总结与建议"，以个人为单位考核，一般占总成绩的5%左右。②按模块、分阶段设计多维度考核标准和评分表，共计11张表。应用型研究模块针对劳动关系问题调查报告，学术型研究模块针对实证研究论文，分别设计4张考核评价标准和评分表：选题报告评价表、开题报告评价表、中期报告评价表和结项报告评价表；学习总结与建议模块，设计3张考核评价表：学习总结与建议评分标准、团队成员贡献度评价表、研究型教学模式学习效果调查问卷。③考核标准和评分表由师生共同修订。开课前一周，将以上11张考核评价表提供给学生；在第一堂课时，与学生一起讨论修改考核评价标准和评分表，并达成共识；在使用过程中，如果发现问题，经师生达成一致后，可多次修改考核评价标准和评分表。④教师、助教、学生评委共同参与评分和现场点评。应用型研究模块的选题、开题、中期、结项四个阶段的考核评价流程：在课前学生团队提交研究成果的电子版，在课堂上用PPT展示研究成果，并由教师、助教、学生评委共同参与评分、现场点评；学术型研究模块的考核评价流程与此类似，差别在于学生不参与评分和现场点评。

四、课程的学习活动

本课程设计的学习活动由四大模块组成：一是理论学习模块。主要通过阅读、听课、案例讨论、模拟实践等，掌握劳动关系管理基础知识和理论，并能够将知识和理论应用于具体管理场景。二是应用型研究模块。以团队为单位完成一篇"劳动关系问题调查报告"。按照选题、开题、中期、结项四个阶段，完成调查研究工作，撰写和提交研究成果，并在课堂展示，同时现场回应学生评审人、助教和教师的提问与评论。三是学术型研究模块。以团队为单位完成一篇"劳动关系相关实证研究论文"，按照选题、开题、中期、结项四个阶段，完成实证调研，撰写和提交研究论文，并在课堂上展示，同时现场回应助教和教师的提问与评论。四是学习总结与建议模块。每位同学写一篇"学习总结与建议"，并参加期末座谈会，在会上对学生个人、学生团队、班级、教学团队、教学模式等进行系统总结和评价，并提出改进建议。同时，每位学生还要填写"团队成员贡献度评价表""研究型教学模式学习效果调查问卷"。

第二部分 案例介绍

一、为什么要做这个创新

（一）将研究型大学的办学宗旨体现在本科生专业课程教学中

吉林大学是研究型大学，在本科专业课程中探索研究型教学，提升本科生的研究能力是题中之义。在传授基本理论、方法和流程的基础上，通过训练学生的应用型研究能力、学术型研究能力，提升研究型大学学生的科学精神和调查研究能力。这些学生未来可能成长为团队、组织、政府和社会某一方面、某一领域或某一层面的领导，他们的管理理念、管理思维、管理决策和管理实践，需要更高的调查研究能力来支撑，以避免决策随意性带来的隐患。此外，通过教学设计、教学过程和教学效果评价与建议等环节，提升学生的反思和评价能力，是研究型大学教师为国家和社会培养人才时应该承担起的责任和应当履行的义务。

（二）通过本科生专业课程教学帮助学生成长

我对教师在学生成长过程中的作用，有独特的理解和体会。我的成长，受益于不同阶段的恩师。我希望自己也能为学生的成长提供更多的帮助。因此，我致力于教学创新。我期望在本科专业课程中通过教学创新，来全面提升学生的专业能力、通用能力、情感价值观等综合素质，使学生的受益范围更大、受益时间更长。

二、创新解决的核心问题是什么

劳动关系管理课程的教学如何从"以知识和理论灌输为主导的传授型培养模式"转换为"以学生为中心和能力培养为导向的培养模式"，具体要解决三个问题：一是解决教学目标以知识记忆和理解为主的问题。以往的教学目标以知识记忆和理解为主，缺少对专业能力、通用能力和情感价值观等高阶培养目标的设定。二是解决以教师为中心进行知识灌输的教学模式问题。在该模式下，教学内容仅以知识体系为主，缺失针对高阶能力和情感价值观培养的教学内容设计；教学活动以教师知识灌输为主，学习过程缺少应用性、体验性、交互性、创造性，难以满足学生的成长和自我实现等高阶需求。三是解决考核评价以期末笔试和标准答案为主的问题。评价主体单一、评价方法简单、评价标准不公开、评价过程不透明，难以发挥考核评价体系对学生多维度学习投入和多维度学习产出的引导和测量作用。

这些问题导致教师和学生严重缺乏设定高阶目标、开展高挑战度学习活动、提升高阶能力、满足高阶需求的内在驱动力和外在行动力，因而亟待解决。

三、能对学生产生什么益处

从学习体验和成果看，学生过去主要通过丰富显性知识、提升活性知识来体验成长，而较少通过隐性知识和涌现知识增长来体验成长。本教学创新使学生不仅获取了劳动关系管理领域的显性知识，而且提升了发现、分析和解决劳动关系现实问题和理论问题的能力、自主学习能力、团队合作能力、表达与沟通能力、反思评价能力、持续改进能力，熏陶了学生的科学精神和人文情怀。让学生在丰富隐性知识、激发活性知识、碰撞涌现知识中，体验到成就感、成长感和自我实现感，从而获得全面成长。

四、课程创新的实践

（一）课程创新的总体思路

本课程旨在以显性知识、隐性知识、活性知识和涌现知识共同推动学生全面成长为教学理念，将劳动关系管理的知识目标、劳动关系管理的专用能力目标、管理者的通用能力目标、大学生的情感价值观目标融为一体。

在本课程的目标设计中，显性知识对应着劳动关系管理课程的知识目标；隐性知识对应着劳动关系管理课程的专用能力目标和通用能力目标；活性知识对应着劳动关系管理课程的情感价值观目标；涌现知识对应着学生在学习和实践过程中因多方互动和碰撞而涌现出来的新知识。这四类知识共同推动学生全面成长。

本课程采用"以学生团队为中心的研究型教学模式"，通过"以功能化学习内容模块对准高阶培养目标""以高挑战度学习活动服务于高阶目标的达成""以考核评价体系引导学生达成高阶目标"三条解决问题的具体路径，以及丰富的教学条件和保障措施，打造学生知识（显性知识）、能力（隐性知识）和情感价值观（活性知识）的原创场、实践场、对话场、系统场，以激活学生的涌现知识，实现劳动关系管理课程教学模式从"以教师为中心的知识传授型"转向"以学生团队为中心和能力培养为导向的研究型"。

（二）课程创新的方案、路径及方法

1. 设置高阶培养目标

为了解决教学目标以知识记忆和理解为主的问题，本课程设置了高阶培养目标。一是掌握并应用劳动关系专业知识。通过专题讲授和案例讨论，使学生理解和掌握劳动关系管理的基本概念、理论、方法和流程；通过团队完成模拟劳动关系争议处理实践项目，提升学生对劳动关系基本概念、理论、方法和流程的应用能力。二是提升劳动关系专业能力。通过完成应用型研究项目，提升学生发现、分析和解决劳动关系现实问题的专业能力；通过学术型研究项目，提升学生发现、分析和解决劳动关系理论问题的专业能力。三是提升非专业通用能力。在以团队为单位完成模拟实践项目、应用型研究项目、学术型研究项目的过程中，提升学生自主学习、团队合作、协调沟通、反思评价、持续改进等通用能力。四是树立学生情感价值观。学生在理论学习、模拟实践项目、应用型研究项目、学术型研究项目、期末学习总结的过程中，树立了和谐劳动关系价值观，培养了他们的科学精神、人文情怀和职业使命感。

2. 采用以学生团队为中心和能力培养为导向的研究型教学模式

研究型教学模式是以问题为中心，以小课题研究或项目设计为教学切入点、以学习团队研究和讨论为主要教学活动形式、以课堂交流与分享为学习成果展示重点，通过创设研究情境或途径，将知识学习、知识应用、能力提升、情感体验融为一体的教学模式。它是一种旨在培养学生解决实际问题能力和创新能力的教学形式，其重要使命是创设情境，让学生的心灵直接面对现实生活世界，在课题研究和项目设计中把握更多的创造机会，在创造中体验成功与失败，以培养学生的自主、合作、反思、自我监控能力，使其从被动的知识受体和吸纳者，变为知识的主动建构者和客观世界的探究者，使学生实现由"学会"到"会学"的转变，最终达到使学生有效地实现对当前所学知识意义的建构之目的。[①]

在上述理论的指导下，本课程采用"以学生团队为中心的研究型教学模式"，每个团队的学生，或是走进劳动关系问题的现实场景中，进行调查研究，用心灵去直面劳动关系的现实世界；或是走入劳动关系学术问题的研究场景中，经历和体验科学研究过程，用头脑去思考劳动关系的理论世界。学生在探索和研究中体验底层劳动者的艰辛，品味研究工作的苦与甜，以此提升自主学习、团队合作、沟通协调、自我监控、反思评价、持续改进等能力。这让学生实现了由劳动关系知识的被动吸纳者向劳动关系现实问题的探究者转变；由劳动关系理论的被动接受者向劳动关系理论的主动建构者转变。

3. 设计四个功能化学习内容模块对准高阶目标

本课程设立了四个学习功能模块：理论学习、应用型研究、学术型研究、总结与建议。理论学习模块注重知识目标；应用型研究模块注重提升学生发现、分析和解决劳动关系现实问题的能力；学术型研究模块注重提升学生发现、分析和解决劳动关系理论问题的能力；总结与建议模块注重提升学生反思评价与持续改进的能力。

四个模块都渗透着构建高质量和谐劳动关系这个最终目标，学生主要以团队为单位完成项目任务并获得成绩，师生以科学严谨的态度和行为参与研究、互动与讨论。因此，这四大模块的设计精准对接了高阶目标，有效提升了学生的自主学习能力、团队合作能力、协调沟通能力等。学生的科学精神、和谐劳动关系价值观，以及对环卫工人等劳动者的人文关怀等情感价值观目标，也在学习过程中自然达成。

4. 设计高挑战度学习活动服务于高阶目标的达成

在理论学习模块，以自学、听课、案例讨论、模拟实践等活动，学习 8 个劳动关系理论专题：①劳动关系理论与历史；②劳动合同管理；③劳动报酬与社会保险；④安全生产与职业病防治；⑤员工参与和民主管理；⑥集体谈判与集体合同；⑦劳动争议处理；⑧劳动关系质量评价。在应用型研究模块，经过选题、开题、中期、结项 4 个阶段，使用现场观察、深度访谈、问卷调查、二手数据、案例研究等方法，指导每个团队完成一篇"劳动关系问题调查报告"。在学术型研

---

① 彭先桃. 大学研究性教学的理念探析［J］. 教育导刊，2008（3）：56-58.

究模块，同样经过选题、开题、中期、结项4个阶段，使用访谈、问卷调查等研究方法，借助 SPSS 和 AMOS 等统计分析软件，指导每个团队完成一篇与劳动关系相关的实证研究论文。在这两个研究型训练模块，学生都要完成团队组建与管理、文献研究、提出和界定问题或设计理论模型并提出研究假设、深度访谈、问卷调查、统计分析软件应用、调查报告与实证研究论文写作、4个阶段成果的课堂展示与研究成果提交等任务，具有高挑战度。在学习总结与建议模块，每位学生通过撰写"学习总结与建议"、进行团队成员贡献度评价、填写"研究型教学模式教学效果调查问卷"、参加期末座谈会等，对学生个人、学生团队、班级、教学团队、教学模式进行系统分析和总结，并提出改进建议。

5. 以形成性考核评价体系引导学生达成高阶目标

①针对四个学习模块设计差异化的考核方式、考核对象和成绩权重；②按模块、分阶段设计多维度考核标准和评分表；③考核标准和评分表由师生共同修订；④教师、助教、学生评委共同参与评分，并现场点评。以上考核评价体系的具体内容参见本课程的考核方式。

（三）课程创新的教学条件和保障措施

1. 组织：建立了跨界学习和实践共同体

我们将学生分成6~8人的学习团队，为每个团队邀请2位硕士研究生和博士研究生做助教。同时，我们邀请中粮可口可乐吉林公司的法务部经理、长春市劳动仲裁院的仲裁员、长春市中级人民法院民事五庭的法官等，对学生团队的模拟劳动争议调解、仲裁和诉讼活动，提供案例、进行现场指导和点评，共同构建以课程为媒介的学习和实践共同体。

2. 过程：完善了科学化学习流程

我们以教学计划为载体，将自学、讲授、案例讨论、情景模拟、团队课下调查研究、讨论并完成研究成果、课上成果展示并进行评分、提问和点评，课后分享成果并反思、修改和再提交等活动，编排成科学合理的学习流程。同时，将学生完成调查报告和实证研究论文的过程，又细分为选题、开题、中期、结项四个阶段。学生按照科学化学习流程循序渐进，最终收获了研究成果。

3. 管理：采用了契约化的管理措施

一是吉林大学制定了各项支持教学创新的制度，这在学校层面，就形成了契约化管理。二是本课程的教学内容、教学过程与活动、教学组织、学生成果、成果评价等，对于学生和教师都具有很高的挑战度，实施起来较困难。除了在考核方面加强硬性管理之外，软性的约束也必须跟上。在正式开课至少一周前，我们会向学生发送学习资源包，包括课程导论的 PPT、课前沟通信、教学计划、考核评价表等，目的是让学生提前了解课程的学习内容、学习过程和活动、课程考核、学习组织等。三是在第一次课上，我们会以圆桌会议的形式，与学生沟通课程概况、教学模式、教学设计思路、教学资源、教学方法、教学特色、教学效果等，为共享型课堂文化的塑造、成长型心理契约的达成奠定基础；同时引导学生参与关于课程学习几个关键问题的讨论和决策。在后续的教学和学习过程中，我们会不断强化共享型课堂文化，巩固成长型心理契约。

4. 资源：发掘了多样化的学习资源

我们向学生提供了教材、劳动关系法规、政府监管政策、劳动关系热点和经典案例、网络数据库论文和数据、网上视频资料等学习资源，并推荐学生关注中华全国总工会等代表性网站、劳动争议信息库微信公众号等，为学生发掘出多样化的学习资源，供其学习、参考。

5. 场所：整合了立体化的学习场所

由固定教室、商学院会议室、法学院模拟法庭、答疑辅导现场、情景模拟现场、调查研究现场、参观访问现场、线上线下讨论群组、研究成果课堂展示现场等，共同构成了立体化的学习场所。

五、课程创新的成效

我们使用 R 软件的 Rwordseg 等程序包，对 4 个年级 215 位学生的"学习体会和建议"做文本分词和频率统计发现：①该课程实现了从"以教师为中心的知识灌输型培养模式"向"以学生为中心和能力培养为导向的培养模式"转型；②学生以团队方式参与教学活动，并在教学过程中扮演主要和主动角色；③学生获得了多方面的成长。此外，我们对 10 个年级 357 份"学习效果调查问卷"数据进行统计分析发现，有 83.10% 的学生"非常同意"和"比较同意"本课程提升了他们发现和界定问题的能力、分析和解决问题的能力、分享与合作的能力、研究成果表达与展示的能力。同时，学生认为本课程显著提升了其自主学习能力、反思与评价能力、持续改进能力，也认为本课程对他们在科学精神、人文情怀等方面有积极影响。

本课程的教学改革创新成果获得了第五届西浦全国大学教学创新大赛一等奖。2019 年 7 月，本课程被吉林大学教学创新示范课程建设项目立项；2020 年 11 月，本课程被吉林大学推荐申报"国家一流本科课程"。国内多家媒体也对课程成果进行了报道与推介。

第三部分　你的创新是如何做出来的

在一个学期的时间内，学生个人不仅要掌握专业的知识和理论、撰写"学习总结与建议"，还要以团队为单位，完成一篇"劳动关系问题调查报告"和一篇"劳动关系相关实证研究论文"等大量学习任务，对大三的本科生来说，是巨大的挑战。但我的学生做到了！不仅完成了这些任务，实现了高阶目标，还为今后的教学改革和创新提出了非常有创意的建议。每当有人夸我的学生是如此优秀时，我感到比夸我自己还开心；每当说起我的学生，我就会异常兴奋，滔滔不绝。这给我带来了自豪感与成就感。

我们团队探索研究型教学，到目前已经历了 11 个年级。王弘钰老师为了让学生掌握实证研究要领，不仅要讲，还要带着大家练，指导学生团队分阶段完成论文，无偿加课是常态。用她的话说，"我带博士研究生都没有这么手把手、没有这么细致入微"。团队中的助教都是博士研究生和硕士研究生，在 2019 年学校给我们作为创新示范课立项之前，他们完全是无偿地辅导本科生，为他们答疑解惑。此外，助教还负责对评分表进行分数统计，对教学效果调查问卷进行数据录入和处理，对学生的学习总结和建议进行摘要，并进行文本分析寻找规律。没有助教，教师难以完成这样的教学创新，本科生也难以获得这样的成长。这些都让我感到了责任所在，我愿意带领这支优秀的教学团队，将教学创新做得更好，给学生带来更多成长，给同行带来更多启发，给教学创新带来更好的案例。

作为研究型教学创新的最大挑战，是本科生之前没有接受过系统的实证研究方法的训练。他们不知道如何选题、如何检索到经典的和最新的研究文献、如何设计理论模型和研究假设，等等。

在早期的探索中，我负责全部教学活动，请博士研究生做助教，对实证研究成果的要求放低了标准。从 2014 级本科生开始，王弘钰老师加入了教学团队，带着博士研究生和硕士研究生专门负责各学生团队的实证研究相关理论教学和研究训练，成功地应对了研究型教学创新的最大挑战。但实证研究只是组织和人力资源管理研究的主流研究范式，并不是唯一。渠邑老师加入教学团队后，不仅讲授劳动关系质量评价专题，还将爬虫技术、文本挖掘、数据可视化技术等引入课程中，开拓了学生的研究视野，为未来的研究方法创新奠定了基础。对 2014～2018 级五届学生的教学实践证明，教学团队解决了实证研究的挑战，并将新的研究方法和技术成功带进了课堂。

本课程的教学创新，从开始探索的第二年就得到了学校的支持和认可。2009

年和 2010 年"以小组项目为核心的研究型教学模式构建——以劳动关系管理课程教学为例"获吉林大学本科教学改革重大项目和吉林省教育厅教育教学研究重点项目立项；2017 年和 2018 年在本课程的教学改革创新成果基础上形成的"本科生科研能力训练体系和模式研究：以商学院人力资源管理专业本科生为例"，再度获吉林大学本科教学改革研究重点项目和吉林省教育教学改革重点项目立项；2019 年 7 月劳动关系管理课程获吉林大学教学创新示范课程建设项目立项；2020 年 11 月劳动关系管理课程被吉林大学推荐申报"国家一流本科课程"。

（团队成员：于桂兰、王弘钰、渠邕、孙瑜、孙宇翔、曹伟航、陈丽芳、
程苗苗、崔智淞、杜凝乔、高梦晨、郭峻铭、韩茹、寇伟华、
寇先柳、梁潇杰、牛笑悦、孙宏夺、谭雨桐、王惊、薛飘飘、
杨欢、于佳利、张诗琳、赵迪、周乘旭、邹纯龙）

09 研究导向的实验课教学：环境污染课程创新

秦素洁 西交利物浦大学

案例评介

秦素洁老师的课程尽管是一门实验课，但却提出了基于环境监测全过程的学习活动设计理念，让学生走进真实的场景中，把包括现场调查、收集材料、优化采样点、样品采集分析测试和完成综合评价等全过程在内的活动都设计进了研究导向的学习中，切实提高了学生的兴趣、自主性和创新性。这门课程的考核评价设计颇具特色，采取了开卷考试的考核形式。也许很多老师会疑惑，开卷考试如何反映学生的水平。但这并不取决于开卷还是闭卷，而是在于老师想要衡量学生的什么水平。此外，该课程有一个很大的亮点，那就是每一年的迭代改进。这个案例很好地反映了教学创新不是一蹴而就的，而是一个持续改进的过程，通过"改进—检验效果—发现问题—再改进"，循环往复，以迭代出创新成果。这其实是一种教学创新的方法论。

第一部分 案例课程小档案

一、课程概况

环境污染课程是一门面向环境科学专业的大二学生开设的专业必修课，每学年上课学生约为 30 人。

二、课程的目标和学习产出

通过本课程的学习，学生能够掌握环境监测的原理和测定方法；掌握环境监测过程所需要的相关知识和操作技能，包括查阅国家或行业有关标准、布点采样、样品保存、分析测定、质量控制及数据处理、填写监测报告等。同时，课程设计面向未来的就业市场，旨在培养学生严谨的学习态度及较强的职业能力，使学生具有适应环境监测工作岗位的专业能力、自主学习能力和创造性能力。

三、课程的考核方式

本课程总体来说分为实践活动的连续评估和期末开卷考试两个部分，各占总成绩的一半左右。但关于实践活动的评估，在过去几年里，具体的考核方式一直在动态变化。课程设置最初，就是每个实验提交实验报告，然后考虑到一点点多样性，要求学生以自己实验结果为基础制作海报。从第一年的教学效果来看，虽然学生对课程评价还不错，但我在教学反思过程中还是发现了一些明显的问题，包括对同一考核方式的一再重复，验证性实验导致学生习惯于机械操作，尤其是从实验报告和海报的讨论部分可以看出学生缺乏自主性和创造性的思考。为了解决这些问题，我首先把实验报告整合为小论文和海报进行展示，虽然在教学上发现了一些可取之处，但还是没有解决学生缺乏自主性思考这个本质问题。于是又经过仔细选择，我增加了设计性实验这一部分，让学生能够从发现问题、提出方案、进行实验、分析数据到解决问题这一整个流程中得到充分的自由度，在老师的指导下进行自主探索。从学生的反馈来看，这一改动受到了学生的极大喜爱，从学习积极性到产出结果甚至是对学科的认同度上都让人感到惊喜。在随后的时间里，我还陆续加入了学生判作业、现场实验操作考核等部分，力争在以往的经验基础上做出改进，并避免产生有些学生向高年级学生直接借鉴经验，进而影响评估合理性的现象。具体的教学改动如图 1 所示。

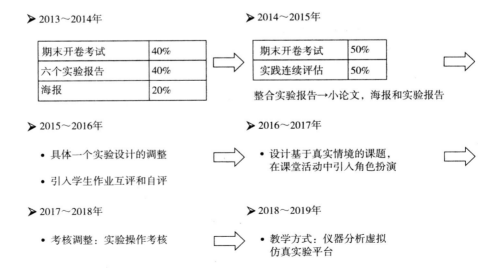

图1 环境污染课程教学改动时间线

四、课程的学习活动

课程主要的学习活动是课堂学习、室外实地采样和实验室实践。但在此基础上，我们加入了很多细微的环节让学生可以主动参与教学活动。比如，基于真实情境的课题，把角色扮演引入课堂活动中，以及把仪器分析虚拟仿真实验平台介绍给学生，让学生在电子设备上完成关于实验和仪器的学习等。

第二部分　案例介绍

环境污染作为一门以知识和技能为基础的课程，具有理论性强、实践性强和技术性强的特点。而其实验部分的设置旨在通过理论结合实际的教学过程，持续补充和深化课堂理论知识，使学生掌握环境污染监测过程中所需要的相关知识和操作技能，为学生毕业后顺利开展环境保护工作打下良好基础。在进行本课程教学的几年中，本着精益求精的原则，我一直在对如何改进这门课程进行探索和反思。总体来说，我认为主要问题是教学模式的单一和教学内容的陈旧。

在最初两年的教学中，我主要发现了以下问题：①虽然有室外采样环节，但是采样点集中固定，实践部分主要还是课堂实验，且以验证性实验为主。此外，由于教学主要采用传统的"填鸭式"教学模式，在实验课前老师会讲授整个实验的原理、内容、步骤等，导致学生不需要进行过多的主动思考，就可以按部就班地完成实验并获取数据。在惰性驱使下学生不会去深入了解或探索实验涉及的原理和实验过程中出现种种现象的原因，对实验数据的分析也往往止步于误差分析，缺乏深度和广度。②真正的环境污染监测是一个系统的过程，包括现场调查、收集材料、优化采样点、样品采集分析测试和完成综合评价等多个环节。但在最初的两年中，各项实验内容都是集中在分析测试这个环节，缺乏并忽视了培养学生对整个系统过程的认知和实践能力。

实际上，我发现类似问题不仅存在于环境污染这门课程中，还存在于其他生化类实验课程中。面对这种现状，我在不影响学生完成课程学习目标的基础上，开始思考如何通过一些小小的改动，将研究导向型教学引入课堂。通过引导学生设计基于真实情境的课题，让学生在探究性的活动中认识到基础知识的重要性，并培养学生应用所学知识与技能的能力，鼓励学生进行主动的学习和思考。

在反复思考后，我对本课程实践教学的调整主要分为两个方面：一方面，对于基础性实验，在实验前的授课环节，我会根据需要，使用视频或者展示关键的实验操作环节供学生参考，或者集中拍摄错误的实验操作让学生进行鉴别并思考对实验结果的影响。抛弃了过去直接一再强调"不可以这样操作"的陈述，而改为问答式，即给出各种可能出现的问题，由学生先来思考这些问题对实验测量的影响。另一方面，我增加了设计性实验。经过对现有条件和框架的充分考虑，包括学生的时间和精力、实验器材支持、实验操作的安全问题等，我最终选择了"$PM_{2.5}$ 测量实验来开展这个教学模式"。在进行改动之前，此实验主要就是教授学生怎样操作和使用测量 $PM_{2.5}$ 的仪器，然后由老师指定几个测量点要求学生完成测量即可。而经过改动，我在测量选点上给予了学生充分的自主性。首先，我要求学生 2~3 人组成小组团队进行讨论思考，鼓励学生结合生活中的种种情境提出问题，如高度、空气湿度、植被覆盖率、烹调方式等不同条件对 $PM_{2.5}$ 的影响等。其次，由学生根据问题设计实验方案，决定采样地点、时间、频率等条件。再次，此实验方案需要经过师生讨论来确定实验的可行性。如果大致可行，则考虑是否需要调整完善；如果方案不合理，则重新确定采样地点、时间等。在一些情况下，因为选择的调研问题不合适，甚至需要推倒重来。最后，经过这种反复的交流探讨，当具体的实验方案通过讨论并开始执行时，还是由学生自己安排进程并执行方案。在此过程中，老师一直作为旁观者，主要起到的是指导和引导的作用，针对学生的想法或者问题进行点拨而不是直接给出现成的方案或是结论；老师积极鼓励学生去查阅文献、收集资料、发现自己感兴趣的题目、进行数据分析并展开讨论等。在设计性实验的执行过程中，学生真正成为教学的主体，专注和立足在自己喜欢和关心的问题上，在学习的过程中不知不觉地体验并掌握了科学研究方法。

除了实践课程方面的教学调整，我在课堂授课中也引入了一些其他的教学活动来激发学生的参与度和积极性，如引入学生的作业互评和自评。在提供了评分准则和标准后，由学生对选出的匿名作业进行评分和讲解，我发现这一活动让学生对常见的问题和失误有了更深刻的认识。即使是对同一问题的改正，老师直接提供的作业反馈也远远比不上学生自己发现并改正问题的效果，被动接受和主动探寻在学习效果上的差异明显可见。此外，在教学活动中我也专门抽出了一个时间段，设置基于真实情境的课题，把角色扮演引入课堂活动中。学生被给予了挑选相应角色的权力，或者作为对应机构领导对不同方案进行选择并作出评价，或者作为公众代表对不同方案提出问题。不管是哪种选择，通过对真实情境的模拟，学生从不同角度对整个流程的每个环节都有了体验。通过对以往知识的理解与应用，学生充分认识到环境监测工作中的知识点及重点。更重要的是，学生将课堂学习的知识应用于解决实际问题，会对学习内容产生很强的认同感，对后续的学习产生明显的促进作用。

通过强化以学生为主体的教学观念，并将与实际生活息息相关的问题引入实践教学，学生的积极性得到了充分发挥，并在研究过程中提升了自主学习能力。例如，在研究植被覆盖率对 $PM_{2.5}$ 浓度影响这一课题时，学生面对如何准确评估一定面积范围内植被覆盖率的问题时，主动提出可以利用之前学习过的遥感信息系统（GIS）知识来进行植被覆盖率的测定。

此外，学生在本课程实验环节所提出的种种不同课题，以及展现出的和其他实验或学习过程中不同的表现，也令我充分认识到学习兴趣、主动性和成就感的重要性。关于这门课程的不断反思与总结也让我在教学思路的扩展上受益匪浅，启发了我对教学理念的很多思考。

第三部分　你的创新是如何做出来的

环境污染这门课程我已经教授多年。在这个过程中，我遇到过很多挑战，虽然我一直努力改进，也成功地解决了一些问题，但无法避免的是有些问题还一直存在，如课程时间不足，对老师时间需求高，学生基础薄弱等。总体来说，西交利物浦大学非常重视教学质量，而且非常鼓励教学创新，学生对教学创新也是普遍持理解和支持态度的，所以从系统上来讲，我并没有感受到太多制约。如果说有哪个方面感觉受到了约束，也许就是对考核方式的改动。西交利物浦大学为了保证教学质量，建立了完善的评估方式审核机制，所以每次想对评估方式进行微调时，都需要完成一系列的申请和审核步骤，感觉略为烦琐。不过在习惯学校流程以后，这反而对我的教学创新有促进作用，正因为这些流程，会给老师留出更充分的反思时间，也会对评估改动保持一个更严肃慎重的态度。

其实，在教学中，特别是在环境污染这门课程的教学中，最大的问题是时间的不足。一是有感于课程教学时间不够；二是确确实实感到这门课程对老师的投入要求很高。对于课时不足的问题，在反复思考后，通过对教学内容的调整，让学生课前自学一部分浅显的知识类内容，这样可以把课时更多地留给重点知识解析及解答学生疑点上。但对于老师的时间投入，我觉得只能通过自己的努力尽量做到教学与科研、工作与家庭之间的平衡。在这个方面，其实很多时候，我觉得是学生的表扬在起作用。我每每感到疲惫的时候，想想、看看以前学生在课程反馈里给自己的评语，就感到很受激励和鼓舞。这给予了我坚持教学创新的动力。

10 "作业—作品—产品—商品"
四链条教学创新实践
——校企共建产品设计程序与方法课程

方建松团队　广东白云学院

案例评介

方建松老师团队的创新提供了一个产教深入融合的案例。课程创建的"作业—作品—产品—商品"链条很好地把学生在课堂中所学的知识与社会实践中从事的真实企业项目融合在一起，提供了一个培养学生市场意识、商品意识的真实社会实践场景，同时也提升了学生的人际沟通和解决问题的能力。四步学习流程层层递进、相互嵌套，把能力的训练贯穿在整个过程中。这是课内课外融合教学以及实践导向型学习流程的典型案例。该课程的亮点还体现在考核设计上，特别是敢于把学生设计并在企业完成生产的商品在实际市场上的表现作为考核依据，可以说是实打实的高挑战度实践。同时，在过程性评价中，引入校内专任老师和企业导师共同评价的做法，并且企业导师的评价占据更大的比重。这一评价主体的设计突出了课程注重学生实践能力的特点。

第一部分　案例课程小档案

一、课程概况

产品设计程序与方法课程是面向产品设计专业大二学生开设的一门专业必修课，每年上课学生为 30 人，由教学团队负责讲授本课程。

二、课程的目标和学习产出

通过学习本课程，帮助学生掌握科学的设计方法和设计思维，规范学生的设计行为习惯，强化设计市场意识，为培养学生具备产品设计师的职业能力和素养奠定基础。具体包括三个方面的目标：①知识方面。绝大多数学生能理解、认知产品设计概念和基本要素；90%以上的学生能够分析情景版、头脑风暴法、组合设计、仿生设计、类比法等创新设计方法的使用场景，并在项目设计中熟练运用，完成作业到作品的呈现。②能力方面。绝大多数学生能够结合企业给定的设计任务书，熟练运用改良设计程序、开发设计程序，独立开展市场调研；60%以上的学生能够运用所学设计技能、创新思维和方法等完成企业既定的设计任务，40%左右的学生实现作品到产品的转化，完成专利申报。③素质方面。学生通过企业真实项目的训练，15%左右的学生尝试与甲方及用户进行独立交流和沟通，最终实现产品到商品的蜕变。

三、课程的考核方式

课程以企业实际课题为载体，实施项目化教学，并以商品在市场中的接受度为评价标准，训练学生如何利用程序和方法，解决企业生产的实际问题，注重学生应用能力和实战能力的培养。因此，采用以学习成果为导向的形成性考核方式，针对不同的活动和项目，由校内教师（专任教师）与企业导师（企业生产总监、销售总监，企业高层领导）共同完成，评分的权重为校内教师占40%、企业导师占60%。校内教师主要从创意及表现、程序与方法的应用等方面进行评价；在企业导师团队中，企业生产总监或厂长主要从材料、工艺、成本等方面进行评价，销售总监主要从产品定位、用户需求、市场前景等方面进行评价，企业总经理主要从产品落地及商品转化的可行性等方面进行评价。

课程考核设置两次汇报答辩，第二次汇报答辩是为了让学生根据企业导师与专任教师的点评来改进自己的不足，避免学生为了考试而考试，以更好地促进教学成果从"作业—作品—产品—商品"的落地转化（见表1）。

表1 产品设计程序与方法课程的考核方案

序号	考核项目	考核方式	权重
1	市场调研	问卷设计完整性（20%）、活动方案设计（30%）、思维创新（15%）、调研报告的完整性（15%）、数据的准确性（20%）	20%
2	头脑风暴	创新性（15%）、Idea数量（25%）、会议氛围（15%）、团队协作（15%）、表达能力（30%）	20%

序号	考核项目	考核方式		权重
3	专题设计项目	美其海报架的改良设计	项目评价要素和权重：创新性（25%）、设计说明和表达（15%）、版式设计（15%）、团队协作（15%）、沟通能力（30%）。评估方：创新性、设计说明和表达由企业导师和校内教师根据产品定位、用户需求、市场前景等进行评价；版式设计由企业生产人员结合结构、材料、工艺、成本等生产可行性因素进行评价；团队协作和沟通能力由校内教师进行评价。评价形式：项目答辩和评奖	20%
		艺术衍生品的开发设计		20%
		智能锁的创新设计		20%

四、课程的学习活动

本课程共 64 个课时，学习活动分为课前线上自主学习、课堂授课（案例讲解、仿生作品快题训练等）、小组互动（头脑风暴、汇报点评等）、社会实践（市场调研、企业参观、项目实战等）四个环节。自主学习课时占总课时的10%；课堂授课课时占比为 30%；头脑风暴及汇报点评等小组互动课时占比为20%；社会实践环节课时占比为 40%。

第二部分　案例介绍

一、课程创新的背景

广东白云学院是一所应用型本科院校，主要面向广东，培养服务区域经济社会发展的高素质技术技能型人才。广东省目前处于产业转型升级的重要阶段，产品设计专业是现有产业品牌转型升级的重要支撑专业，因此，新阶段对我校该专业人才培养目标提出了新的要求，也对产品设计程序与方法课程教学提出了新的要求。

在多年的教学实践中，我发现传统的教学模式很难让学生接触到企业和市场，很多结构、工艺、材料的知识还停留在纸上谈兵的阶段，很多设计方案徒有外观，学生的学习成果处于作业和作品阶段，无法最终转化成企业和市场需要的产品。同时，由于局限于校园内的学习，学生的市场调研能力普遍不强，无法从调研中得到有效信息并确定设计方向。

我想解决的核心问题是，通过校企共建，改革教学模式、优化教学环境、更新教学内容，实施项目化教学，真题真做，采用"教学做"一体化设计，将教学方法、手段与信息技术有机融合，切实提高学生的设计实战能力和综合素质，在"作业—作品—产品—商品"链条中，促使低阶目标向高阶目标迈进，并有效达成高阶目标，实现企业岗位需求与学校人才培养"零距离"。

二、课程创新的实践

借鉴 CDIO 工程教育理念，依托项目系统"构思—设计—实现—运作"的工作任务流程，将知识的学习与运用有机结合，形成以能力培养为本位的教育模式，注重提高学生处理实际问题的能力。

第一，"构思"。基于学生完整职业能力所需的专业知识、专业技能、职业素质等要素，重构课程体系、重组教学内容，构建模块化课程体系。既注重提高学生的职业能力和个人素养，也着力解决学生相关学科知识薄弱的问题，为教学模式创新构筑基础。

第二，"设计"。在上述构思的基础上设计课程教学方案。结合学情分析和专业培养目标要求，明确课程教学目标；根据课程目标确定各模块的教学目标；针对各模块的教学目标选定各模块的教学内容，并分配课时、设计课程考核方案等。

第三，"实现"。为保证课程目标的达成，构建校企双主体教学团队，开发企业真实项目，以完成真实项目为课程活动，依托企业生产车间、研发中心等真实情景开展项目化教学。基于布鲁姆逐步进阶的课程教学目标，系统构建"作业—作品—产品—商品"四链条教学创新实践，并采用成果导向的校企双元评估方案，促进课堂作业向市场商品转化。即将 CDIO 工程教育理念中"构思—设计—实现—运作"环节与学生的企业实际产品开发项目推进流程（作业—作品—产品—商品）相对接进行教学，有效实现课程目标。

第四，"运作"。与行业、协会、企业三方协同，多层面开展共建、共办、共研、共育，打造三方协同育人平台。依托我院省级实验教学示范中心，整合 30多家企业实践教学基地，构建以校内实验为基础、校外实践为延伸、参赛参展为补充、创新创业为拓展的实践教学体系，解决学生实践应用能力较差的问题；组建由企业技术、营销、管理人员和校内教师构成的校企双主体教学团队，采用多导师双主体育人模式。校企开展专业共建、课程共建、实验室共建、实践基地共建、创新创业平台共建、产业学院共建，构建深度融合的校企协同育人平台。

总之，本课程创新实践就是以企业真实项目或仿真项目为载体，将课程内容与之有机整合，打造"作业—作品—产品—商品"四层级进阶式项目化教学模式。通过创设实战教学情境，将学生带入"玩真格"的情境中，激发其学习动力，让学习效果阶段性递进和提升，达成从低阶到高阶的教学目标。

三、课程创新的成效

本课程创新的"作业—作品—产品—商品"进阶教学模式，使教学目标循序渐升，学生学业挑战难度逐步升高，不仅提升了课程服务社会经济建设的价值，还达成了从低阶到高阶的教学目标。同时，也为专业建设打下了良好基础。截至 2021 年 5 月，学校与企业共建实践教学基地 15 个、校企共建实验室 3 个、校企协同创新平台 1 个、省级家居产品设计实践教学基地 1 个、省级设计类专业大学生实践教学基地 1 个、开发实习岗位 300 余个、聘请企业导师 5 人，有效地推动了专业建设。

通过校企共建教学团队、共建课程资源库、动态更新教学内容、产品设计师面对面指导、学生真题真做等系列活动，强化了学生的实战能力，增强了其职业体验。校企导师共同实施形成性考核，评价学生学习成果，指导学生修改、优化设计作品，截至 2021 年 5 月，帮助学生申报专利 110 项，促进学生成果转化 59 项，学生获奖 200 多项，这有效增强了学生的荣誉感和成就感，激发了学生的学习动力和学习热情。

此外，本课程教学案例入选广东省教育厅应用型人才培养典型案例，研究成果被省教育厅采纳、推广。本课程多次在教学创新类比赛中获奖，其中 2021 年荣获第六届西浦全国大学教学创新大赛一等奖。

第三部分　你的创新是如何做出来的

长期以来，教师对学生的实践性培养不足、教师教育理论与实践分离是我国教育体系中存在的主要问题，这也导致学生缺少实践、眼高手低。广东白云学院属于应用型技术大学，在学生培养过程中注重实践性，在教学方面采用校企合作、产教融合等方式，实现专业设置与行业发展及产业需求、课程内容与职业标准、教学过程与生产过程全方位对接。根据教学发展要求与行业发展趋势，教师在教学发展过程中不断深入企业开展实践、建立实践基地、聘请企业资深导师来校授课。教师在教学与实践中，秉承以学生发展为中心的教育理念，摸索出"作业—作品—产品—商品"的进阶教学创新模式。所以教学热情是来源于学生、来源于对教学工作无尽的探索。小树苗长成参天大树，需要教师有一颗不断探索教学的热情之心，用自己对工作的热情唤起学生对学习的热情。

在本课程教学模式创新过程中遇到的最大挑战是企业导师的稳定性。企业导师的稳定性主要体现在两个方面：一是人员的稳定性；二是对授课计划执行的稳定性。企业导师作为教学团队的重要组成部分，其稳定性对教学成效有着重要影响。例如，在教学过程中经常遇到的问题是企业导师离职，这直接导致所在企业的课程共建出现中断；再如，企业导师因工出差，无法按授课计划完成授课内容，这会影响正常教学秩序。

针对这个问题，我们一是会选择行业内有一定规模和影响力、技术能力强、品牌形象相对稳定的企业作为校企共建课程的合作对象，例如，美其智能展示有限公司是广东定制道具行业的领军品牌，尚高科技有限公司是国产卫浴的行业领军品牌等；二是与企业签订项目合作协议，以项目为导向，保障教学周期内共建企业的稳定性；三是建立企业导师团队，以团队打包的形式解决个人稳定性的问题。

我们学校非常支持教师进行教学创新，学校的教师发展中心会推送各大比赛的相关信息，鼓励教师积极参与。对于参赛教师及团队，学校会给予大力支持和帮助，如开展赛前培训，成立赛事专家小组协助参赛教师备赛，安排专职工作人员陪同参赛教师现场比赛并做好后勤保障工作等。学校全力支持并配合参赛教师比赛，中心领导关注赛事的各个阶段，全程参与并给予专业指导。我校对本次教学创新给予了高度的认可，本课程成为校企共建示范课程，对我校产品设计、服装设计与工程、服装与服饰设计、数字媒体设计、环境设计、视觉传达设计、动画设计等专业的同类课程起到了良好的示范作用。同时，我校教师发展中心对全校教师开展了有关本课程创新设计的培训与学习。

（团队成员：方建松、张英、康乐、徐国华）

11 企业专家全过程参与的产教融合课程创新：聚合物共混改性原理课程

李慧　兰州理工大学

案例评介

李慧老师的课程属于一门既有理论复杂性又有广泛实践应用性的课程，李老师提供了一个通过产教深度融合来训练学生解决真实问题的案例。课程的亮点是教学团队和企业导师团队之间的合作模式，以及行业专家参与课程教学全过程的设计。这实际上形成了一个学校教师和企业导师组成的共同体。这一教学模式对学生的价值在于，可以在过程中得到双方的实时反馈，这种反馈远远超过通常的考核环节给予学生的价值。

第一部分　案例课程小档案

一、课程概况

聚合物共混改性原理课程是一门专业必修课，面向高分子材料与工程专业大三学生开设，上课学生为每学年 60 人。由校企教学团队负责开展教学活动。

二、课程的目标和学习产出

本课程以能力提升为中心，以创新培养为导向，以知识应用为目标，以动手实践为主线开展项目式教学改革。注重培养学生设计（开发）解决方案的能力、合作沟通的能力，以及遵守工程职业道德的操守、承担个体与团队责任的担当等。

三、课程的考核方式

教学过程中注重学生能力的达成，并据此建立了项目评价体系，通过制定评价标准，在评价过程中细化了过程评价，实现定量考核。学生成绩由线上学习、作业、项目讨论、项目完成四个部分构成，其中，项目完成包括材料市场使用及局限分析、共混改性研究进展、共混改性方案设计、改性过程对相关要素（成本、环境、安全）的分析、团队分工情况、项目汇报六个方面。

四、课程的学习活动

课程通过项目驱动、角色扮演、案例教学法引导学生在学习过程中"动手、练脑、用心"。课程设置 10～20 个通用塑料共混改性的项目，由学生分组完成，并撰写项目书进行项目汇报。

第二部分　案例介绍

一、课程创新的背景

在教学过程中，我们发现，当下学生存在"被动接受"知识，"会学不会用"的教学痛点、堵点，同时老师也在应对教育变革时出现了"专业本领恐慌"的现象。为了更好地适应新时代高等教育需要，我们应该转变角色，从传授者变为引导者，在专业课程中建立以实践知识为学习起点的培养模式，树立"落地课程目标，实现能力提升"的教学质量观。同时应将专业教育与行业发展紧密结合，强调专业教育的实践导向。

本课程瞄准当下高等教育存在的教学难点、堵点，将学习过程分解成具体的项目任务，突出学生主体地位，强调学习的主动性与探索性。学生完成聚合物共混改性项目任务，必须经过理论知识的运用、文献的查阅、问题的探讨和思考、方案的设计、数据的处理与分析、团队的协作等一系列的相关训练。这些能够有效提高学生的专业素养和综合能力，切实提高学生解决复杂工程问题的能力，让学生更加适应社会对高分子专业人才的需要。

二、课程创新的实践

（一）教学创新思路

本课程的教学设计理念是，以能力提升为中心、创新培养为导向、知识应用为目标、动手实践为主线，邀请行业专家指导、参与课程建设，实现"校企合作"模式下聚合物共混改性原理课程创新型项目式教学设计。我们将学习过程分解成具体的项目任务，具有很强的实践性、自主性和开放性。学生通过项目实践应用课程知识，通过实际动手设计改性方案，将学到的专业理论应用于实践。

企业导师、行业专家参与教学的过程包括：①参与授课。课程组每学年邀请企业导师到校进行现场授课，授课时间安排在课程理论学习的中间阶段，企业专家针对行业发展的实际，向学生讲解通过共混改性制备新材料或新性能材料的实践过程，分析共混配方选择实例，讲解每一配方组成的实际调控手段，强化共混改性基本原理知识在实际材料研发中的应用。学生通过企业导师现场授课，了解行业的前沿热点，认识到理论学习与实践研究的差异，以帮助学生适应工程师的角色扮演。②项目制定。校企教师通过召开项目设计讨论会，结合企业年度重点研发项目或甘肃省重大需求，设计能够符合行业前沿的共混改性项目。企业导师根据课程组教师提供的共混改性项目题目进行讨论，分析项目的可行性，明确项目执行所需要的场地、设备要素，确定项目设计是否合理。企业导师和校内教师根据学校实验平台的实际运行情况和设备完好情况，筛选预设共混改性方案，结合校企检测平台的实际情况，开放性能分析测试设备。③项目指导。学生自主组成项目团队完成选题，结合理论学习开展项目实验。企业导师全程参与项目指导，从改性方案设计入手指导学生用料选择、核算成本、设计共混改性方案。校内教师现场指导加工设备的使用及性能分析设备的使用规范。学生按照指导内容开展项目研究，制备改性样品，进行样品性能分析。校企教师根据实验结果指导学生进行方案调整，帮助项目小组获得有效的实验结论。企业导师指导项目设计及项目执行的过程能让学生切身体会企业对于材料研发的重点需求，意识到企业完成经济效益的同时需要承担的工程责任；学生与企业导师共同讨论项目研究的过程能够帮助学生站在企业的角度思考问题。④项目评价。在项目小组完成项目实验，获得共混改性研究成果后，需要撰写共混改性项目报告，并进行现场答辩。企业导师全程参加学生项目答辩，提出项目问题，并给予项目评分，校内教师和企业导师的共同评价结果纳入学生考核。学生向企业导师汇报项目成果能够促使学生以工程师的视角去讲解共混改性项目设计的原理、项目实施存在的问题、项目实现的可行性，并通过与企业导师的交流进一步学会从工程师的角度和职责来确定解决问题的方法，以帮助学生提升工程实践能力（见图1）。

（二）教学创新举措

第一，打破以知识传授为主要特征的传统教学模式，以共混改性项目为驱动，通过校企合作，共同开发设计教学内容。企业导师全程参与课程建设，根据教学目标和学生能力培养需求，将对企业员工的素质要求引入校园、引入课程、引入项目指导，让学生明确课程学习需要具备的知识和能力。校企合作共建课程能够有效地将行业发展的实际与课程理论体系相结合，将企业研发案例与课程教学内容相结合，形成符合行业发展实际的全新课程教学内容。

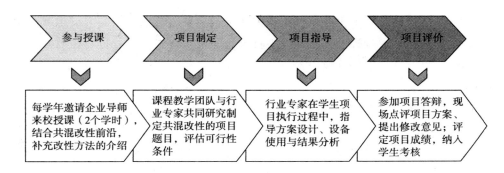

图1　企业导师、行业专家参与聚合物共混改性原理课程教学的过程

第二，课程教学内容选择符合"行业发展及区域经济需求"的前沿内容，来充足课程教学内容，并在项目设计环节广泛征求企业专家的意见，从企业重点研发计划和甘肃省重大需求入手，制订相关项目题目，体现项目创新性。教学过程根据学生特点，遵循学习认知规律，指定项目完成的具体内容，从点到面，紧紧围绕学生能力目标，进行实践训练，并在实践过程中体现创新精神。学生集中关注项目题目中材料性能提升的关键技术点开展方案设计，围绕性能提高的关键技术点运用所学的理论知识分析改性的可行性方案。在完成项目的过程中，学生能够充分开展调研，分析市场局限，并通过校企老师的指导，进行共混改性方案的设计。同时学生能在改性过程中考虑成本因素、环境因素、安全因素、健康因素等，做到全面开展共混改性项目实践。项目小组通过团队合作，从项目关键技术点到综合能力面，再到团队沟通、协作、表达，全方位培养学生的工程师执业素质，并通过改性配方设计和过程调控分析开拓学生视野，促使学生广泛学习学科前沿，明确自己的职业目标。

第三，积极组织学科竞赛，扩展课程内容，延伸教学场所，服务于社会。充分发挥学生学习的主动性，培养学生的团队合作精神，以项目为基础，鼓励学生参加学校、学院、系里的各类学科竞赛，引入竞争，并组织专业内选拔，成立科创小组。我们将教学课堂延伸到实验室、图书馆、创新中心、市场等，让学生感受竞争氛围，锻炼表达能力，提高职业素养。共混改性项目实施体现出的行业需求，帮助学生提升创新创业能力，激励学生将项目中遇到的技术问题和配方问题，提炼形成大学生科技创新课题，学生可以将项目设计方案及项目实施结论设计作为创新创业类学科竞赛的参赛作品，并宣讲自己的科技创新成果，让学生在知识学习和创新的训练中，提高未来职业能力。

第四，改革传统评价机制，注重过程评价，全方位考核学生能力的达成。根据详细的项目评价评分标准，实施逐项打分、学生互评、定量分析，最后计算课程目标达成度，并提出持续改进建议。在授课结束时，我们还会发放课程质量调查问卷，据此分析学情、寻找问题、解决问题，以完善课程。

第五，落实立德树人，培养学生正确的人生观与价值观。课程教学内容适时融入课程思政元素，在课程理论授课过程中，将高分子行业发展的实际案例穿插至教学内容，培养学生求真务实，开拓进取的学术精神；在项目实施过程中，企业导师结合企业需求指导项目设计方案，在校内授课环节以企业实际案例向学生介绍企业项目执行过程中遇到的困难和解决困难的方法，让学生从工程师的角度感受精益求精、攻坚克难、追求卓越的工匠精神；在项目执行过程中，学生开展市场局限分析，进行团队合作，根据国内外材料的前沿进展设计共混改性的方案，努力探索、克服困难，在这其中深刻践行社会主义核心价值观；在课程教学内容重组上，将教学理论与国内高分子研究进展相结合，以我国高分子学者在高分子学科发展历程中的贡献作为案例，向学生讲解共混改性理论发展的进程，帮助学生进一步增强民族自豪感，弘扬爱国主义情怀。

三、课程创新的成效

学生完成聚合物共混改性的项目任务，必须经过理论知识的运用、文献的查阅、问题的探讨和思考、方案的设计、数据的处理与分析、团队的协作、口头表达等一系列的相关训练。因此，以项目任务为驱动的综合能力训练的教学方式，可以提供给学生更多的锻炼机会，提高其专业素养和综合能力，切实帮助学生适应社会对高分子专业人才的需要。同时，项目对接兰州理工大学大学生高分子材料创新创业大赛、中国大学生高分子材料创新创业大赛和全国高分子材料创新创业大赛等大创比赛，有助于增进学生的竞争意识，帮助学生开阔视野，发掘创新创业思路。

聚合物共混改性原理课程作为我校首批校级项目式教学示范课程，2020年列入校级一流课程，学生评价本课程"课程学习具有获得感、项目实施具有挑战性、项目完成应用具有成就感"。本课程通过项目训练实现专业大学生科技竞赛

100%覆盖，其中获国家级和省级奖励的学生超过40%。学生以第一作者发表高水平研究论文多篇，授权专利多项。基于课程改革，主讲教师获批省级教研教改项目3项，校级重点项目1项，获得国家级等多项全国大创类竞赛奖励。2018年11月，高分子专业认证专家进校考察期间，专门针对课程的项目式教学改革进行了考察，充分肯定并高度评价了项目式教学改革在提高学生解决复杂工程问题方面的做法，并建议进行推广、交流。

第三部分　你的创新是如何做出来的

根据"新工科"的内涵特征，特别是新时代对于材料行业发展及区域经济发展的需要，培养具有"工匠精神"的新时代材料人；提升学生的工程应用能力、创新能力、增强其职业素质；坚持先进性、针对性、应用型和综合化的育人原则。这些始终是我作为一名高校教师、作为一位高校教育教学管理者的初衷。通过教学创新来推动学科建设与专业建设，在"新工科"建设中勇于创新探索，打破专业壁垒，发展多学科的交叉融合，以学生为中心，大胆革新人才培养方案，虚心接受教育变革，潜心研究引领教学新模式。不仅是新时代大学教师应有的担当，也是帮助学生成为社会有用之才的应尽职责。

在执行项目式教学中，遇到的挑战主要是缺乏设备。例如，设计橡胶材料的共混改性设备还不能满足教学需要；学生在改性过程中应该进行的共混实验、加工成型实验和分析测试实验涉及的设备太多，无法全部覆盖。为此，课程团队充分利用校企合作优势，借助企业完备的设备条件帮助学生完成项目。同时，动员院系提升专业实验室平台的建设。

此外，身为专任教师、国家级一流专业负责人、学院教学管理负责人，工作量、工作强度、工作压力极大，同时又为人女、为人妻、为人母，一定会存在工作和家庭、科研与教学的平衡问题。由于工作繁忙，对孩子的陪伴减少，对家庭的付出变少，尽管获得家人的大力支持，但仍心存愧疚，然而，课程获得学生的认可，看见学生成长与收获，又会觉得满足、值得。总之，一切都在矛盾中前进，平和并心悦。

本课程的创新实践也得到了学校的支持与认可，我校教师发展中心主任韩建平教授评价"'聚合物共混改性原理'课程采取的教学创新改革在我校具有突出的示范引领作用，对于持续推进教师教学发展工作具有重要的促进作用，课程践行了以学生为中心、成果导向、持续改进的理念，校企共建课程创新了校企协同创新的模式，项目式教学切实提高了学生能力，是一门值得在全校推广的教学创新改革课程。"本课程获得示范性课程建设经费 5 万元，院级项目式教学实验经费 5 万元；相关专业获学校红柳重点专业 80 万元建设费，其中 50%用于专业课程建设。在学校、学院、系里的继续支持下，本课程将在项目设计、项目质量、学生能力培养等方面取得更加长足的进步。

12 基于"校园作为学习场"和"项目式学习"的可持续城市系统研究与实践课程

唐亚团队　四川大学

案例评介

四川大学可持续城市系统研究与实践课程团队的创新中蕴含了多个未来教育的元素。首先，课程的目标之一是培养学生的可持续发展意识，这是生活于未来社会非常重要的素养。其次，本课程中学生在真实的校园环境中学习，从真实世界中的问题和挑战出发，通过解决问题来提升自己的能力，这也是面向未来的学习理念。再次，学生在解决真实问题时，很好地融入了跨学科思维，这也是面向未来的学习理念。跨学科在实践中有多种不同的路径，而通过正式的项目融合不同学科的知识和思维，是最彻底的学科交叉融合。最后，团队中的十几位老师，都是因个人的兴趣和热情走到一起，组建成一个课程团队，这在当下的高校中实属难得，当然这也可能是未来教学团队真正的出路所在。

第一部分　案例课程小档案

一、课程概况

可持续城市系统研究与实践课程是一门面向全校多个专业大二、大三和大四（五年制）学生开设的通识类选修课。每学期上课学生为 15~45 人，由教学团队负责教授本课程。

二、课程的目标和学习产出

本课程的活动设计关注培养学生以下几个方面的能力：①"Think Globally"注重培养学生可持续发展的全球视野；②"Act Locally"关注学生推动校园可持续发展的行动实践，并希望提升学生的实践能力；③可持续校园建设项目中的跨学科协作有助于提升学生的合作能力、沟通能力。此外，师生在共同学习和成长中建立了深厚的战友情谊。

三、课程的考核方式

本课程的考核方式在不断调整和优化的过程中，形成了四个主要的评价形式：①个人参与（占总成绩的20%），基于每次集中交流会时的提问、提交问卷星反馈和推文留言等来衡量；②小组推文（占总成绩的20%），推文评价指标主要由班委和学生制定，老师提供参考意见，实施组间互评；③小组项目的口头汇报（占总成绩的20%），由多个老师联合评估，通过现场打分来考核；④书面报告（占总成绩的40%），由多个老师联合评估，通过老师一起阅读报告来评分。

四、课程的学习活动

本课程的学习活动包括"Think Globally""Act Locally"和"国际交流"三个部分：①"Think Globally"。各小组学习可持续发展和可持续城市系统等议题，学习国内外优质慕课的精选章节，参加老师（专家）讲座，整理国内外可持续发展的案例等。②"Act Locally"。各小组深入调研校园可持续发展现状，提炼研究主题和问题、设计改进方案、形成政策建议。③国际交流。组织学生去斯坦福大学交流和参观学习，与斯坦福大学可持续城市系统课程的项目团队互相汇报、交流项目成果。

第二部分　案例介绍

生态文明、绿色增长和包容发展是时代主题，联合国也提出了2030年可持续发展的17个目标。大学校园作为一个微缩社区，它可以成为绿色、低碳、循环发展的研究、展示与应用空间。大学校园要不断成为促进可持续发展的"一个创新场所"，也必须是培养具有可持续发展视野和专业能力相结合的人才培养基地。因此，我们期望大学的师生、员工不仅仅是校园的使用者，他们也应该是一流校园的创变者，是绿色发展的实践者和传播者。让大学校园的可持续创变成为大学教研创新、人才培养和科技研发与应用的"第一现场"。

一、课程创新的实践

第一，以学校职能部门面临的真实问题和学生兴趣为导向设计项目。学生围绕校园节能、垃圾管理、生态潜力、绿色空间、学生可持续发展意识与行为等开展实证研究和实验观察。通过与校园管理职能部门持续沟通，将学校作为研究现场，了解学校的发展需要，据此设计解决方案，并推动方案落地。

第二，以学生为主导开展创新。我们从课程设计、上课方式、项目设计、团队组建以及成绩评定等环节，让学生有话语权、选择权和管理权，把学生主导体现在实施过程和管理环节中。

第三，以持续的评估、反思、改进完善教学。每次课程后，收集学生的反馈评估，根据学生反馈和需要不断调整教学安排，并且每学期还有学期评估和反馈；每个假期，团队老师进行1~2次集体备课和总结研讨会，系统梳理学生反馈与评估，以制订后续工作计划。

第四，展示学习成果，促进交流互动。将学生的课程学习成果、项目推进进度用推文等形式进行公开展示，并在合作的学校进行宣传，多渠道获取反馈，促进交流互动；学期项目研究成果用课程汇报、学术海报等形式向班级、职能部门汇报，让学生的研究成果能面向更多元的"观众"，帮助学生在交流中获得成长。

二、课程创新的成效

本课程的老师之间、学生之间、师生之间都建立了深厚的战友情谊。其中一位学生虽然已经毕业多年，但在她读研究生期间，送给了老师一份匿名大礼包。她把老师们的一张工作合影，转换成了动画形象（见图1），并且写了这样一段话，"每次研究遇到'瓶颈'的时候都会想起在 Sustainable Urban System Program（SUSP）一起攻坚克难的日子，总会想起 SUSP 的老师们。在 SUSP 度过的时光和遇到的人成为了我前行的上弦钥匙，非常感恩参与了 SUSP 项目。在这个项目里也明白了可持续发展的重要意义以及我们刻不容缓的责任和义务。哈哈哈，最后还要祝 SUSP 越来越好（一定会越来越好哒）"。

图 1　SUSP 老师的工作合影及动画形象

2020 年 9 月 12 日，当一名 SUSP 学生得知 SUSP 课程因为各种原因，可能不会再去斯坦福大学交流时，她说，"SUSP 的灵魂应该是我们对可持续的思考和热情，出国交流是一个难得的机会，但是更难得的应该是在完成整个项目的过程中大家都竭尽全力，从新的角度去看待世界和我们生活的环境。其实如果当年没有斯坦福的交流，我也会参加这个项目，因为我对我们的议题还有跨学科合作更感兴趣。所以感觉没有出国，应该只是 SUSP 少了一个环节而已，我们可以度过这个时期的"。

从学生的话语中，可以看到学生收获了对学习的热情，对可持续发展的思考，并意识到作为公民的责任与义务。这是本课程创新的最大成效。

第三部分　你的创新是如何做出来的

"一起做有意义和有意思的事情很辛苦但很开心"！

团队老师的无私奉献，团队负责人唐亚老师的国际视野、教育情怀和温良恭俭让之品德是 SUSP 团队的基石；项目执行过程中各专业老师的尽力而为、互相扶持和持续改进的态度是 SUSP 团队的动能；而学生的个体成长和对课程的积极反馈则是团队老师的"燃料棒"；对可持续发展愿景的共同认可是团队老师们坚持的价值基础；四川大学校领导、教务处和很多部门对课程创新的支持是我们的重要支撑。

远在大洋彼岸的斯坦福大学 Jim Leckie 院士、王杰教授和 Derek Ouyang 老师等带领的 SUSP 课程团队既是我们课程创设的引领者，也是我们访学交流的好伙伴，更是我们对标学习的榜样。

在课程创新中，"忙"是一个主要挑战。老师忙，学生也忙！SUSP 课程涉及 8 个系，超过 10 位老师和 30 位学生的跨学科合作，师生之间的协调工作量很大，解决"老师忙"的办法就是采用 SUSP 课程的执行协调人轮值制和各项目小组导师制的组织形式。轮值制是指由一位老师担任一期或两期执行协调人，负责召集团队、协调任务分工和安排教学进度，以及协调所有子课题项目团队的工作；导师制是指每个子课题项目团队由 1~2 位老师作为主指导。"学生忙"是通过协调班委成员、组长和组员的分工，建立更及时方便的沟通与反馈机制来解决。

此外，"平衡问题"始终存在，每一位老师都面临诸多工作任务和家庭责任。老师因为身体、家庭或工作任务无法协调时，可以挂牌歇业一段时间。SUSP 团队的执行协调人轮值制，也是为了减轻压力，让团队能更有效率地可持续运作。

　　SUSP 各期学生的项目可以接力传递，新入课的学生遇到问题时，除了向老师寻求帮助外，也能获得往届学生强有力的支持。2019 年秋季学期开始，SUSP 开始每学期 2 小时的导师制见面安排，学生可以和项目指导老师或者其他老师约谈，问题不设限。

　　SUSP 课程不仅得到了学生的认可，也得到了学校的认可。SUSP 课程两次在教务处组织的教学创新案例中发表教改文章，也获得了两个校内的教改课题和一个省级的教改课题支持。此外，出国交流的经费也部分得到学校专项经费或"大川视界"项目的支持。SUSP 课程已成为能够获得学分的学年制课程。各学院对 SUSP 团队老师的教学工作量也有所认可。教务处和学院教务也尽量在规则中弹性地协调遇到的问题，有力支持了教学创新的顺利开展。

　　（团队成员：唐亚、卢红雁、颜炳、赵春兰、陈晓兰、石宵爽、王霞、第宝锋、乔雪、梁英、闫雪凌、乔娟）

13 以数字素养为目标的课程体系重构

赵璐团队 南京工业大学

案例评介

　　赵璐老师团队的教学创新，是一个典型的面向未来的教学创新案例。我个人一直坚信，好的教学创新一定是面向未来的，也就是解决未来社会的问题或者符合未来人才的发展和成长需求。面向未来的教学创新，最核心的是要了解今天的学生即未来的精英人才需要什么样的能力和素养。随着计算机和互联网技术的飞速发展，计算思维、编程技能、创新能力等将成为未来精英人才甚至大众生活和工作必不可少的能力和素养，那么大学如何才能提升全体学生的数字素养呢？赵老师团队通过基础通识课程群建设，开发了一个培养学生数字素养的解决方案。在教学设计上，本案例注重项目式实践提升学生利用工具解决实际问题的能力，训练学生的数字分析、归纳、理解、演绎和迁移能力，以及团队合作和沟通等高阶能力。本课程群的创新具有重要的引领作用，不仅是对高校建设计算机类通识课程，对于其他学科的通识类课程建设，亦有重要的借鉴价值。

第一部分　案例课程小档案

一、课程概况

　　本课程体系中包含了"2门课程+1个实验室"，分别是大学计算思维基础课程、Python程序设计课程和机器人创新实验室，属于通识类选修课。本课程面向部分专业的大一学生开设，每学年上课学生约2000人，由两个课程组的教师负责教学工作。

二、课程的目标和学习产出

　　本课程包含四级目标：夯实知识基础、构建计算思维、提升工程能力、内化数字素养。具体来说，是希望学生在熟练掌握基础编程知识和基本算法后，学会从编程的角度出发去分析问题，抽象模型并运用程序解决问题。同时，在面对较为复杂的问题和场景时，希望学生能进行有意识的信息整合和技术融合，将已有的程序案例进行跨行业、跨领域的迁移和拓展。在技术之外，我们也希望学生能正确认识、合理使用信息技术，具备批判意识和科学思维，不惧挑战、不断进取，在持续的自我学习和发展中达成数字素养的全面提升。

三、课程的考核方式

本课程体系中的两门课程均加重了过程考核的比例，将线上学习、测验、课堂互动都作为平时成绩计入总评价，所占的比例根据课程的具体特点又有所侧重。其中，大学计算思维基础课程期末理论考试占该门课程总成绩的 20%，课程阶段性的成果输出占该门课程总成绩的 30%，平时成绩占该门课程总成绩的 50%；Python 程序设计课程期末理论考试占该门课程总成绩的 50%，期末综合项目考核占该门课程总成绩的 10%，平时成绩占该门课程总成绩的 40%。

四、课程的学习活动

两门课程都是线上线下的混合式教学，学生的学习路径大致是一致的，即课前完成线上视频学习和测验；课上进行知识点的引申和拓展，通过实验进行应用能力的培养和提高；课后提供线上线下多途径的答疑和讨论。二者主要的区别在于课堂的组织。大学计算思维基础课程的课堂教学更注重学生的参与性和互动性，通过小组展演、情境演绎、主题讨论等形式活跃学生思维、引导学生探究，注重培养学生的发散性、批判性、创新性思维；Python 程序设计课程的课堂教学更注重学生逻辑思维和编程能力的培养和提高，主要通过情景化、线索化的案例教学，帮助学生科学有效地提高和运用分析、解决实际问题的能力。

第二部分　案例介绍

一、课程创新的背景

创新始于"不得不"。从 2000 年至 2016 年，计算机技术有了日新月异的变化，时代从激动人心的信息时代飞速进入到颠覆认知的数字时代。同时，这十多年间，高校迎来的新生也从最初的"计算机小白"变成"网络原住民"，再到名副其实的"数字土著"。相比新的时代和新的对象，我们的大学计算机基础教学体系和内容却一直沿用 2000～2002 年改革和推行的模式。旧内容、老方法和新时代、新对象之间矛盾丛生。

教学内容的陈旧是首先要解决的问题，但如果只进行内容的更新，那么在这个高速向前的时代，计算机相关的任何新内容都会被快速淘汰，所以真正有意义的不应该再是内容，而是能力。辨析数字信息的能力、理解数字技术的能力、加工处理数字的能力、综合运用的能力和创新的能力——这所有能力的综合就是数字素养教育。而如何"具象化"数字素养教育成为大学计算机基础教学新一轮改革和创新的核心问题。

二、课程创新的实践

（一）教学体系重构

通过对数字素养的进一步分析和理解，我们将其重新归纳为四个层次：数字意识与思维、数字获取与表达、数字分析与处理、数字知识与创新。这四个层次对应学生在数字素养养成过程中需要达到的不同级别能力，它们由低到高依次向上提供支持。而数字时代对应的价值观，作为"数字伦理"部分贯穿于这四个层次的能力培养中（见图1）。

图1　数字素养分层示意图

针对如图 1 所示的数字素养的能力分层，我们团队结合教学规律，重构了大学计算机基础教学体系，即大学计算思维基础课程、Python 程序设计课程和创新实验室（见图2）。

图2　新的教学体系架构

大学计算思维基础课程开设在大一第一学期，主要对应"数字意识与思维""数字获取与表达"这两个层次。课程重点在于培养和拓展学生包括发散性、批判性和计算思维在内的思维。

Python 程序设计课程开设在大一第二学期，主要对应"数字获取与表达""数字分析与处理"这两个层次。这个阶段的"数字获取与表达"更侧重于利用编程技术实现数字的自动、批量获取和可视化表达。课程注重学生分析和处理数字信息的能力培养和提升。

创新实验室支持了大学计算思维基础课程的实验，用来将"计算思维"落地；更重要的是其作为科创小组的第二课堂，依托大创项目和学科竞赛培养高阶人才，实现了小组成员"数字知识与创新"层面的能力升华。

新的教学体系通过相辅相成、层层递进的课程设置，从数字意识培养、数字能力提升、创新激发三个层面，一步一步实现了培育数字素养的教学目标。

（二）基本教学设计

素养教育一定是以人为本的，"以学生为中心"是基于新体系的教学设计中最重要的一个宗旨。虽然学生都被冠以"数字土著"的称号，但事实上，由于地域等客观原因，一方面，学生对于计算机、信息、数字等相关知识的了解是参差不齐的；另一方面，进入高校后，不同的专业对于数字技术方面的要求也是不同的。但是，无论学生存在怎样的差异性，他们对于教学的要求是一致的，都希望教学内容"有料"，教学课堂"有趣"。

综合上述对学生的分析，新体系下的教学设计确定了三个基本点：线上线下混合教学、模块化教学内容、丰富化学生体验（见表1）。

表1　新体系下的基本教学设计

	线上线下混合教学		线上慕课、在线社区	学习立体化路径自定义
以学生为中心			案例教学、有效互动	
	模块化教学内容	大学计算思维基础课程	基础知识、基本应用、VBA 编程、机器人实验	内容可裁剪课程可定制迭代周期短
		Python程序设计课程	语法基础、语法进阶、网络爬虫、文本分析、数据分析	
	丰富化学生体验		多样化教学手段	保持新鲜度激发成就感
			全景式数字体验	

（三）针对性的课程设计

在新的教学体系中，两门课程和创新实验室的科创活动都各具特点，在具体实施教学活动的时候，我们进行了不同的课程设计。

大学计算思维基础课程以思维拓展为导向，注重学生的参与性和互动性。这门课程一是强调开放性和生动性的案例设计，包括用于辨析知识点的教学案例、用于深入知识点的互动讨论话题和用于开放思维和多元化表达的课后主题作业。二是强调互动性和参与度的教学手段，包括超星学习通 App 的使用、小组化学习、课堂情境演绎、课堂即兴辩论、随机调查问卷、思维导图、超级表格等教学手段。三是强调多样化和全景式的数字体验。在学生作业中引入文字、讲稿、图表、Logo 设计、二维码制作、视频剪辑和制作等数字形式，丰富学生体验。

Python 程序设计课程以能力提升为导向，聚焦案例设计，强调能力培养的递进性和可操作性。一是针对 Python 基础编程内容，通过递进式的案例设计实现教学内容的叠加和深入；二是针对专题综合部分，通过情景化的案例设计降低编程障碍、提高编程趣味，以调动学生的能动性；三是设计前后呼应的案例帮助学生通过比较来更直观地理解和记忆知识点，并恰当运用。

创新实验室针对计算思维基础课程的机器人实验设计强调计算思维的工程化和可视化。在规范化操作任务的基础上鼓励学生发挥能动性、综合运用计算思维。此外，作为第二课堂的创新实验室科创小组，以大创项目和竞赛为依托，鼓励学生发挥创造性、攻坚克难，在不断的尝试中培养、升华创新能力。

（四）课程的考核

为了更好地评测学生的能力达成情况，两门课程在考核中加大了过程考核的比重。但是在具体的设置方面也充分考虑了课程的不同特点而有所区别。大学计算思维基础课程的过程考核除了在线学习评测部分、阶段性的成果考核外，各小组的课后主题讨论展演也占了较大的比例，而且这部分的评分完全由全体学生的现场打分组成。这样的考核机制大大激发了学生的课堂参与积极性，让学生更愿意思考和表达。Python 程序设计课程的过程考核占比相对低一些，最终还是要通过期末考核来验证学生对知识点和编程技术的掌握程度，以及基本的"数字分析和处理"能力。在这个基础上，我们又设置了更高一阶的项目考核环节，支持学生自由报名，挑战更综合、更有难度的能力考核。

三、课程创新的成效

新的课程体系在第一轮的教学实施中就收获了明显的成效。课堂的活跃度大大提高，学生能高度配合教师开展积极思考与讨论；作为课堂延伸的小组主题展演也反映了学生的思考深度和广度；学生提交的开放性作业成果也异彩纷呈，让人耳目一新。学生和督导对课堂教学和教学效果都给予了较高的评价。

通过新的教学改革和创新实践，教师团队也收获了新的经验并取得了一些成绩。自 2016 年以来，团队教师共获得省级教学比赛一等奖 1 项、二等奖 1 项、三等奖 1 项；校级教学比赛特等奖 3 项、一等奖 2 项、二等奖 2 项。并获 2020 年第五届西浦全国大学教学创新大赛一等奖。两门课程均获省级在线开放课程立项，其中，Python 程序设计课程获批省一流本科课程；Python 教学团队获校优秀教学团队称号。创新实验室科创小组获国家级竞赛二等奖 4 项、三等奖 2 项；省级竞赛特等奖 1 项、一等奖 1 项、二等奖 2 项、三等奖 2 项；获国家级大创立项 5 项，省级立项 4 项。

第三部分　你的创新是如何做出来的

犹记某一天，我刚刚上完大学计算思维基础课程，虽表面波澜不惊，但心里却感慨而激动。创新为何？创新为谁？那天，我站在教室的后面，看着台上的学生对着精心准备的课件侃侃而谈，台下的学生专注地看着、听着。工业设计的学生，讲区块链、讲移动通信、讲信息安全、讲淘宝的分布式服务器和云计算技术。用略带青涩的表现力表达着他们对新技术、新应用、新时代的理解——务实却不失深度。这样的他们，就是"为什么要创新"的答案。

我们相信所有的教学创新都不仅仅是为了"求新"，所有的设计、重构、改革都是在为教学服务：希望教学内容更贴合发展和应用，希望教学过程更符合认知规律、激发学习兴趣，希望教学目标更具有操作性和实用价值。正是在这些更高、更好的追求中，有些变化自然而然地发生了。

当我们萌发了"改变"的念头，团队的动员是第一步。经过多次的讨论，大家明确了目标、达成了共识，并发挥各自所长进行了多种形式的广泛调研。在讨论和调研的基础上，我们拟定了详细的改革计划并申请召开了校级论证会。

论证会邀请了分管校长、教务处处长、资产处处长和各二级学院的教学院长，同时为了保证论证的客观性，还邀请了 3 位校外专家出席并现场评定。事实证明，论证会的效果远远优于逐级的申请。通过现场讲述、答疑解惑，参会人员对即将进行的教学改革有了清晰的认识，而专家的评审意见又让大家对改革方案产生了认同。论证会后，改革方案推进得非常顺利，包括实验室的建设也快速推进。

新的教学改革工作量很大，包括新课程的备课、在线课程的建设和新教材的编写。为了不过多占用教师的课余时间，团队设置了不同的课程组，课程组按照课程内容进行了分工，首先教师按照分工各自进行教学准备，其次通过周期性的集体备课进行集体评审，最后各自修改完成课件、教案、教材等。这样的方式一方面减轻了每位教师的工作量，另一方面也将内容与教师绑定，更便于教学内容的迭代、更新和深化。

教改的过程是辛苦的，不仅是时间的付出，还有不断的自我挑战和持续的更新迭代。但是听着课堂上学生充满自信的娓娓而谈，看到他们奇思妙想的作业和作品，还有他们眼里闪耀的光芒，我们由衷地感到，所有的改变都是值得的，做这样的老师是幸福的！

（团队成员：赵璐、吕俊、孙冰、谢旻、徐新艳、李斌、陈东、蔡源、陆淑娟、陈小燕、杨慧）

14　以改革考核方式驱动的课程创新

王万竹团队　南京工业大学

案例评介

　　王万竹老师团队教学创新的最大亮点就是为我们呈现了一个从改变考核方式开始来重构"目标—考核—活动"三大链条的案例。从三门课程五次作业五个选题到一个选题五次作业，看似是一个很简单的变化，实则改变了课程的根本。我认为从改革考核方式开始，是开展教学创新很好的切入点。因为考核是一个牵一发而动全身的点，上接目标、下接活动，同时考核又是学生、老师、学校都关注的点，这个点变了，可以给所有相关的人一个信号。王老师团队的案例的另一个亮点是创新的迭代过程，案例中呈现了从 2015 年开始，课程创新如何一步步在学生的互动、与同行的交流（如参加比赛）中完善，这切实体现了"做中学"的味道。在我看来，教学创新很难一蹴而就，都需要一个迭代的过程，这一案例很好地诠释了这一点。

第一部分　案例课程小档案

一、课程概况

　　本教学创新涉及三门课程，这三门课程都属于专业必修课，每学年上课学生为 47 人，主要面向的是市场营销专业的大三学生。由教学团队为三门课程进行教学设计，团队中的老师分别进行授课。

二、课程的目标和学习产出

　　每个小组通过一个真实的项目，把所学的课程体系串联起来，在老师的帮助下，复原碎片化知识，理顺课程之间的关系。同时，老师指导学生熟练使用"零存整取式学习策略"，构建属于自己的认知结构。在课程结束后，学生将有能力运用所学到的"多角度和换位思考"的方法来学习其他专业课程。此外，课程注重培养学生的同理心、共情力，促使学生自觉践行社会主义核心价值观。

三、课程的考核方式

本课程的考核方式由三部分组成：①平时成绩。根据出勤和课程响应情况来计分，课程响应即对老师布置的各项课内活动的响应程度，该成绩占总成绩的30%。②项目策划。学生对引入的真实项目进行问题诊断、调查研究、方案策划（实施），并参加班级 PK 赛，在 PK 赛中邀请评委打分，该成绩占总成绩的30%~40%。③期末考试。根据考试成绩来衡量，该成绩占总成绩的 30%~40%。在选修课中，学生可以选择"五问反思报告"来测评。

四、课程的学习活动

课堂学习仍以教师授课为主，每堂课皆有小组讨论或高阶思维训练的小活动，在具体的章节还会插入课程辩论赛。学生的项目学习活动如表1所示。

表 1　学生参与项目学习活动的清单

学生参与	教师角色	教学设计目的	学生能力	备注	参与类型
分组和挑选新媒体推广平台	提供平台列表协调部分组别	引导学生通过亲身实践学会建团队、找资源	沟通与表达	四人一组，便于交流	参与项目实践
研究平台特点、构建平台受众画像、探索商业模式画布	给出分析框架引导思考问题	引导学生利用专业知识分析现象、解构和复原营销知识	课程知识、专业技能、数据分析	"直播 + 翻转课堂"、作业展示、积累经验	
研究产品特点、策划推广方案（实施推广方案选做）	个别指导、协助解决问题、给予相关资源	引导学生主动应对困难，培养学生的设计思维，引导学生学会从经典案例中提炼要点并迁移到本项目，与用户产生共情	课程知识、专业技能、逻辑分析	实践操作	
组织班级 PK 赛	帮助策划与组织、任务悬赏	引导学生通过模拟项目汇报学会反思学习	积极性、领导力	"直播+全班动员+公开选拔"	

学生参与	教师角色	教学设计目的	学生能力	备注	参与类型
评分标准设计	引导修改	引导学生通过该活动学会处理集体决策	沟通与表达、领导力、执行力	专项小组	参与管理实践
"破冰"环节设计	指导提升	引导学生通过该活动学会沟通中的"破冰"	沟通与表达	专项小组	
撰写领导讲稿	指导提升	学会与管理者共情	写作表达能力	专项小组、给嘉宾备用	

第二部分　案例介绍

一、课程创新的背景

营销学、创业管理都会讲"痛点"这个词，其实痛点就是没有很好地解决问题，也就是感知到的理想状态与现实状态之间的差异。我们的教学创新主要来自三个"鸿沟"：第一个鸿沟即学生被动学习，没有建立知识体系。按照培养计划，对营销专业学生的毕业要求之一就是要有创意生成和方案策划能力。这些能力也是解决复杂营销问题的高阶能力，老师通常通过布置策划作业来锻炼学生这些能力。然而在互联网时代，依托丰富的网络资源，学生可以实现"一秒钟交作业"，作业事关分数，自己辛辛苦苦埋头写不如"会抄"；学生也经常有老师"打分不公平"的感觉。因此，学生作业也是诸多矛盾的"聚焦点"。此外，学生学了很多课程，却没有体会到这些课程之间的关系，只是以获得成绩和学分为目的。第二个鸿沟是高校教师大多数是"从学校到学校"，往往没有真正的管理经验。在一次南京工业大学举办的教学创新比赛中，西安欧亚学院的戚老师从企业用人角度指出，"竞赛获奖的学生经常自我感觉良好，用人单位却对这类学生持不同态度"。结合周遭老师的成长经历，我们猛地醒悟，管理学科毕业的学生，甚至老师，对管理理论和组织行为的理解呈现出"两层皮"现象，这就引发了第三个鸿沟。高校培养的管理人才，有很多不懂组织行为的现实意义，俗称"不落地"。换言之，第三个鸿沟就是"如何在原有基础上落地"。

二、课程创新的实践

在我担任营销系系主任后，对营销教学的观察视角从一名任课教师转变为一位专业负责人，看到了营销教学的全貌。这些鸿沟可以说是教学创新的起点，为了解决这些问题，我们开始实施项目式教学（见图1）。

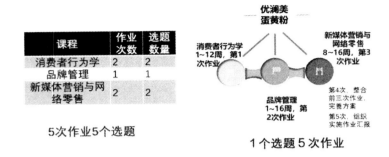

图1 创新切入点——项目式学习

从图1可以发现左图展示了以前的选题数量，课程有多少次作业，就要做多少个企业选题。但如今，信息获取变得容易，学习者更应该深度学习。我们借鉴国家自然科学基金提倡持续研究某一个课题的思路，打通三门课程，在三门课程中围绕一个企业选题开展作业，这也成功解决了课程与课程之间的"信息孤岛"问题。为了促进学生主动学习，我们避开知名企业，选择初创企业，为它们的产品"优澜美"蛋黄粉打造网络营销方案。我们相信，学生持续地关注某个行业，在每一门课程里围绕一个课题经常思考，到毕业时就能成为专家。大家平时上淘宝、京东就会发现，营销手段层出不穷，营销学科知识增长特别快。这个项目选题就像一块海绵，"吸附"了许多新知识，学生需要主动学习这些知识。

在具体实施之前，我们做了一些思考，如学生怎么分组、作业的具体要求是什么、最终怎么评价等。我们对照培养方案，把"优澜美"的案例分解，并画了一棵能力树。这棵树的根系就是我们的各类基础课程，"优澜美"选题就是主干，这三个分支分别代表定义问题、分析问题和解决方案。这棵树的果实就是学生获取的能力。而土壤、空气、共生的小草就是其他相关知识，这个树的生态系统就是我们的知识体系。当学生收获这些能力果实后，在今后碰到其他问题，就能举一反三、游刃有余（见图2）。

我们选择的是一个初创企业，他们面临很多需要解决的问题。学生在对该企业做背景调查汇报时，个个都是一副批评家的口吻，这不好那不好。我们就引导他们换位思考，与决策者共情，"如果你是决策者，面临这种情况你能不能逃跑？

当下面临的轻重缓急是什么"，并从我们营销视角定义了问题：推广"防止肌肉流失"的概念，并逐渐让顾客认为"优澜美＝防止肌肉流失"。在这个过程中，也有一些有趣的现象，比如，管理者一般使用的语言是他们企业内部共通的符号，要在管理者所在的企业环境中才能明白。这个案例中，企业方经常说他们要做"增量市场"，这个名词在营销学书籍里是找不到的，对应的词汇叫"新市场开发"。所以要将企业的现象成功定义为学习者研究的问题，就要跨越管理者语言和学科语言的鸿沟。为此，学生登录各类公众号、网站，学习肌肉、蛋白与蛋黄等营养知识，复习有关产品概念、营销战略等内容。这也形成了他们的第一次作业，即分析背景，并正确地定义问题。

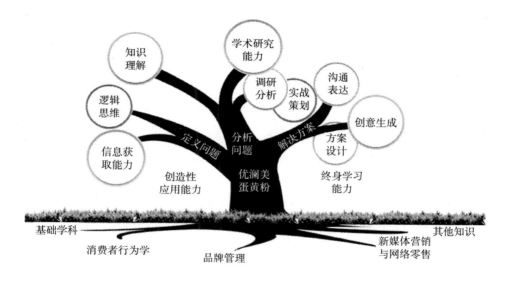

图2　课程学习的能力树

进入分析问题阶段，就需要将专业知识应用在逻辑思考上。原来大多数消费者的理念是"蛋白粉增肌"和"蛋黄导致三高疾病"。要达成营销目标，就要消除消费者对"蛋黄不健康"的误解。将"肌肉流失"的概念植入消费者的大脑中。这就需要专业知识的帮助。学生这时候会主动去了解像纽崔莱、汤臣倍健和康宝莱这样的竞争对手。在这个案例中，其实还暗含着一个动作，"划分一个空白的市场，成为领头羊"。这就可以从苹果手机、农夫山泉这样的经典案例中获得灵感。可以说，第二次作业就是分析问题，并找到逻辑正确的战略方向。问题已经明确，思路已然明了，接下来就是解决问题。在品牌管理课程中，学生需要完成一个"优澜美"的品牌策划，这是第三次作业。在新媒体营销与网络零售课程中，学生将前面的内容整合，形成一份完整的网络推广方案，这是第四次作业。可以说，所学的内容越多，作业的难度越大，作业从"单方面针对问题"逐渐向"全方位构建思维"转化。最终，由学生组织实施的方案展示会就是第五次作业。展示会邀请"优澜美"的营销总监，从甲方视角对学生的作业进行点评。其中，还会让学生邀请专家、布置会场、摄影、主持，以及会后撰写媒体稿件、联系校内媒体宣传等，这同时锻炼了学生的沟通表达、活动策划和实施的能力。

以上项目式的学习活动，很好地跨越了第一个鸿沟，学生不再是学习的被动者，而是逐渐成为知识的主动探索者，其自主学习能力稳步提升。

对于第二个鸿沟，管理学科的教师没有足够的管理经验。管理学界有关东方情境下的管理新理论激发了我的灵感，我意识到，教学情境就是一个管理情境，教师就是管理情境中的领导者，学生组成的小组就是企业内各个竞争项目的运营团队。因此可以将管理学的理念、手段、方法运用到教学的组织与管理中。延续项目式教学，深度了解每一名学生，组织学生在整个项目中学习的过程就能锻炼老师的管理能力，而让学生自己解决每一个项目小组内部的问题，也能锻炼学生的管理能力。

对于第三个鸿沟，人才培养"不落地"的问题。我们决定让学生在真实的世界里操作一把，"让他们遭遇真实世界的困难，挫挫他们的锐气"，才能让他们做到真正地与管理者和消费者"同理共情"，学会在外部资源约束下，进行策划和实施。

三、课程创新的成效

因为开展这项教学创新，教师团队逐步完善了项目式教学，指导学生参加了品牌策划大赛、市场调查与分析大赛、"挑战杯"等竞赛，获得了诸多奖项；团队教师也在参加教学比赛中获得了诸多荣誉（见表2）。

表2 2020~2022年师生参赛获奖情况

时间	参赛项目	赛事	获奖情况	组织单位
2022年1月	客户关系管理课程	"明发杯"教师教学创新大赛	特等奖、教学设计创新	南京工业大学

时间	参赛项目	赛事	获奖情况	组织单位
2020 年 8 月	市场营销学课程线上项目式教学	高校教师发展中心可持续发展联盟"优秀教学案例分享计划"	优秀教学案例	西交利物浦大学领导与教育前沿研究院
2020 年 8 月	安装侠	第十届全国大学生电子商务"创新、创意及创业"挑战赛江苏赛区选拔赛	二等奖	全国大学生电子商务"创新、创意及创业"挑战赛组委会
2020 年 7 月	掌上健身，用与不用的较量——基于青年群体使用健身 App 的现状与自我满足分析	"正大杯"第十届全国大学生市场调查与分析大赛总决赛	三等奖（江苏省选拔赛一等奖）	教育部统计学类专业教学指导委员会、中国商业统计学会
2020 年 6 月	市场营销学课程线上项目式教学	新冠肺炎疫情防控期间本科在线教学优秀案例	二等奖	南京工业大学
2020 年 6 月	新工科专业创业营销实训——客户开发与管理	产学合作协同育人项目	新工科建设项目	教育部
2020 年 1 月	客户关系管理课程	"双万计划"	国家级线下一流本科课程	教育部
2020 年 1 月	客户关系管理课程	核心课程"金课"建设项目	核心课程"金课"	教育部工商管理类专业教学指导委员会

第三部分　你的创新是如何做出来的

自 2005 年 7 月起，我一直从事市场营销专业课程的教学。可以说，在内部激励和外部环境的双重影响下，我这十七年的教学工作经历了三个阶段。

第一阶段：自我激励、"三一"课堂。作为非师范专业毕业生，几乎没有被指导就直接上岗。"凭良心教学"就是当初最质朴的想法，因此仿照高中老师备课，采取上一门课程同时看三部教材，每一节课都要花三节课的时间备课。这样一来，三年时间就基本上吃透了教材内容。

第二阶段：触类旁通、精深课堂。市场营销是交叉学科，要想解决"讲课缺乏深度"的问题，就必须对每一个概念溯源，阅读文献、厘清关系。而每一门课程的基本教学内容是理论，理论又是对现实的高度抽象。跨越理论与实践的鸿沟需要将实践问题提炼成科学研究的问题，做到问题从实践中来，理论到实践中去。

第三阶段：直面时代、创新教学。随着信息技术的不断发展，学生获取单个知识的成本下降了，但又面临信息超载等问题。教师团队需要敢于打破原来的教学体系，将其碎片化再重新组装，做到去粗取精。新冠肺炎疫情使我们被迫从线下教学转移至线上……战略管理的学习学派将战略看成是一个应急的过程，大多数管理者根本不是气定神闲地稳坐中军帐，而是在应急中变革思考，尤其是在当今变幻莫测的时代更是在黑暗中摸索前行。我们的教学或许同样也是如此，学生早就不是当年的学生了，因此教学创新就是一个"做中学"的过程，有趣且好玩。

在第一届（2015 级）学生中，我们开始实践教学创新，当时效果特别好，学生的作品水平提升很快，我们三位老师深受鼓舞，并形成了"教学就是知识的营销"的理念。到 2016 级，我们被"打脸了"，学生对课程和参赛兴趣不大，我和团队的金老师通过不断访谈学生发现，学生对我们的教学创新压根不了解，作业是为了训练他们什么能力也不知道……我这个时候就想到了，很多管理者也面临同样的困惑，那么我就像组织中的管理者一样对待学生，不断地告诉他们，每一个教学设计的意义在哪里，不断地激励他们，最终有至少 1/3 的学生理解了，找到了方案策划的关键点，理解了营销推广的整体性。也因此，团队提炼了第二个鸿沟，管理学科的教师没有足够的管理经验，教师需要像一位 CEO 一样把自己的教学思想不断地与学生交流。

科研和教学平衡的问题一直存在，我本人在这一阶段选择了从教学到教研的职业生涯规划之路；团队中的一名教师选择了以教学为基础，专攻大赛的职业生涯规划之路；另一名教师选择了以科研为主，教学和教学管理并重的路径。

（团队成员：王万竹、姚山季、金晔）

15　基于 BIM 的跨专业联合毕业设计

刘红勇团队　西南石油大学

案例评介

　　刘红勇老师团队的教学创新，最突出的亮点是在毕业设计中融入跨学科的团队。关于培养学生跨学科思维的重要性不言而喻，但在大学教学中如何才能有效训练学生的跨学科思维，尽管有很多不同的做法，但其效果都存在较高的不确定性。现实中大量的跨学科教学效果无法确定的关键原因在于，学生很多时候只是学习了一些碎片化的跨学科知识和理论，并没有把这些知识和理论融为一体，为自己所用。刘老师团队创新性地把由学生个人独立完成的单一专业、单一命题的毕业设计转变为不同专业的学生在一起共同完成同一个真实的工程项目设计任务，学生想要完成毕业设计，不仅要学习不同专业的理论，更需要与不同专业的人在一起合作，运用跨学科的理论共同解决问题，这个过程实际上可以很好地训练学生整合不同专业的思维来解决一个真实问题的能力。在这种学习活动中，学生真正做到了把不同专业的思维融为一体。为了支持学生有好的学习体验，课程通过模块化、平台化、评价多元化以及场景方面的创新，探索了一条跨学科联合毕业设计的有效路径。

第一部分　案例课程小档案

一、课程概况

　　联合毕业设计是不同专业的学生联合完成同一个工程项目设计任务，作为实践教学的毕业设计，是一门独立设置的实践类课程；联合毕业设计在实施过程中打破了专业壁垒，集合了土木工程、建筑环境、工程管理、测绘工程等专业，因此又绝非仅仅是一门课程。参与项目的学生一般为 30 人，根据项目的大小，可以采取不同的联合方式，可以是大项目的全过程联合，也可以是小项目的阶段或局部联合。联合毕业设计课程面向大四学生开设，属于专业必修课，由教学团队负责课程教学与项目指导。

二、课程的目标和学习产出

通过联合毕业设计，培养学生综合运用所学基础理论、专业知识和技能来解决实际工程问题的能力；发掘学生研究潜力、提升学生创新能力；培养学生团队意识、锻炼学生沟通协调能力；提升学生信息技术水平、增强学生专业知识的交叉与融合能力；为学生今后工作和终身学习奠定基础。

三、课程的考核方式

联合毕业设计学业评价体系，增加了学生自评、学生互评和专业互评，答辩方式由线下答辩发展为多方参与、线上线下同频共振的网络在线直播。这种多元评价体系实现了有序组织，拓宽了学生学习沟通的渠道，丰富了学生的知识，营造了浓厚的学术氛围和仪式感，增强了学生的社会责任感和荣誉感，提高了学生的自信心。

联合毕业设计评价在传统的评价基础上，将过去由指导教师独立评价的审阅成绩（占总成绩的30%）分解为学生自评（占总成绩的5%）、学生互评（占总成绩的10%）、专业互评（占总成绩的5%）、指导教师评价（占总成绩的10%）。这有效促进了学生加强过程学习、重视团队协作，激发了学生自觉学习（见图1）。

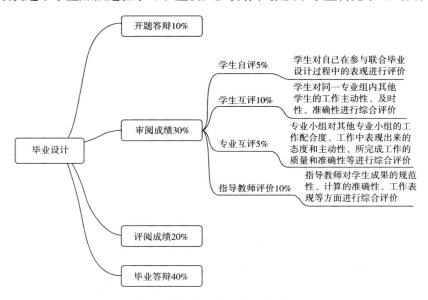

图1 联合毕业设计的考核方式

四、课程的学习活动

联合毕业设计首先由工程管理专业的学生完成建筑模型；然后各专业学生以该模型为依据，通过交互、合作进行设计，如测绘工程专业的学生进行倾斜摄影，土木工程专业的学生进行结构三维设计，建筑环境专业的学生完成给排水、暖通空调、气流组织的设计，机械工程专业的学生完成医用气体设计；最终各专业学生汇总完成 CIM 漫游、VR 应用、BIM5D 模型应用等。

在设计时，学生在工作室随时开展组内、组间的讨论和方案论证；定期集中对项目开展情况、技术难点等进行研讨。以 2021 年医院项目为例，该医院项目包括医技楼（含门诊、住院部）、保障制剂楼、行政楼。医院总建筑面积约 32349.18 平方米，房屋主体为地上 10 层、地下 1 层，建筑高度为 40.5 米，结构类型为框架结构，基础形式为筏板基础与独立基础混合，设计使用年限为 50 年，耐火等级为一级。其中，保障制剂楼总建筑面积约 3334.26 平方米，地上 3 层，建筑高度为 13.20 米，结构类型为框架结构，基础形式为独立基础；行政楼总建筑面积约 1675.94 平方米，地上 4 层，建筑高度为 14.70 米，结构类型为框架结构，基础形式为独立基础。

此次医院项目联合毕业设计涉及八大专业（方向）的联合，协同完成项目中多个专业的设计任务。在人员确定后进行工作结构分解，制定专业分工表和工作责任分配矩阵，团队成员之间互相交流和协同，分工不分家（见表 1、表 2）。

项目实施具体如下：首先，由工程管理专业学生初步搭建 BIM 平台，完成建筑模型建模，以此作为其他专业学生的基础设计依据。

其次，土木工程专业学生在 BIM 平台上以建筑模型为基础完成结构设计，其中保障制剂楼和行政楼进行了混凝土结构和钢结构的方案比选；土木工程专业学生完成设计以后由工程管理专业造价组学生对两种方案进行计量计价，为方案比

表 1　工程管理施工组设计任务及分工安排

姓名	指导老师	负责项目	工作任务	交付成果
××	××	医技楼施组、场布 等，项目漫游、VR 等工作	医技楼建筑模型、施工组织设计、三维场布、进度计划与虚拟施工，协助完成整个工程项目的施工组织设计，对整个项目进行渲染漫游与 VR 应用，并与测绘专业进行模型对接	医技楼三维模型，施工组织设计报告（含降水工程、土方工程、基坑支护、脚手架工程和临水临电等计算），项目进度计划与虚拟施工，项目精装漫游

续表

姓名	指导老师	负责项目	工作任务	交付成果
××	××	保障制剂楼、行政楼施组、场布等	保障制剂楼、行政楼建筑模型、施工组织设计、三维场布、进度计划与虚拟施工，协助完成整个工程项目的施工组织设计，指导协助空调、给排水完成漫游视频	保障制剂楼，行政楼三维模型，施工组织设计报告（含降水工程、土方工程、基坑支护、脚手架工程和临水临电等计算），项目进度计划与虚拟施工，项目精装漫游

表 2　联合毕业设计各专业责任分配矩阵（施工组）

专业	工作名称	施工组	
		学生 1	学生 2
施工组	医技楼施组、进度计划等	F	S
	保障制剂楼、行政楼施组、进度计划等	S	F
	虚拟施工	F	S
	总进度计划	C	F
	三维场布	C	F
	项目精装漫游、VR 应用	F	X

注：F 表示负责；C 表示参加；S 表示审查；X 表示协助。

选提供依据。建筑环境专业负责气流组织和空调设计的学生共同研究确定气流组织参数，负责气流组织的学生通过 Ansys Fluent 数值模拟完成气流组织方案，由暖通空调小组学生在设计中进行体现。给排水专业小组的学生依据结构、建筑、暖通，完成给排水系统、消防系统设计。在此基础上，机械工程专业小组的学生完成医院气体设计，并在设计过程中进行碰撞检查，通过各专业沟通协调，解决碰撞问题。节能评价组学生与暖通空调组学生交流沟通确定机组设备选型，完成绿色建筑评价。

造价组学生结合各专业设计材料对工程进行计量，并将工程量清单提交给施工组学生，施工组据此完成施工组织设计、进度计划、三维场布、虚拟施工等。造价组学生再根据施工组提供的施工方案和施工方法进行计价。

最后，施工组将计量、计价数据和进度计划关联到 BIM 模型中，完成 BIM5D 模型应用。测绘专业学生运用无人机倾斜摄影测量得到的地形数据完成现状地形模型建模，并将该模型与 BIM 模型放在鲁班 CIM 平台上整合完成地面漫游，为今后智慧医院平台的建立提供基础设计（见图2）。

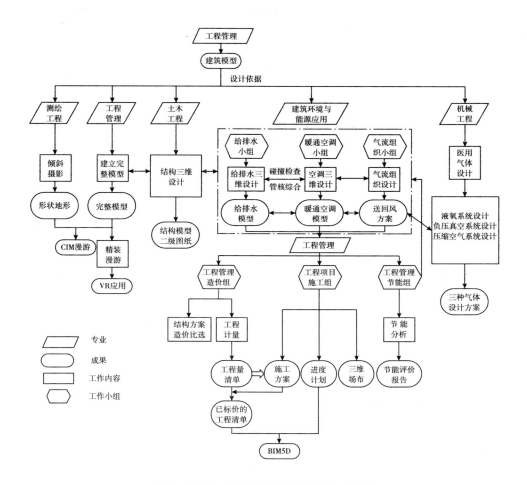

图2　联合毕业设计各专业学生的合作流程

第二部分　案例介绍

一、课程创新的背景

2016年10月的一天，我与一位在房地产开发公司工作的学生电话聊天，他告诉我，"因为设计单位提供的图纸系统误差频发，导致设计变更增多，不仅费用增加、工期拖延，原来制定好的管理制度和工作程序也被打乱"。我做过多年的项目设计负责人，明白系统误差多源于专业与专业之间或专业内部缺乏沟通而造成的。要解决沟通问题，得从学校做起！针对传统毕业设计中每个学生仅独立完成各自专业设计任务而导致缺乏沟通协同、系统思维的现象，联合毕业设计选择一个工程项目，让不同专业的学生共同参与完成，增进各专业间的理解、实现专业协同，培养学生的沟通与协调能力。于是在同年 11 月我们就启动了联合毕业设计策划工作，并在 2017 年的毕业设计中开始实施。

建筑信息模型（Building Information Modeling，BIM）作为一种信息集成模型，是将建筑本身及建造过程进行三维模型化和数据信息化，这些模型和信息在建筑的全生命周期中可以持续地被各个参与者利用，达成对建筑和建造过程的控制和管理。

"十三五"时期，国家提出全面提高建筑业信息化水平，着力增强 BIM、大数据、智能化、移动通信、云计算、物联网等信息技术集成应用能力。而当时的情况是非建筑工程专业的 BIM 技术掌握者大行其道，建筑工程专业人才陷入"劣币驱逐良币"的危机。究其原因，工程教育突出个人技术，老师的 BIM 教育意识欠缺、师资匮乏、设备落后，难以支撑教学需求。基于此，我们的教学团队提出结合"大工程观"的教育思想，校企合作开展"基于 BIM 的跨专业联合毕业设计"，探索本科毕业设计改革之路，以实现"新工科"卓越工程师的培养目标，培养具有"知、情、意、行"的新时代工程人才。

二、课程创新的实践

众所周知，毕业设计是学生毕业前的最后一个重要学习环节，既是学习深化与升华的重要过程，也是学生学习效果的综合反映，更是检验大学教师教学效果及学校人才培养效果的重要依据。

通过联合毕业设计，我们发现传统教学在培养人才知识构架上的欠缺和问题。例如，一方面，学生普遍对行业变革不甚了解，缺乏工程系统思维，且社会责任、职业道德都有待提高；但另一方面，我们又发现学生对于新技术 BIM 求知欲强，遇到问题大家会一起钻研，甚至愿意通宵达旦地学习。这就让我们反思，在日常教学中，我们总是抱怨学生学习不积极，那可能是我们没有找到行之有效的教学模式。为什么在日常学习中很难有这样的场景呢？我们知道学习有着不可替代的规律：动机产生、目标确立、内容选择、方法采用、思想感受、效果优差等均不可替代。如何顺应时代发展，激发学生的学习动力，达到大学生毕业时应具备的素质：知、情、意、行。由此，教学团队与各专业老师以及分管教学的院长共同研讨，决定我们不仅要解决联合毕业设计本身所带来的问题，更重要的是要解决通过联合毕业设计折射出来的问题：一是解决专业间跨界融合困难、学生沟通协调能力差、团队意识欠缺、实践能力和创新能力不足的问题；二是解决如何培养学生个性化学习、师生共情、快乐学习、终身学习能力的问题；三是解决学生使用软件工具能力不足的问题；四是解决学生对社会需求关注不足，不了解行业发展的问题。

根据上述问题与人才培养各要素间的关系，学院将问题解决融入人才培养全过程。基于"福格行为模型"理念和"舒适区边缘"概念，团队老师从动机、能力、激发三方面入手探寻教育、教学之道。

我们实施"五元"创新培养模式，突出"问题导向"，重视"活力激发"，实施"立体学习"，促进"多方协同"，实现"素质养成"（见图3）。

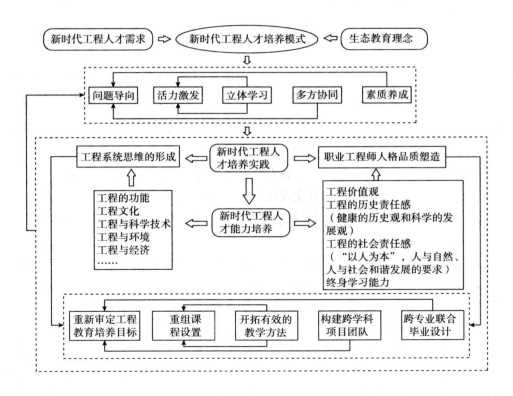

图3 "五元"创新培养模式的主要内容与逻辑结构

联合毕业设计是以学生专业知识为基础，辐射伦理学、信息技术领域，联动土木工程、建筑环境、工程管理、测绘工程、机械工程等相关专业，并由学校和企业联合指导形成的教学创新模式，其组织构架如图 4 所示。

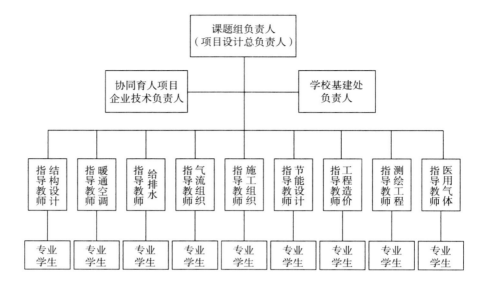

图 4　联合毕业设计的组织构架

由图 4 可以看出，联合毕业设计项目由总负责人制订项目设计总工作计划，统筹安排、确定设计总目标、协调各方需求；各专业老师细化各专业设计任务、下达设计任务书并负责指导学生；各专业学生分别承担相应专业的设计任务，根据设计总任务的进度计划适时提交设计成果。在项目实施过程中，协同育人项目企业提供软件应用支持和技术指导，学校基建处则为学生提供项目实习和工程实际建设情况的咨询。

连续多年的跨专业联合毕业设计实践，让我们不断探索、发现问题、研究问题、解决问题，逐步归纳出解决教学问题的"五化"方法，其逻辑关系如图 5 所示。

（一）课程模块化

我们设置了 BIM 实践教学模块，不同专业的学生可根据自己的需求和爱好自主选择，这有效满足了学生个性化学习需求。同时，我们还构建了进阶式的 BIM 信息化能力培养体系，通过专家讲座、课程学习、学科竞赛、开放性实验和项目实践等方式，不断提升学生 BIM 知识的学习和应用能力，有力地支撑了基于 BIM 跨专业联合毕业设计（见图 6）。

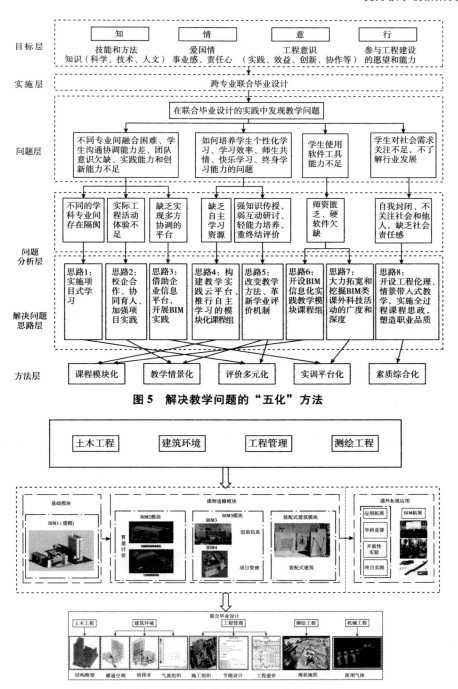

图5 解决教学问题的"五化"方法

图6 BIM信息化实践教学模块示意图

（二）教学情景化

我们将情景带入式的案例教学方法融入毕业设计中，让学生真实体验实际工程活动中职业工程师对工程、人、自然、社会的责任，培养学生工程实践智慧。情景教学实现了从教师讲授的单向传递向信息共享、全员参与转变。通过头脑风暴，实现了"1+1>2"的效果。这促使老师自觉向以"问号"为取向的案例教学模式转变，不仅注重学生辩证思维能力的培养，更关注学生反思与思辨能力的培养，真正实现了教学相长。

（三）实训平台化

学院通过成立 BIM 教学中心，引领学生从进校开始就接触工程信息技术，并发挥高年级学生传帮带作用帮助新生建立基础认知。校企合作建立了 4 个 BIM 实践教育基地，企业专业技术人员进校指导，选拔优秀学生利用假期到企业实习，促进学生在工程实践中锤炼技能。我们运用 5 家行业领军企业搭建的工程信息技术平台，进行多元协同应用，实现数据共享互联，学生在虚实结合的学习和实践中，提升信息化应用能力，并在真实的项目中积累经验（见图 7）。此外，我们在学习通平台上建立了 BIM 系列课程教学云平台，为学生提供自主学习的机会。

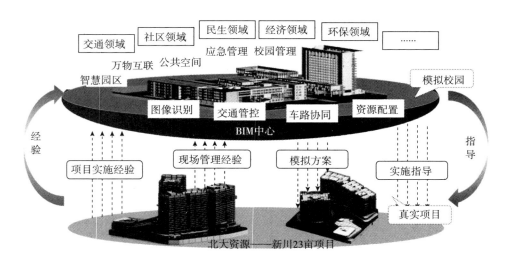

图 7　虚实结合的教学平台

（四）素质综合化

联合毕业设计作品连续多年参加全国 BIM 毕业设计竞赛，以赛促学，学生在获得奖项的同时，也锻炼了系统性思维，以及沟通、协同和实践能力；在价值观关联的联合毕业设计选题中增强了社会责任感；在根据设计方法选择信息技术中，培养了学生关注时代需求的工程意识；通过联合毕业设计，学生不惧困难、敢于挑战的精神得以增强，锤炼了人格韧性，提升了学生解决复杂工程问题的能力。同时，我们也实现了培养具备"知、情、意、行"综合素质的新时代工程人才的目标。

（五）评价多元化

联合毕业设计考核评价体系增加了学生互评和专业互评环节，答辩方式也由线下答辩发展为网络在线直播。这种多元的评价体系实现了有序组织，营造了浓厚的学术氛围和仪式感，提高了学生的自信心，增强了其社会责任感和荣誉感。

三、课程创新的成效

我们创新了毕业设计模式，改变了传统模式下单一专业内进行毕业设计的现状，实施了基于 BIM 的跨专业联合毕业设计改革，提升了学生信息技术水平，打破了传统教育中强调个人能力的壁垒，形成了知识融合、能力互补的团队合作方式，提高了学生沟通协调能力，培养了学生解决工程复杂问题的高阶能力。毕业设计的选题来自工程实践，紧跟国家和社会发展需求，在解决真实问题的实践中，激发了学生探索之心和社会责任感，适应了行业变革，满足了社会对人才的需求。

学生是联合毕业设计的最大受益者，参加联合毕业设计的学生受到国内外知名企事业单位的青睐，人均收到三份以上的聘用通知书。学生入职后也得到单位的重视和认可，发展顺利，至今已有多人成为单位技术骨干或担任管理职位。学生完成的联合毕业设计作品以绝对优势连续多年获得全国高校 BIM 毕业设计大赛特等奖，由联合毕业设计带动的学科竞赛累计获奖近 50 项。

本教学创新的产学研成果丰富，我们搭建了 10 个网络教学平台，衍生出教改项目 13 项、产教融合项目 18 项，发表教学改革论文 17 篇；建成了可实施、可复制、可评价的教学模型；编写了国内首部《联合毕业设计》指导教材；新增产学研基地 12 家；校企联合共建了 BIM 联合研究中心。

自 2019 年以来，联合毕业设计就受到了媒体的关注与报道，特别是 2020 年网络在线直播答辩，吸引了国内其他高校师生和企业界人士广泛关注，在线问答十分精彩，学生知识融合能力显著，受到企业青睐，"云答辩"变成了"云招聘"，受到《光明日报》《中国教育报》《中国教育新闻网》等多家媒体的报道，产生了良好的社会效益。此外，2019 年，联合毕业设计答辩视频和作品 VR 展示上传至 bilibili 网站，答辩视频播放量达 3.6 万次；2020 年，联合毕业设计答辩采用钉钉、bilibili 网络直播，直播观看人数达 3200 人。这不仅为高校师生提供了学习资源，还起到了推广交流的作用。

第三部分　你的创新是如何做出来的

我出身于教育世家，自小受家庭氛围的熏陶，对校园有一种特殊的情结，内心始终坚信教师是阳光下最灿烂的职业。所以年过不惑，已是高级工程师、水利总监的我，在新的机会来临时，依然毫不犹豫地紧紧抓住，走上三尺讲台，成为一名光荣的人民教师。凭借多年的工程实践经验，我对培养什么样的学生、如何培养学生，都有着自己独特的见解与坚守。

传统毕业设计是每个学生独立完成一个项目中某一部分、某一专业的设计任务，无须考虑专业与专业之间、学员与学员之间的需求和协同，缺乏整体考虑和系统思维，学生沟通协同能力弱。如何让学生在大学四年最后的学习环节，通过毕业设计打破专业间的壁垒，掌握方法、学习知识、提高技能、提升解决复杂工程问题的能力，获得学习成就感，是我一直探索的问题。

按照我的构想，是选择一个实际项目，让三个专业的学生完成结构、暖通空调、给排水、施工、造价等多个专业的设计任务。目的是让学生在团队设计中体会并执行动态管理、精细化管理、协同管理；运用 BIM 技术实现可视化、模拟性和设计施工一体化，培养学生成为了解先进管理理念、掌握数字建造技术、能有效沟通的工程技术人才。这是我对本科毕业设计从组织、表现形式、评价方式等全方位的创新。根据联合毕业设计折射出的问题，学院组织修订培养方案，倒逼课程体系、教学方法进行创新，以顺应行业变革，服务国家发展。

变革创新之路注定是艰辛与曲折的，尽管老师、学生都是自愿报名参加，但不同专业的导师、学生组建在一起需要磨合，彼此需要相互理解。不同导师的要求标准、教学方法均存在差异，学生的理解与配合也存在差异。设计之初，该怎样联合？老师质疑、学生茫然。通过一次次讨论，好不容易统一了思想，又出现了各专业时间上的冲突。由于全院各专业的毕业设计开始时间和结束时间基本一致，这就导致了后续专业设计时间不够，需要大量加班才能完成毕业设计任务。另外，每个学生所熟悉的软件由于开发商不一致，熟悉程度不一样，这就使原本选择软件这件复杂的事情变得更加复杂，难度更高，该选什么样的软件才能平衡各方需求、学院又有什么样的软件可供选择？没有的又怎么办？八方求人总算解决了"没有"的问题，但无论怎样选择，学生对软件的熟悉程度仍是参差不齐，进度非常缓慢。总体进度被延误，需要协调。老师累、学生也累，还经常需要返工！常常是加了一个晚上的班，第二天又会发现问题，还得推翻重来。反反复复，大家几乎每天晚上都是一两点钟才离开工作室，学生受不了，不仅仅是身体吃不消，更有不断被否定给大家带来的挫败感。直至有一天，几名学生集体找我哭诉、抗议，说我要求太严了。

面对这种情况，我耐心倾听、认真解释，力求得到学生的理解与认可。不仅是我，团队的其他老师也遇到过类似问题。不仅仅如此，我们还要面对科研的压力，怎样平衡科研与教学的冲突，都是我和我的团队必须面对的问题。每当夜深人静，拖着疲惫身体走在一片寂静、漆黑的校园里，我们也会疑惑：这一切辛劳到底是为了什么？为什么要搞联合毕业设计？到底值不值得？但答案是肯定的，我们深知"不忘初心，牢记使命"需要落实到每一个行动上，过程注定是艰难曲折的，为了心中的梦想，必须付出超乎寻常的努力。但幸运的是，我们拥有一支敢于创新、追求卓越、甘于奉献、团结友爱的教学团队；有理解、支持我们的各级领导和部门。多年来，我们始终坚守一点：只要方向是正确的就必须坚持，如果方法不对我们可以不断改进，但方向与目标绝不动摇。随着时间的推移，联合毕业设计的效果不断显现，那些曾经哭诉与抗议的学生也慢慢理解了我们。至今，学生仍感恩于当年的磨砺，才有了他们今天出众的工作能力。也正是这份执着与坚守，联合毕业设计才走到了今天。

（团队成员：刘红勇、蒋杰、钟声、黄莉、韩滔、邓夕胜、孙鸿玲、于冰、卢虹林）

16　旅游策划学课程的跨学科实践导向课程平台建设

黄颖团队　南京农业大学

案例评介

黄颖老师团队的课程创新的突出特点是组织跨学科的学生开展旅游策划实战项目，为了支持不同专业的学生在一起合作，老师课前进行了学习档案建设，支持不同背景的学生融入课程；为了让学生的小组合作有实效，对学生的角色进行了划分，每个组里每名学生都有不同的任务，这样对于学生在小组活动中的投入有了很大的保障；为了做实产教融合课程，教学团队打造了创意设计工作室；为了给学生提供稳定的产业实习和合作基地，课程建立了旅游策划实践基地；为了让学生切实了解真实的项目，除了组织学生外出访问外，还邀请行业专家参与教学的多个环节。黄老师团队始终努力给学生提供更有意义的学习经历，很好地诠释了什么是"以学生为中心"，课程的多轮迭代过程也为如何做出好的教学创新提供了参考。

第一部分　案例课程小档案

一、课程概况

旅游策划学课程是旅游管理专业必修课；非旅游专业选修课；校级创新创业课程。课程面向大三学生开设，以旅游专业学生为主，并有全校各专业选修学生参加，2014年至今，累计上课学生超800人。由教学团队负责教学。

二、课程的目标和学习产出

根据旅游业蓬勃发展的实际需求，旅游策划学课程希望通过系统的课内学习和课外实践，实现知识探索、能力培养、思维提升、人格修炼、价值引领五大教学目标：①知识探索。帮助学生明确旅游策划的要求，熟悉策划流程和技巧，区别策划与规划的异同；提高学生运用现代化手段和方法，活化地方文旅资源的能力。②能力培养。培养学生的创意策划、运营推广、解决复杂问题的能力；提升项目文案高阶撰写能力。③思维提升。通过基础理论学习，培养学生理性思维、批判性思维；通过案例汇报，养成学生勇于探究、勤于反思的习惯；通过策划实训，培养学生解决问题和自我提升的能力。④人格修炼。通过个人演绎、同伴学习、团队协作等任务，增强学生的使命感，培养学生的工匠精神。⑤价值引领。帮助学生树立文化自信，讲好中国故事，共同编织诗和远方；在严谨、客观、务实、理性中教会学生去热爱、去服务乡村。

三、课程的考核方式

本课程考核由过程性考核与终结性考核组成，二者分配比例为5：5。过程性考核重在促进专业知识的消化吸收与应用。在课程前期，学生以个人名义开展经典旅游策划案例解读与分享；课程中期，组建跨学科学习小组，每年围绕休闲农业与乡村旅游热点开展不同专题的旅游策划汇报，促进学生有效学习。终结性考核注重实操与落地性。每年邀约省市旅游政府部门、文旅企业、景区、乡村旅游点等单位，提供来自工作实践和现实需要的真实策划项目需求，不少于六大选题，每个选项规定学生限额，旅游专业和其他专业学生平均分布在每个选题中。此外，学生可选填一个自己感兴趣的考核方向，提交策划方案。

四、课程的学习活动

课程前期，在案例准备完毕后，以智慧教室所在小组为单位，开设案例分析解读会。小组成员分别担任组长、记录员、监督员、挑剔专员等职务。其中，挑剔专员负责点评，学生结合点评完成案例修改；进行第二轮汇报时，挑剔专员需要在不同小组之间轮岗实习；最后，汇报稿修改定稿后，需要制作案例解读视频。

课程中期，每学期设置一个专题旅游策划汇报（如乡创基地、研学旅行等），根据专业交叉、男女搭配原则组队，在一个月内，团队合理分工，完成策划文稿及PPT，经与老师两次修改定稿后，方可登台汇报专题策划方案，汇报人选由现场抽签决定。

课程后期，组织学生外出策划实训三天，通过基地走访、企业问诊、校友指导、互动体验、文案汇报、海报制作等方式，增强学生策划服务能力。

值得一提的是，专题汇报作为中期反馈与评价的重要环节，在策划训练方面发挥了重要作用。一是训练有计划。历年来，紧密围绕乡村旅游和休闲农业专业发展特色方向，每届设有不同主题，作为平时考核环节，进行严格过程管理。学生团队 5 人一组，要求专业交叉互补，发挥专业优势，最大限度达到锻炼目的。二是训练有章法。提前发布选题目录，下发详尽的《专题策划指导书》，从策划内容、准备步骤建议、文稿要求到汇报质量等方面，认真开展指导。三是训练有方法。为严控小组汇报质量，加强过程性指导，推出"汇报前两轮修改制度"。通过 QQ 群，借助在线文档和超星学习通，严控质量关。实践证明，经过老师提前指导和把关，大大缩短了组员迷茫期。经过多轮尝试，此项制度值得推广。

与此同时，配套实施"同伴互评制度"。各位同学充当大众评审和"点评专家"，要求从七个不同维度进行评价。这种参与式教学在很大程度上改进了传统课堂学生不活跃的现象。小小的专题汇报，我们坚持扎实推进，很好地实践了"聚焦问题—激活旧知—求证新知—应用新知—融会贯通"的五星教学法。

第二部分 案例介绍

一、课程创新的背景

在文旅融合战略背景下，旅游策划是旅游专业学生就业的一个新兴领域，正在引起各级文旅主管部门、旅游投资商、运营商和旅游院校的重视。如何顺应时代潮流，为学生铺设良好的就业基础，引导学生就业从旅游传统业态进入旅游新业态领域？如何让学生在日益细分的消费趋势下，依据多元化的消费需求，不断为旅游者提供喜闻乐见的创新产品，不断为旅游目的地策划新项目、开发旅游新业态产品？重审新时代发展之需，不难发现，项目策划与活动组织能力培养是新时期旅游专业人才培养的重要内容。

如何在前期课程基础上，创新开设旅游策划学课程？面对课堂年年爆满、一座难求的状态，面对教授不同专业、不同学科背景的学生，面对全域旅游时代对人才的新要求，我们始终在思考、尝试重塑教育功能与教学方法：第一，如何有效进行教改创新，为学生成长成才服务？第二，如何依据多元化消费需求，训练学生具备开发旅游新业态产品的能力？第三，如何学以致用，缩短成长周期，为用人单位把好人才培养关？

在传统旅游策划学习过程中，教学存在三大问题：一是教学方式方法单一，学生实操能力欠缺。在人才培养中长于基础知识和理论教育，短于实践训练和能力培育。二是教学资源素材落后，学习目标不明。传统教学无法汲取最新教学资源与素材，忽视旅游人才对市场的渴望。三是人才培养视野局限，创新能力不强。文旅融合新背景亟须解决视野局限、创新动能缺乏等问题。这些问题的存在直接影响教学效果和学生能力的培养。面对此情此景，我们需要迅速出击。教学团队经过多年的教学实践，决定重构教育发展引擎，形成了以下突围思路：以学生为中心，以教学设计为重心，以实战操作为核心，致力于培养创意、创新、创业"旅游三创人才"，形成"三心三创"的教学改革实践模式。

二、课程创新的实践

（一）"三心"构建之旅

所谓"三心"，就是以学生为中心、以设计为重心、以实战为核心。

第一，以学生为中心。开课前填写学生学习档案，关心来自农学、食品、园艺、经管、信息等不同专业学生的学习状态，关注全员学生的互动参与及实践探索，注重强化提升学习效果，做到学以致用，输出高质量策划文案。

第二，以教学设计为重心。从做好准备、聚焦问题、激活旧知识、监督理解、应用新知识到评价反馈，通过这六个步骤凸显以教学设计为重心。在课程设计中，按照布鲁姆教育目标分类法，对教学内容和教学方法进行分类。注重培养大学生高阶思维认知能力，这体现在由"一基二汇三实"六个单元构成的实践体系中——"一基"，即基础理论教学，培养理性思维、批判质疑的能力；"二汇"，借助案例汇报和专题汇报，培养勇于探究、勤于反思的能力；"三实"，即实战教学、实战讲堂和实战考核，培养问题解决、自我提升的能力。

第三，以实战操作为核心。在实战教学中，课程前期，精心准备大量深入浅出的内容，为策划文案撰写奠定良好基础。课程后期，活学活用，以专题实战策划为主。

每年5~6月，我们会定期邀请校外专家、创业导师来校开设实战大讲堂。2014年以来，陆续开设12场讲座，搭建起学生和用人单位之间的桥梁，现已成为课程"保留曲目"。课程期末考核一直坚持采用实战考核的形式。我们与十多家政企单位进行合作，提前一个月征询旅游政企单位实际业务需求，考核选题均来自实践需要，以提交实操策划文案作为考核内容。一直以来，我们的考核方式都在不断地进步和优化，从2014年1个选题，到2020年7个选题，学生可从中选择感兴趣的一个方向，以个人名义提交完整的实操文案。每一套期末考核方案中，均给出每个策划案的背景，提出详细的策划要求。这对学生要求较高，具备一定挑战度，因此在每个方案后，都留有校外专家的联系方式，邀请他们驻群答疑、共同参与期末方案评价，给学生提供更多的指导和帮助。这种实战机制可以获得一举"四得"的效果，即一得学分，二得教改深化，三得外单位认可，四得就业实习机会。

（二）"三创"搭建之路

旅游策划学课程的建设与人才培养离不开教学团队的鼎力支持。旅游策划学教学团队由校内专业教师和校外企业导师组成。校内专业教师擅长产品与项目策划，侧重经济与投资分析，精于规划制图，深耕市场营销；校外企业导师实战经验丰富、本领过硬，可以给学生讲述策划背后的故事，以此加强学生旅游策划逻辑思维的提升。在教学团队的共同努力下，通过组建策划训练工作室，搭建创意、创新、创业平台，引导学生学会自主学习，培养学生团队合作精神，提升学生创新思维能力。

首先，组建旅游策划创意工作室，培养跨界思维型人才。我们一是持续做好资源建设，将历届学生优秀策划成果、优质案例解析、专题汇报文本进行汇编，用来为下届学生提供创意启发；二是积极邀请行业专家、杰出校友返校开设实战讲堂，分享策划背后的故事；三是开设策划训练营，讲授文本撰写、PPT 制作、个人汇报技巧，指导学生参与校外策划实务。

其次，搭建赛事创新平台，培养个性发展型人才。自 2014 年起，我们充分整合高校、政府、企业等有效资源，作为主办、承办单位，组织并参加多项大学生"双创"训练活动。我们以赛促教，以赛促学，指导学生团队取得了多个赛事的一等奖。

最后，搭建基地创业平台，培养素质与能力结合型人才。我们积极推进酒店、乡村、规划公司、电商平台四大不同类型教学实习基地的建设。常州溧阳天森山庄作为校级优秀教学实习基地，现已具备优质"孵化器"功能，在培养"双创"人才中承担了重要使命。我们主办全国乡旅创客大赛，在省内率先倡导成立盐城仰徐乡旅创客基地，2016 年该基地获得了"中国乡村旅游创客示范基地"国家级称号。目前已遴选出 6 组获奖团队入驻基地。学生参加创客大赛的一等奖获奖作品，与盐城仰徐村合作，推出以"喜怒哀乐"为主题的草莓宝宝系列文创纪念品，受到了游客的追捧和踊跃购买。

三、课程创新的成效

"三心三创"的教学成效集中体现在学生收获、教师成长和社会影响上。

一是教学基本建设成效显著，学生培养质量明显提高。基于旅游策划学课程的学习，学生在思维、实践、创新能力等方面收获满满，多份文案被合作单位看中采纳或部分应用，取得了丰硕成果。越来越多的学生创业成功，投身研学市场、会展策划等，开启自己对向往生活的追求。基于旅游策划学课程的建设，教师申请到校级教学改革课题 2 项，国家级乡村旅游创客示范基地 1 个；新建实习基地、现场教学点 8 个；共计指导 100 多人次获得国家级、省级、市级、校级大赛一等奖、金奖；指导农业研学团队获得 2020 年第十一届江苏省"挑战杯"大学生创业计划大赛银奖和第十二届"挑战杯"中国大学生创业计划竞赛全国决赛铜奖；教师个人获校级教学质量优秀奖；教学团队获校级教学成果一等奖、第四届西浦全国大学教学创新大赛一等奖、首届江苏省高校教师教学创新大赛一等奖等。

二是项目提供了旅游创新人才培养的典型样板，产生了较强的辐射效应。本课程致力于以学生为中心，我们从学生需求出发，将课堂从校内搬到校外，释放出自己更多的精力和能量，陪伴学生一起成长，一起收获，逐步演绎出了一条"课堂讲授—团队展示—专业赛事—创业孵化"的培养路径。项目成果多次受邀在超星教师发展中心、华南师范大学、陕西西京学院等做直播讲堂、专题发言与成果展示，并在美国密歇根州立大学进行项目交流，获得国外高校的好评。

三是实践探索经验得到推广，在国内外产生了较大影响。本课程深入推进创新实践经验总结和人才培养理论研究，社会影响与日俱增。历年来，我们举办的各项专业赛事和活动赢得了社会媒体的广泛关注和报道。此外，教学团队摸索出的"课赛践研"一体化发展之路，赢得了同行的肯定和认可；部分学生受课程影响进入旅游规划策划公司就职，赢得了用人单位的高度赏识和青睐。

第三部分　你的创新是如何做出来的

从教之前我是一名学生辅导员，多年的辅导员生涯，让我有很多时间跟学生朝夕共处。2006 年我从一名辅导员转变为一位教师。从学生中来，到学生中去。我习惯以学生的视角来看待问题，我时常问自己，我讲的内容学生喜欢听吗？能够听得懂吗？可以为他们创造更多的实践机会吗？

旅游策划学课程创新之初，是从"一穷二白"开始的。这门课程是在 2014 年早期设立的，当时国内开设这门课程的学校还不多见。旅游策划学是一门实践性、应用性非常强的学科，它不仅要求掌握策划的原理，熟悉策划的流程，灵活运用策划的技巧，更要求撰写出一份份优质的策划方案，而这些方案一定要经得起市场和社会的考验。因此，我们应该给学生提供更多的可能性，让他们走出校门，接触社会，看到世界的美好，同时也要看到现实中，旅游产业面临的问题。

要走出校门，势必就会产生很多费用。在前期，我们主要在南京市内考察，或者通过虚拟化的手段实现考察。后期我们得到了相关旅游部门及旅游系校友的大力支持，给我们提供了更多的考察机会，同时也给我们减免了很多参观及交通费用。2019年初，学校教务处进行校外优秀实践教学基地评比，我们凭借着前期与溧阳天森山庄五年的深层合作，获得了"校级优秀校外实践教学基地"称号。令人意想不到的是，学校非常给力，给予了校外优秀实践教学基地较大的认可，后期给我们发放了一大笔专项经费。在专项经费的支持下，我们可以义无反顾地去做户外实践教学这件事，从而给学生提供更多创新创业的机会。

在教学过程中，我们也会遇到家务事或其他事，并会挤占科研的时间。我会平衡好这里面的关系。在带队校外实践前，我会提前两周跟家人沟通，协调家人出差的时间，尽量做到工作和家庭两不误。在科研方面，我会利用寒暑假等时间进行强化。

我想努力给学生创造不一样的、有意义的学习经历。因此，在上课前我会给学生回顾历届教学活动，展示历届教学活动档案，帮助学生树立信心，"这是学姐学长的优秀作品，在老师的精心指导下，你们一定也会这么优秀"。事实证明，学生非常认可我的每一次教学创新活动，非常享受学习的过程。

学校非常支持我们教学团队的工作。在参加学校教学创新比赛中，我们获得了晋级省赛的名额，学校多次给我们进行赛前辅导。此外，学校安排旅游策划学课程在智慧教室上课，为学生提供了更好的学习环境。学校也批准了我在新学期开设两个平行班的请求。这样，我就可以更好地创新教学，我会通过两个平行班对比研究，不断尝试、摸索，以取得更好的教学效果和教学成果。

通过开展"以学生为中心、以课程设计为重心、以实战考核为核心"的"三心"构建之旅，我们建立了基础与前沿并重、微观和宏观兼顾的新课程体系，关切不同专业学生的发展，关注全员学生的学习状态，注重强化提升学习效果；积极实践"专创融合、文创融合、产创融合、思创融合"的四融合之道，取得了涵盖培养理念、培养体系、课堂教学和课外实践的教学改革系列成果；在省内率先迈向了"校内策划训练平台、课外专业赛事平台、校外实践教学平台"的"三创"搭建之路，培养出了众多跨界思维型、个性发展型、综合素质型人才。

一往无前的唯一力量，就是热爱你所做的一切。我会继续在教学创新的路上，为培养更多旅游英才而努力。

（团队成员：黄颖、崔峰、刘庆友）

17　微积分课程的信息化教学及考试改革

尹逊波团队　哈尔滨工业大学

案例评介

　　尹逊波老师团队的创新是非常难得一见的关于大学数学基础课的创新。微积分课程突出的特点就是公式定理多且复杂、知识量大，学生普遍反映是大学中最难学的课。而对教师来讲，又是最难讲的课，因为教学任务繁重且数学老师普遍认为"这些知识如果老师不认真讲一遍甚至多遍学生是学不会的"，因此老师也没有太大的创新空间。尹老师团队的教学创新，在我看来打破了大家对于这类课程的成见：老师不教微积分的知识，学生就学不会。而这其实是对学生的误解。在尹老师的课上，很多学生通过观看慕课就可以考出好成绩，这其中的秘诀就是调动学生自主学习的积极性。尹老师的课程很重要的特点是给予学生个性化的学习空间，这在微积分课程中实属难得。课程中的个性化，一方面体现为学生可以在丰富的网上资源中进行个性化选择，本课程建设了系统的微积分慕课资源并向前后两端延伸，给不同基础的学生以多种选择；另一方面体现在"大班授课小班研讨"上，特别是小班研讨能够针对学生的不同需求提供个性化的支持与辅导。尹老师团队还在考试方面做了创新，在线化考试特别是计算机辅助的考试批改反馈，有助于学生的自主学习。可以说这些改革在微积分这类课程中迈出了一大步。

第一部分　案例课程小档案

一、课程概况

　　微积分课程是一门面向全校工科大一学生开设的公共必修课。每年线上上课学生约为 3600 人，线下学生约为 240 人。由教学团队负责教学工作，团队约 30人，其中，国家"青年千人计划"入选者 2 人，省级教学名师 1 人，省级青年教学名师 1 人。

二、课程的目标和学习产出

微积分课程作为后续课程的基础课，目标定位在夯实学生数学基础、培养学生逻辑思维能力及利用数学解决实际问题的能力上。在传授知识的同时，我们着重培养学生的抽象思维能力、逻辑推理能力、空间想象能力和自学能力，特别是综合运用所学知识去分析问题和解决问题的能力。

三、课程的考核方式

本课程的考核由平时作业（20 分）、期中考试成绩（20 分）、期末考试成绩（60 分）组成。在考核方式改革之前，平时作业、期中考试和期末考试均采用纸质、线下的模式；教学创新后全部改为不同形式的信息化考核模式：平时作业改为线上提交、线上批改，期中考试改为线上考试，期末考试改为线下考试、网上阅卷。

四、课程的学习活动

本课程的学习活动由线上慕课学习、课堂学习、课下练习、网上互动等组成。其中，线上微积分慕课资源有一套完整的体系，包含先修课内容（课程向前延伸）、课程内容（课堂）、习题课内容（课后）、竞赛内容（课程向后延伸）；课堂学习时间分成一半时间学生听讲，另一半时间学生以练代讲；课下练习更多的是学生学习慕课、练习习题、线上答疑互动及完成小组大作业。

第二部分 案例介绍

一、课程创新的背景

《国家中长期教育改革和发展规划纲要（2010—2020 年）》明确指出："信息技术对教育发展具有革命性影响，必须予以高度重视。"教育信息化一直是近些年高校教学改革的趋势，而实际的现状却是高等教育改革的步子迈得始终太小，我们项目的教学创新就是着眼于微积分课程的信息化开展的。微积分课程对于全国各个高校来说，都是非常重要的公共基础课，但课程教学却依然停留在过去传统授课、传统考试的模式下，多年来未曾改变。

传统的微积分课程考试方式弊端重重：一是考试形式缺乏多样性。目前高校考试形式大多为闭卷笔试，而开卷考试、口试、上机操作却很少见，这种考试模式在一定程度上体现了考试的公平性，但学生却无法阐述自己独创性的观点，不利于学生创新能力的培养。二是考试内容缺乏创新性。考试不但要考察学生掌握专业基础知识的情况，更要考察学生应用专业知识解决实际问题的能力。而传统意义上的考试在内容上多局限于教材、学生笔记、教师划定的难点和重点，并强调学生进行强化记忆。考试题型也多为填空题、选择题、判断题、简答题、计算题等考察学生识记能力的客观性试题，而真正考察学生运用基础知识进行综合分析、解决实际问题的主观性试题相对较少。这样的考试势必导致学生在学习过程中只注重对知识的记忆，而缺乏对解决实际问题的思考，不利于学生创新能力的培养和提高。三是考试结果缺乏参考性。在高校的考试过程中，相当一部分教师及学生认为考试就是教学过程的一个基本环节。课程结束后，教师只是本着完成教学任务的目的对学生进行考试，学生也只是为了拿到相应的学分和成绩而不得不参加考试。在这种"教师为考而教"和"学生为考而学"的应试教育观念的影响下，教师教学的主导作用和学生学习的主体作用都没有得到充分的体现，最终导致考试流于形式，考试结果本应具有的改进教师教学方法、检验学生学习效果等一系列反馈作用都没有得到有效的发挥。同时，高校课程的很多考试多集中在课程结束后一次性完成，这种缺乏过程化考核的模式也使教师无法及时掌握学生的学习情况，并进行有针对性的教学改进。四是传统评卷需要很多的手工环节，不利于优化管理和提高效率。传统评卷缺乏详细的统计数据供任课老师参考，以至于任课老师不能有针对性地教学，这没有发挥出考试的作用。

本课程的教学创新就是从课程改革到考试改革两个方面，改变传统的线下授课模式及纸质试卷的考试模式，形成全新的信息化与传统授课相融合的教学及考试体系。首先，学生学习微积分课程的方式更加多元化，有各种线上线下资源供其选择使用；其次，学生课堂学习微积分课程可以选择不同的、适合自己的授课模式；最后，微积分课程考核方式让学生感觉更加便捷、高效、公平。

二、课程创新的实践及成效

本课程的创新实践从以下几个方面同时入手。在课程信息化建设方面，先以慕课（MOOC）为切入点，构建完整的课程体系。将线下授课的资源以 MOOC 的形式移植到线上，方便学生随时随地碎片化学习课程内容。在课堂信息化实践方面，以 MOOC 为依托，开展多种形式的线上线下混合式教学改革，给学生提供不同的"菜单"，供学生选择适合自己的学习方式。在考试信息化实践方面，进行各种信息化考试改革，改变纸质考试存在的各种弊端。具体做法如下：

第一，构建课程完整的信息化体系。构建国内较为完整的微积分 MOOC 体系。这整套体系包含四门 MOOC：微积分、微积分习题课、微积分（CAP）及数学竞赛选讲，均在"爱课程——中国大学 MOOC"上线。其中，微积分（CAP）是课程内容向前延伸的课程，可以供高中生或者准大学生学习；微积分课程、微积分习题课程则是涵盖了线下课程所需要学习的全部内容，由此搭建形成了一个完整的线上课堂；数学竞赛选讲课程则是课程内容向后延伸的部分，是供学有余力的学生拓展知识面的课程。如此就形成了课程线上教学的完整授课体系，相比国内其他高校只是完成了其中某一部分的课程内容，课程体系本身就具有创新性和独创性。实际上这是我们后续开展与线下课堂相融合的基础性的搭建工作，这些课程从 2013 年 10 月第一门课程开始上线，一直到 2016 年 7 月所有课程全部陆续上线。其中，微积分课程获得 2016 年中国大学 MOOC 最受欢迎课程前十名，并因此获得"中国大学 MOOC 杰出贡献奖"；2017 年获得教育部颁发的"国家精品在线开放课程"称号。目前微积分课程选课人数已经累计超过 50 万人，并得到了学习者的好评。

在教材建设方面，我们课程的配套教材《工科数学分析》的第六版是在 MOOC 上线之后进行修订的，修订突出了教材数字化、立体化的形式，与我们所录制的 MOOC 课程联系在一起，学生可以通过扫描二维码观看课程的相应视频。纸质教材与网上资源的结合也可以看成是纸质教材信息化的一种新形态，也方便了学生进行立体化的阅读及学习。目前该教材已获得首届黑龙江教材建设奖优秀教材。

第二，构建课堂信息化实践体系。在构建完成线上课程体系之后，后续线上线下混合改革就有了根基。针对目前混合式教学，利用 MOOC 开展"大班授课小班研讨"是我们教学创新的重点。针对普通班学生，近两年我们一直执行大班课"88+88"个学时，小班习题课"8+8"个学时。习题课由助教负责授课，从助教选拔到助教培训都有专门的教师负责，每次选拔的助教人数为 40~60 人。每次习题课之前由专门的教师给助教讲解题目及解题思路，并解答助教解题中出现的各种问题，以避免出现被学生"问倒"的情况。经过对助教严格的筛选与培训，学生对助教授课的评价明显有所提升。同时每个任课教师按要求也会在学期中间抽查助教授课情况，并给出相应指导，真正保障助教授课的质量，提高学生的满意度。

针对拔尖学生，我们专门成立了拔尖数学班进行单独培养。拔尖数学班从全校大一学生中选拔，学生利用假期学习网上慕课，开学通过考试后即可进入拔尖班。进入拔尖班的学生在课堂上以研讨习题为准，题目难度以竞赛难度为准，同时通过深度和难度的增加，提高这些学生的数学能力。对于留学生，我们连续几年实施单独授课模式，一直以小班研讨为主。近一年，由于留学生数量增加，目前也开始实施大班授课、小班研讨的模式。针对重修的学生，我们单独开设重修班，实施混合式教学方式。由于我校大一新生和其他年级不在同一个校区，给重修学生学习本课程带来了极大的不便。加之重修课程与本学期所学课程冲突，也难以保证授课时间。因此网上学习即成为必须，目前"88+88"个学时已更改为线下学习"32+32"个学时，线上学习"56+56"个学时。同时，教师开设 SPOC 课程，线上管理学生学习，每个周末安排一次线下授课，解决学生学习中的各种问题。

第三，构建考试信息化考察体系。这一体系包括三个系统：一是平时作业网上提交系统。微积分课程在我校为挂牌选课模式，挂牌选课带来的问题是各个学院的学生混杂在一起，不方便收交作业。在采用网上提交作业后，作业依然可以在线上进行各种批注、打分，同时还能减少纸质浪费、提高工作效率，学生能够及时从网上看到批改后的反馈，最重要的是可以解决老师登分工作量大的问题。二是在线学习与考试评价系统。此系统可以完成学生平时学习成果的评定。通过教师预留作业，学生可以在线完成作业并提交，由电脑自动评定其成绩作为平时成绩的参考，为了避免偶然性，还可以通过多次的作业综合后给出平时成绩。教师也可通过网上发布题库，由学生自己在题库中训练，系统根据学生在题库中完成的题目数量和质量给出一个合理的分数作为平时成绩。此外，此系统实现了学生期中在线考试的功能。通过学生统一上网答题，考试完成后系统会自动批改给出分数。三是成熟的网上评卷系统。网上评卷是一种成熟稳定、技术先进的评卷方式，它以计算机网络技术和扫描技术为依托，把多年来人工评卷积累得来的丰富经验和现代高新技术相结合，客观题部分采用 OMR 技术由计算机自动判分，主观题部分采用图像切割技术按题号将考生答卷切割成题块，由评卷教师在线上对考生答卷的电子图像进行评分，最终成绩由计算机自动进行分数合成和成绩校验。网上评卷可以有效引入误差控制机制，最大限度地减少评卷误差，更能体现评卷公平公正的原则。网上评卷全过程采用计算机管理，减少了传统评卷方式的诸多手工环节，提高了评卷工作效率。网上评卷可以实时监控评卷质量和评卷进度，加大对评卷的管理力度，便于对命题、答题和评卷情况进行有效分析，进一步提高评卷工作的科学化管理水平。

本课程的教学创新得到了很多兄弟院校的认可，吸引了数十所高校来我校调研，并多次在全国及区域性教学会议上作报告达 40 余次。本教学创新获得 2019 年黑龙江省教学成果奖一等奖，2017 年教学成果奖二等奖。

第三部分　你的创新是如何做出来的

我们教学创新的动力来自学生，只有学生才能让老师感受到自己所做事情的价值。举例来说，平时线下交作业和批改作业本来是很自然的事情，然而挂牌选课导致每位老师名下分散着各个学院的学生，由于不是一个班级的学生，相互之间不认识，课后交作业也成了麻烦的事情。而信息化之后，网上提交作业就完美地解决了这个问题。MOOC 更是如此，MOOC 没有上线之前，每位老师每年授课的学生只有 400~500 人，而 MOOC 上线之后，全校 3600 名学习微积分的学生都可以看到我的课程，都会从中受益。

教学创新一定会遇到挑战，特别是像微积分这种影响面较大的课程，有一点改变考虑得不全面都会受到质疑和挑战，但坚持"以学生为中心"便可以打消任何质疑的声音。只要是从对学生有益的角度出发，随着时间的推移，一切都可以迎刃而解。比如，我一开始制作 MOOC 时，很多教师对这个新生事物并不认可，随着时间的推移，我发现质疑的声音减少了，我还带动了一些教师尝试制作MOOC。我想这个改变的过程是这样的，首先 MOOC 影响了学生，然后学生的认可反过来又会影响到其他教师的看法。考试改革也是如此，一开始质疑的声音同样存在，随着考试改革实践的开展，学生的认可会逐渐消除质疑的声音。

此外，家庭和工作、科研和教学都需要找到一个平衡点。当家庭和工作产生矛盾时，平衡二者可以采用和 MOOC 学习类似的办法，利用碎片化的时间完成工作中或者家庭中一些烦琐又大量耗费时间精力的事情。我个人的观点是家庭和工作的平衡点是时间的分配，而科研和教学的平衡点则是兴趣的驱动。感兴趣的事情自然愿意投入时间，也就不存在顾此失彼的问题。

近些年，因为开展教学创新的出发点是学生，所以学生对我们的教学非常认可，也给了我们前进的动力。学校对我们教学改革从经费到制度都给予了很大的支持，这也是这项改革能够顺利开展的一个重要的原因。但不可否认，有的时候新制度的制定会稍稍滞后于教学创新的改革进度，因此这就需要不断和学校相关部门进行沟通，才能使教学创新顺利开展。

（团队成员：尹逊波、尤超、张超、靳水林、郭玉坤、雷强、
任雪昆、张雅卓、黄艳）

18 基于"远程实验+过程管理"共建多渠道在线实验课堂

王开宇团队 大连理工大学

案例评介

王开宇老师团队的教学创新特色在于对教学环境的创新。教学创新"目标—考核—活动"全链条的设计和实施需得到特定的教学环节的支持，同时也受到教学环境的约束和限制。在这个意义上，任何创新都可以分为两类：特定环境中"目标—考核—活动"链条的改进，以及改变环境从而系统性地改进"目标—考核—活动"的每个环节。王老师团队的实验教学平台就是通过改变实验教学环境从而系统性地改进教学全链条的案例。这一案例还是典型的面向未来的线上线下混合式实验教学案例，特别是整合了海量的互联网学习资源，这对于培养学生的终身学习能力至关重要。此外，本案例还是大教学团队协同创新的案例，这对希望开展大教学组创新的老师有很好的借鉴价值。

第一部分 案例课程小档案

一、课程概况

本案例的基础实验课程组包括 6 门必修课程：电路实验 A、电工学实验 B2、数字电路实验、单片机原理实验、电子工程训练、模拟电路实验。这些都属于电类和非电类专业必修课。这些课程覆盖了大学一年级至大学四年级所有电类和大多数非电类专业的学生。课程组由教学团队负责教学工作。教学团队共 15 人，年龄、专业技术层次分布合理，其中，45 岁以下 9 人，高级职称 6 人，是电工电子国家级实验教学示范中心的中青年骨干教师团队。

二、课程的目标和学习产出

本课程的目标是：基于远程实验、过程管理、在线资源建设和电子报告建设，遵循"以学生为本，知识传授、能力培养、素质提高、协调发展"的教育理念，从教学实践出发，运用现代教育技术手段，打造一种学习自主、管理自主、地点开放、时间开放、内容开放的多自由度融合创新实践教育新生态。与此同时，我们将思政融入课堂，以期增强学生的爱国主义精神。

三、课程的考核方式

虽然老师依据课程内容和授课对象设置了不同的考核方式，但是过程考核都是实验课程最关键的一环。学生的实验过程由远程实境实验平台和在线过程管理系统进行大数据统计，为过程管理和考核提供参考。实验报告提交和批改按照课程的不同要求有所区别，部分课程提交电子实验报告后由系统自动判定成绩，部分课程则由老师进行人工批改。为了切实掌握学生的实验操作能力，还有部分课程采用考察线下现场操作的形式进行考核。

四、课程的学习活动

学生在中心课程在线管理系统等交流平台获取课程任务及学习资料，根据要求学习爱课程、学堂在线、中国大学 MOOC 等在线开放课程平台提供的课程，在雨课堂等直播平台学习课件或参与直播教学，在远程实境实验平台、大连理工大学 IOCLASS 虚拟仿真远程实验平台和 iLab 实验空间国家级示范性虚拟仿真实验平台完成虚拟仿真实验及虚实结合实验操作过程。学生学习、操作、总结的各阶段都可以通过在线管理系统等平台，随时联系老师进行答疑和指导。

第二部分　案例介绍

本基础实验课程组的 6 门课程涵盖了电类专业从大一开始的基础实验课到大三的专业实验课，是电类和非电类学生学习和掌握电学知识、实验技能的重要环节。同时，电工学实验 B2 和电子工程训练两门课程面向全校本科生开放。随着时代的发展，根据国务院和教育部分别发布的《中国教育现代化 2035》和《教育信息化 2.0 行动计划》中的要求，全国高校都在集中优势力量攻坚如何将信息化技术与教育有机融合，提升学生各方面的能力。2020 年初，新冠肺炎疫情暴发，高校学生无法参加线下授课，实验教学面临巨大挑战，如何运用现代化技术将远程实验、虚拟实验、过程管理等各个实验教学环节实施下去，保证教学效果，并有效培养学生自主学习能力、解决问题能力、工程实践能力、研究创新能力，成为目前实验教学迫切需要解决的核心问题。

本课程组建设了"远程实验+过程管理"的多渠道在线实验课堂，结合现代教育技术手段，保障了新冠肺炎疫情期间"停课不停教、停课不停学"，为学生提供了一种时空开放、自主学习、自我管理、随时指导的全新实践学习渠道，开创了前所未有的新型实验学习模式，激发了学生自主学习的兴趣与积极性，让学生在学习过程中切实掌握学习主动权，深度实现了从"以教学为中心"向"以学生为中心"的转变。

一、远程实验助力在线实验课堂建设

（一）将国产电子应用优秀案例融入远程实验课程思政中

在大力弘扬新时代爱国主义精神的引领下，课程组建设了上百个电子课程思政视频，如国产高精度机器人的研发、国产虚实集合自动化生产线、领先全球的高铁和5G技术等。在实验课程教学过程中不仅彰显出中国特色社会主义制度的优越性，也注重全面提升学生的科学素养和人文情怀。在新冠肺炎疫情期间，课程组教师加班加点，配合学校各部门的工作，让学生充分感受到整个教育系统在抗击新冠肺炎疫情过程中的担当作为，教师以身作则，成为学生的榜样模范，用正能量带动学生积极行动、抗击疫情，不断坚定学生爱国力行的使命感。

（二）课程组多模式远程实验教学

为了获得良好的教学效果，依据不同的课程内容和教学要求，课程组采用不同的教学方案进行线上教学。电路实验A、电工学实验B2、数字电路实验和单片机原理实验这四门课程采用了远程实境实验和虚拟仿真实验相结合的授课方案，电子工程训练和模拟电路实验课程采用了虚拟仿真实验的授课方案。

远程实境实验采用真实电路、真实数据、虚拟仪器，通过MATLAB仿真和FPGA算法加载使学生的在线操作映射到可远程控制的实验对象和测量仪器上，学生可以获得真实的实验数据，通过观察真实实验现象，有助于学生理解实物电路与理论之间的联系和区别。整个实验操作过程与线下实验完全一致，学生可以配置器件、选择参数、连接电路、选择仪器仪表及观测点，能够获得与线下实验相同的电路连接、仪器仪表使用、分析问题和解决问题等能力。远程实境实验平台位于校内，学生在校外通过互联网或WebVPN进行访问，在实验过程中，平台返回现场真实数据，线上操作也能够完美还原现场实验操作。其中，数字电路实验和单片机原理实验所使用的远程实境实验平台由课程组教师自主研发，获得了二十多项奖项，拥有十余项专利，为新冠肺炎疫情期间的实验教学工作奠定了坚实的基础，也为线上线下相结合的教育现代化模式探索出了一种切实可行的实验教学模式。

虚拟仿真实验有网页模式、Flash 模式、3D 模式等多种类型，还可以利用 Multisim 等软件进行虚拟仿真，这些虚拟仿真实验操作简便，画面直观形象，其中大部分虚拟仿真实验可以自动判断操作是否正确，并能自动判定成绩。同时，一些基础实验内容还为学生提供了 VR、AR 基础实验。在 360 度 VR 全景基础实验中，学生通过远程操作鼠标转动网页，能够观察任意角度的实验情况，还可以放大缩小观看实验细节。在 AR 基础实验中，学生可以使用手机扫描电路图，以 AR 形式观看操作过程及实验结果。

二、实验过程管理辅助实验课程教学

实验过程管理是实验课程教学的核心之一，经过多年的经验积累，课程组采用远程实境实验平台、大连理工大学电工电子实验教学中心选课平台、大连理工大学电工电子实验在线过程管理平台、爱课程、学堂在线、雨课堂、中国大学 MOOC、公共社交平台等进行全方位的实验过程大数据统计管理。

远程实境实验平台会对学生操作及报告提交过程进行统计，它可以自动记录学生完成实验的时间、报告提交时间、教师批改情况等，为教师掌握学生整个实验过程提供大数据支持。大连理工大学电工电子国家级实验教学示范中心（以下简称实验中心）选课平台提供远程实验的预约和取消、课前预习、报告提交等过程，同时，平台还提供虚拟实验一体化服务，兼容网页、Flash 和 3D 等多种类型的虚拟实验，并且预习过程中使用的虚拟仿真实验还可以自动判定成绩；实验中心共享硬件设备使用平台面向全校学生提供仪器设备的预约和借用服务；实验中心在线管理系统可以发布实验教学视频、实验操作指导手册等课程资料，同时还可以用于学生实验过程中的签到、师生互动和学生互动。预习内容一般发布在爱课程、学堂在线、雨课堂、中国大学 MOOC、公共社交平台等，这些成熟的线上学习平台都会对学生的学习和使用记录进行统计并给出报告，方便教师掌握学生实验的预习过程和效果。

三、实验辅助资源建设服务在线课堂

为了有效完成远程实验教学任务，提高教学效果，让学生的综合能力切实得

到提高，就必须为学生提供保质保量的教学资料。课程组建设了国家级线上线下混合一流课程 1 门、国家级虚拟仿真实验一流课程 1 项、国家级精品资源共享课 1 门、360 度 VR 全景基础实验教学视频 30 余个、AR 基础实验教学视频 40 余个；在爱课程、学堂在线、中国大学 MOOC 开设了电子仪器实践、电工学实验 A、电工学实验 B、数字电路与系统和电路理论 5 门线上课程。此外，课程组的所有课程均配合远程实验教学更新了教学课件，录制了教学视频和演示示例，为无法获得教材的学生制作了电子版教材，编写了各类远程实验平台及虚拟仿真实验平台的操作指导手册。这些高质量的实验教学辅助资源为远程实验教学效果提供了坚实的保障。

四、电子实验报告建设提升学习效率

纸质实验报告上交、批阅和存档始终是师生共同面对的一大难题。课程组在前期纸质实验报告的基础上，为提升学生的学习效率，配合新冠肺炎疫情期间的远程实验教学，迅速建设了多种形式的电子实验报告，所有课程均要求学生上交的实验报告中截取带学生姓名的在线实验电路图。其中，模拟电路实验课程已经完成电子实验报告设计，电路实验 A 课程也在完善电子实验报告的脚本设计，这些电子实验报告不仅具备实验数据记录的功能，还能在预习阶段通过提问的方式给予学生正确的引导。在实验过程中，实验数据可以即刻录入电子实验报告，每一次实验的感悟均可随堂上交，避免了学生后期回忆某些关键环节出现漏记及错记的情况。同时，实验报告的提交采取在线提交方式，节约了学生与老师在实验报告撰写、批改、提交作业等方面花费的大量时间和精力。远程实境实验平台、大连理工大学电工电子国家级实验教学示范中心在线管理系统和选课平台均能为学生提供电子实验报告上交、批改的大数据记录。

五、信息技术建设实现社会共享服务

大连理工大学电工电子国家级实验教学示范中心在新冠肺炎疫情期间开发完善了各类远程实验平台和系统，实现了无纸化实验教学和实验过程管理自动化建设。在远程实验教学中采用多模式配合，课程组密切关注条件有限无法进行远程实验的学生，为他们提供可行的学习方案，在实验教学过程中不放弃任何一名学生。基于远程实验操作方式以及爱课程、学堂在线、中国大学 MOOC 等在线课程的开放性，这些实验课程及相关实验教学资料不仅能够服务于本校学生，也能辐射到全社会。课程组的教学经验也通过各种平台与专家和同行进行交流。

第三部分　你的创新是如何做出来的

课程组的教师超过一半都是电工电子国家级实验教学示范中心的教学骨干，他们对教育工作有着浓厚的热情，近年来，有 50 多人次获得各类校级以上教学奖项，包括全国宝钢教学优秀奖、校级教学名师等。新冠肺炎疫情期间，实验教学完全转换为线上，时间紧、任务重，全体成员经过多次线上讨论，与校内外专家、学者和同行多次深度交流，最终确定了多模式的在线远程实验教学方案，保质保量地完成了新冠肺炎疫情期间的教学任务，为开展未来线上实验教学积累了宝贵的经验。课程组中有 9 位教师家中有正在上幼儿园或者小学的孩子，4 位教师家中有 2 个孩子，繁重的教学建设让家庭中的另一半承担了大部分的生活压力，对家人充满歉意的同时，也得到了家人无私的支持。

在远程实验教学过程中，由于不能面对面与学生交流，课程组教师利用各种交流平台及时和学生沟通，为了让学生的疑问快速得到解决，教师每日在线时间达到 15 个小时以上，学生晚上 12 点以后提出的问题都能及时得到教师的解答。虽然在远程实验教学初期，师生也面临过各种各样的困难，但是教师的辛苦付出被学生看在眼里，也记在心里，他们都能以很高的热情与学校和教师配合。

大连理工大学从学校到学部再到基层各教研室、实验中心都高度重视教学创新，在政策、制度等各方面予以大力支持。教师教学发展中心每周都会定期举办教学沙龙、教学竞赛，邀请教学名师、教学专家针对全校教师的各类教学问题答疑解惑，帮助大家不断提高。各学部院系也积极组织教师参加各类教学竞赛，举办各种主题的交流会议，为教师的教学创新提供助力。例如，教师教学发展中心最近四期的教学沙龙活动主题分别是"什么是好的教学创新""教学竞赛内容的选取及讲授""'后疫情时代'的实验教学模式""实施全流程教学评价，有效提升课程教学质量"，涵盖了教学创新、实验教学、教学过程评价、教学竞赛等方面的内容。大连理工大学电工电子国家级实验教学示范中心也相继出台了《实验中心选课及虚实结合实验系统操作指南》《实验中心在线过程管理系统操作指南》《实验中心共享硬件平台操作指南》《实验中心在线开放课程选课指南》等文件，方便教师和学生对在线课程进行管理和使用。

在学校、学部、中心以及社会各界的支持下，课程组教师在新冠肺炎疫情期间实现了远程实验教学模式的创新，积累了宝贵的"远程实验+过程管理"的多渠道在线实验课堂建设经验，未来课程组全体教师将继续砥砺前行！不忘初心、牢记使命、有担当、有作为，为实验课程的教学创新贡献力量！

（团队成员：王开宇、高庆华、马驰、赵权科、巢明、陈景、李克洪、谢梦琦、孙鹏、崔承毅、周晓丹、秦晓梅、程春雨、姜艳红、邸新）

19 基于唤醒三部曲的混合式教学模式设计与实践

曹敏惠团队 华中农业大学

案例评介

曹敏惠老师团队的教学创新集中在学生学习流程以及教师的支持上。在"以学生为中心"这一理念的引领下，针对如何把学生的学习积极性调动起来，如何把学生的兴趣挖掘出来，如何把学生的学习成果整理出来等问题，设计了教师以身作则案例、内容更新与拓展，以及学生及老师共同反思等活动，从效果看这些活动都是非常具有价值的。特别重要的是，通过曹老师团队的案例能够明显地感受到学生在整个教学过程中的融入和参与，主要体现在学生多元的学习产出上。此外，该案例中支持学生学习的一些做法也值得借鉴，例如，课前的学习导航、课中的"五步"学习，以及课后的兴趣导向的活动设计等。

第一部分 案例课程小档案

一、课程概况

有机化学课程既是一门农科公共基础课，也是一门专业必修课，面向全校农科专业的大一学生开设，上课学生约每年 2500 人。由教学团队负责教学活动。

二、课程的目标和学习产出

通过本课程的学习，希望学生有如下收获：①通过学习有机化合物的命名、结构、性质和应用等具体知识，找出学习有机化学的规律，学会自主学习；②辨明有机化合物的结构与性质之间的逻辑关系，以研究科学问题为导向，培养学生的科学思维，帮助学生理解科学精神；③通过探索与生命科学相关的有机化学发展的新知识、新理论和新方法，以真实问题为导向，唤醒学生追求卓越、科学报国的情怀。

三、课程的考核方式

本课程采用形成性过程考核，由平时成绩（占总成绩的50%）、期中考试（占总成绩的20%）、期末考试（占总成绩的30%）组成。平时成绩包括线上成绩（主要包括慕课中的单元测试、讨论和最后的线上期末测试，通过后台数据记录成绩）、课堂表现（由智慧教学工具记录）、平时作业（由智慧教学工具记录）。平时成绩注重体现客观公平的原则，体现学习进步的过程，让学生体会一分耕耘一分收获的学习快乐。

四、课程的学习活动

本课程充分利用国家精品在线开放课程有机化学慕课资源，开展混合式教学改革，经8轮教学改革，逐步形成了"三醒三思"的混合式教学模式。课前学生在慕课平台完成线上学习、小组讨论，勤思广议，朋辈互助，实现知识学习；课堂上通过教师点评、课堂测试、学习反思、小组研讨、案例分析、专题讲解等方式实现释疑解惑、线下赋能、研学思辨；课后通过巩固练习、举一反三，使学生集思广益、畅想创新，实现"三思"，达成能力目标的培养。混合式教学模式与思想教育的"化合反应"，不仅让学生学到了知识，掌握了学习方法，而且进一步加强了课程思政，与学生产生共鸣。

第二部分　案例介绍

一、课程创新的背景

有机化学课程是农、林、水、环境、食品、生物等学科专业的一门重要公共基础课程，每年约有2500名学生参与学习。该课程在大一开设，主要授课对象为从高中踏入大学的新生，因此，本门课程在教学中对引导学生正确认识并适应大学学习和生活、养成良好的自主学习习惯，具有重要的意义。有机化学课程知识纷繁复杂、信息量大、学时少，传统课堂往往侧重将知识点讲完，学生学习体验差，期末考试成绩普遍不佳。我们以前最大的困惑也是担心学时不够，对如何将知识点按时讲透、讲全，内心充满了焦虑和不安。于是，我们团队试着进行了线上线下混合式教学实践改革。通过教会学生学习方法，激发学生自主学习的主观能动性，从而达到学习知识、提升能力和立德树人的目标。这样，学生从浅层学习走向深层学习，教师也不再焦虑。因为学生掌握了有机化学的一般原理，通晓了学习方法，即便教师没有讲完知识点，学生也能自主学习。

经过 8 轮的教学改革，通过教学过程对学生的观察、访谈和问卷调查，发现学生普遍认为"学习方法很重要""对课程学习内容充满渴望""愿意积极参与课堂互动""希望得到教师更多有针对性的指导""学生喜欢案例讲解、情景模拟和实践体验等教学活动，希望能参与深度学习"。

总之，线上与线下混合式教学模式以学生的发展为中心，有效实现了教学目标的拓展，由以前的教知识转变为知识传授、价值引领和能力培养。教师则由教书转变为教书育人，学生则更注重学习的过程，有效提升了学习的主动性。

二、课程创新的实践

(一)"三醒"——唤醒三部曲

德国哲学家雅斯贝尔斯曾说，"教育的本质意味着，一棵树摇动另一棵树，一朵云推动另一朵云，一个灵魂唤醒另一个灵魂"。爱是教育的基础，是教书育人能真正入脑入心的关键因素，更是促进化学变化的高效"催化剂"。爱心铸就的唤醒三部曲就像"氧化反应"，在潜移默化中，慢慢改变了学生。

1. 好老师唤醒学生

唤醒三部曲之一是"好老师唤醒学生"。古有云："亲其师而信其道"，一位有理想信念、有道德情操、有仁爱之心的好老师，就是对学生最好的唤醒。新冠肺炎疫情下的在线教学，我们充分调研了学生家庭情况和上网课情况，帮助有困难的学生解决问题，实现了网上教学全员覆盖。课堂上，教师会做丰富有趣的自我介绍，包括个人成长到兴趣爱好，科学研究到教学理念等，使学生提高学习兴趣；每次课堂测试和作业提交后，我们会对学习有困难、落后的学生进行一对一的帮助。

2. 好课程吸引学生

唤醒三部曲之二是"好课程吸引学生"。我校有机化学课程被评为 2007 年国家精品课程、2016 年国家精品资源共享课、2017 年国家精品在线开放课程，面向全社会开放。良好的课程基础就犹如优质的食材，再加上少许的"盐""汤"就会无比鲜美。课程组通常集体备课，深度挖掘课程内容中的思政元素，编写了《有机化学课程思政案例集》和《有机化学课程思政电子课件》。从"家国情怀、增强文化与民族自信""学会做人，树立正确的世界观、人生观和价值观""学会做事，培养科学精神和社会责任感"三个方面展开案例介绍。每个案例从知识点出发，确立育人目标、拓展课程教学内容、挖掘并融入思政元素，然后选择合适的教学方法呈现。同时，我们不断打造有趣、有料、有味的课程内容，唤醒学生的学习兴趣。

3. 好思想引领学生

唤醒三部曲之三是"好思想引领学生"。一是通过学生的自我介绍，引导学生认识自我，分析自身优缺点，扬长避短。教师则能充分了解学生，因材施教。二是通过期中考试后的成绩分析，教师以身作则，不仅主动自我反思，找到教学中存在的问题和改进的办法，而且引导学生自我反思，找到前期学习中存在的问题，并提出解决方案、落实行动。三是引导学生做章节思维导图，鼓励学生不断思考、深度学习，从而爱上学习。通过学生不断自我反思，从思想上唤醒学生的内在驱动力。

（二）"三思"——课前课中课后

第一，课前学习包括：①科学导学。教师撰写完整的学习导航，包括学习流程、学习方法和技术支持等，通过智慧教学工具和 QQ 群双向通知。智慧教学工具的应用有利于保存文件，学生可以随时查看；QQ 群具有即时性，有利于所有学生即时获取消息。②自学自测。学生完成中国大学慕课有机化学课程的观看和单元测试。③合作学习。以小组为单位进行组内线上讨论，向老师提交讨论报告和群内讨论截图，向老师反映学习中不懂的问题和困惑。

第二，课中活动包括：①课前暖场。播放新冠肺炎疫情下"白衣逆行者"的视频（融入课程思政内容）。②课前学习点评。学生连线自评，老师点评。③专题讲解。以问题为导向，具体解决课前学习中存在的深层次问题。主要通过直播平台的答题功能，引导学生在听课过程中积极思考。④拓展部分。老师讲授一些拓展学生思维的案例。⑤"出门测试"。在本堂课结束前检验学生此次课的学习效果。

第三，课后任务包括：①学生完成老师布置的作业，定期拍照上传至慕课讨论区。②老师通过问卷调查，收集学生感受，以评促教。③学生自选一本和专业相关的书籍，完成读书笔记，上传至慕课讨论区。④鼓励学生阅读经典名著，开学时开展分享活动。

三、课程创新的成效

通过本课程的学习，一是学生的综合能力、自主学习能力得到提升，学习成绩有显著提高。实验教学改革班级的卷面平均分显著高于同专业对照班，最高分差可达 9 分。二是学生有获得感，"痛"并快乐着。学生创作了以有机化学为主题的歌曲，并在学期结束后，在班级微信公众号上发表了一篇学习心得：我们与有机化学的那些事。三是辐射作用明显。2017年团队老师被学校聘为在线课程顾问，每年在全校范围内开展"名师示范课""名师有约"等培训，并推广基于MOOC的SPOC混合式教学模式。此外，我们在"第二届新时期高等农林院校基础化学教学创新与人才培养质量提升研讨会"上作大会报告，受到国内多所高校的肯定，并被邀请作培训讲座。

第三部分　你的创新是如何做出来的

受小学时一位恩师的影响，我从小的梦想就是当一名人民教师。之后经过多年的努力，如愿实现了梦想。真正当上了老师，我就会时常思考，如何成为学生心目中的好老师？我想，关爱学生，上好课是关键，正是在这个目标的驱动下，我不断地进行教学探索和改革，为的是让学生体会到学习的乐趣，并与学生产生精神的共鸣，这种感觉实在是太好了，也是我不断教学创新的源泉。

混合式教学模式的改革，最大的挑战还是来自部分学生对某些教学改革的不适应和不接受。因为教学创新不仅意味着老师要付出更多，也意味着学生需要付出更多。如何转变学生的思想，需要老师不断地探索，案例中唤醒三部曲也许在某种程度上很好地解决了这个问题。现在学生对于这种混合式教学模式非常认可。但是新的挑战又来了，如何突破原来的教学模式，成了我现在最大的挑战，所以教学创新中总是挑战重重。战胜了挑战，也就向前进了一步。

教学改革与创新绝非一日之功，其和科学研究一样，需要不断在教学中实践、积累、总结，然后再实践。我个人认为科研和教学并不矛盾，它们是相互促进的，科研是教学提升的"源头活水"。在课堂中需要培养学生的科学思维，提高学生的创新能力，如果教师自身都没有去做过、去思考过，怎么会教得好学生呢？所以当我们以平和的心态去看待科研工作时，也许会有不一样的体会。我们学校对本科教学非常重视，也在不断引导教师潜心教书育人，但由于教学评价机制难以建立，学校很难对教学进行标准的量化考核，所以实际工作中会面临一些推进的困难。但只要我们本着立德树人的初心，相信终会有所收获。

感谢西交利物浦大学举办的全国教学创新大赛，我有幸参加了第四届比赛，并获得好成绩，得到了同行的充分认可。这也让我感受到教学创新的能量是可以在老师之间互相传递的，大家可以相互影响，形成一个学习共同体，一起改进教学，让更多的学生受益。

（团队成员：曹敏惠、江洪、石炜、徐胜臻、马济美）

20 "四位一体"线上线下混合式教学模式：无机及分析化学课程创新

李慧慧团队　华中农业大学

案例评介

李慧慧老师团队的教学创新，借助互联网实现了几个教学中的突破：一是对学生自主学习的有效支持。尽管现在各级各类学校都注重学生自主学习能力的提升，但是具体到老师的教学中，并没有形成体系化的支持，李老师团队从支持学生的自主学习规划、学习策略引导和学习成果管理等方面做了有益的探索，并且在考核环节也把学生的自主学习成效作为重点。二是学生线上学习共同体的建设，包括学生作业互评、线上讨论区等方式，并且融入了开放和共创性的共同体元素，有效地调动了学生之间的协作与共同学习，是面向未来的社群学习方式。当然，还有必要指出的是，李老师团队的创新，已经经过9轮迭代，由团队成员共同打造，这也是一个面向未来的教学创新的典型特征。

第一部分　案例课程小档案

一、课程概况

无机及分析化学课程是一门面向全校农科专业大一学生开设的基础类必修课，每学年上课学生约为2500人。由教学团队负责教学任务。

二、课程的目标和学习产出

通过本课程的学习，希望学生有如下收获：①扎实的化学基础知识、基本理论和基本技能；②为进一步学习相关专业基础课和专业课打下牢固基础；③获得自主学习和自我管理的能力；④通过密切联系现代农业科技前沿，注重理论和实践的结合，使学生获得分析问题和解决问题的能力；⑤通过无机及分析化学课程思政示范项目的建设，着力培养学生的爱国主义情怀，帮助学生树立辩证唯物主义的世界观。

三、课程的考核方式

课程的总评成绩由平时成绩（占总成绩的 70%）、期中成绩（占总成绩的 10%）、期末成绩（占总成绩的 20%）组成，其中，平时成绩包括线上成绩和线下成绩。线上成绩由单元测验、作业、讨论、课程结业考试组成；线下成绩由随堂测验、小组讨论、课堂讨论、课外作业组成。

四、课程的学习活动

本课程的学习活动包括学生自主完成线上学习，学生之间协作完成小组讨论，线下翻转课堂，学生之间互批课外作业、老师提供答案要点，随堂测试等。

第二部分　案例介绍

一、课程创新的背景

无机及分析化学课程是我校重要的基础课程，长期在夯实学科基础、培养创新人才等方面发挥着重要作用。但在信息技术高度发达的今天，沿袭"填鸭式"教学方式已无法满足学生的需求。落实"以学生为中心"的教学理念，提升学生自主"觅食"的能力，已成为高等教育的共识。

当今高等教育的基本特征是信息技术革命、教育形态升级、学生需求倒逼改革。因此，我们的教学目标必须契合时代要求、学生需求，通过设计教学的相关环节，引导学生线上自主学习和线下积极参加翻转课堂等教学活动，强化学生自主学习能力的培养，促进学生产生自主学习和自我管理的内生动力。显然，传统教学模式的改革势在必行。传统教学的弊端是过于强调接受式学习，学生自主学习被弱化，个性难以得到发展。

因此，我们的改革思路就是，以学生为中心，以教学模式的创新为突破口，改变"填鸭式"教学现状，提升学生"觅食"的能力，突出课堂教学的"间断性"和"阶跃式"特征，引导学生修补"间断点"和上"台阶"，最终构建一种反映新业态特征的混合式课堂教学模式。

二、课程创新的实践

我们团队通过实践、反馈、研讨，逐步建立了以"专题讲座、翻转课堂、随堂测试、课外作业"等要素为核心的"四位一体"的混合式课堂教学新模式。教学组织模式基于MOOC的同步SPOC课程。本课程共72个学时，采用线上线下结合。其中，线上24个学时，学生自主完成MOOC各个环节的学习；线下48个学时，专题讲座和翻转课堂各为24个学时，专题讲座以两个班为一个课堂、翻转课堂分班进行。

我们将线下教学环节中的专题讲座、翻转课堂、随堂测试和课外作业称为"四位一体"。"四位一体"的第一个环节是"专题讲座"。"专题讲座"的作用既不是讲新课，也不是复习课。它的主要任务是还原课程体系的原貌，突出重点、化解难点、归集知识、形成整体。MOOC的知识点是零碎的、碎片化的，因此，我们要引导学生修补"间断点"。

第二个环节是"翻转课堂"，学生先进行"小组讨论"，再进行"课堂讨论"。①"小组讨论"利用课外时间进行，每组6人，由组长负责，自行安排；题目由老师提供（为课堂讨论做准备）；在课堂讨论之前，每个小组提交一份讨论记录给老师，并由组长打分，要求有讨论的照片和1分钟小视频；小组成员讨论前，必须上交个人对讨论题的思考结果，作为组长给组员打分的依据之一。②"课堂讨论"包括主题讨论和自由讨论。主题讨论的题目具有"发散性""答案非唯一性"的特点；而自由讨论不设主题，由学生自由提问。这样，学生平时学习积累的问题，可以在这个时候自由地发挥、交流。因此，翻转课堂突出了"阶跃性"，提升了上"台阶"的本领。

对于讨论题，因为具有"发散性""答案的非唯一性"等特点，往往易于引发大家的思考。课堂讨论时教师必须引导讨论的走向，引导小组成员间的密切合作和学会彼此相互补位，会辩但不强辩，要有理有据、有的放矢。同时发挥各个成员的特长，板书、小视频和PPT制作应分工明确。这些适当的引导，有利于提高合作的效率，更有利于提高学生的思辨能力。

第三个环节是"随堂测试"，一般在讨论课后留出20~30分钟进行，题目通常包括选择题10道、填空题2~3道、计算题1~2道。线下随堂测试的题目有近一半来自线上教学内容，目的是检验学生线上自主学习的情况。随堂测试当堂由小组间交换批改，其中，选择题、判断题利用雨课堂答题和自动批改，老师根据提交答案的正确率快速对试卷进行点评。

第四个环节是"课外作业"。实验班（实施教学创新的班级）和平行班（未实施教学创新的班级）的作业内容相同。不同的是，实验班实施小组之间交叉、实名批改作业。可以看到，学生的批改经常有零头分数，比老师批改还严格。学生批改作业的过程也是一个再学习再提升的过程！

"四位一体"是一个有机的整体，相互关联、缺一不可，是引导学生修补一个个"间断点"的途径和跃上一个个"台阶"的阶梯。它是构成 SPOC 教学模式的核心要素。通过"四位一体"教学模式的构建，形成了自主式、协作式、讨论式的教学方法。这个教学方法是一种基于学生自主学习能力培养的教学模式。教师的角色是引导者和服务者。该模式真正将学习的自主权交给了学生。

要想学得好，保障少不了。我们建立了教学质量保障体系。一是建立了基于过程的考核评价体系。总评成绩中平时成绩占 70%，期中成绩占 10%，期末成绩占 20%。其中平时成绩又分为线上和线下两个部分，各占 50%。由于构成要素较多，因此，学生的成绩是在学习过程中一点一点积累而来的。二是为了加强互动管理，维护好线上讨论区。一方面，老师要参加讨论，但不能给出答案；另一方面，老师要积极参与线上答疑，每天指定专门的老师负责答疑，实行值班制。根据中国大学 MOOC 对 2017 年 2500 多门课程答疑进行统计，在 Top25 中，我们位列第三。三是为了解决教学中出现的问题并不断优化教学方法，我们建立了定期研讨的机制，每个学期进行 2~3 次。我们的 MOOC 影响力比较大，开课九轮选课总人数超过 13 万，全国百余所高校的学生参加了学习。我们的 SPOC 课程在校内应用规模大，有 20 多个专业、110 个班、3398 人参与了学习。西南大学两个班与宁夏大学七个班也参加了我们的 SPOC 课程学习。

三、课程创新的成果

我们对教学效果进行了评价，通过比较实验班与平行班 2016~2017 年期中、期末成绩，我们发现实验班比平行班的平均成绩高出 5~10 分。我们进行差异性检验后发现，实验班和平行班的期中、期末成绩均有显著性差异。之后，我们又比较了 2018~2019 年实验班和平行班的成绩，发现二者差距有所减小，主要原因是后面两年平行班也使用了 MOOC 资源。

在学生自我体验方面，80% 的学生认为总体学习效果良好，对课堂学习和视频学习满意。学生对自主学习能力的自我评价很高，如归纳总结、分析问题等的评价满意度超过 95%，这说明 SPOC 教学在培养学生自主能力方面发挥了重要作用。针对讨论环节，学生普遍认为学习参与度良好，这表明大部分学生积极参与了讨论交流。此外，我们积极开展教学创新交流，在校内开展了 8 次；在校外开展了 12 次，其中，全国性交流 4 次，被兄弟院校邀请作报告 8 次。

第三部分　你的创新是如何做出来的

2016 年，我校的无机及分析化学慕课在中国大学 MOOC 平台上线，次年获评首批国家精品在线开放课程。制作 MOOC 的过程辛苦并快乐，能够获评是幸福的。老师要想 MOOC 展现其生命力，必须结合线下课堂进行教学创新。我的创新热情由此而来。

在信息化时代背景之下，如果一门课程仅仅是将知识传授给学生，显然是不够的。作为老师，不仅要传授知识，而且要培养学生自主获取知识的能力、协作能力和思辨能力。依靠传统教学的模式，很难实现这些目标。因此，必须进行教学创新。

教学创新最大的挑战就是学生不适应新的学习方式，感到学习任务繁重。我们主要通过两个方法来解决：一是引导与鼓励并行。我们通过制定详细的课程计划引导学生学习，提前将计划发给学生，并及时提醒和检查学生的学习进度。对学生的好习惯、一点小进步及时给予鼓励。耐心辅导一时跟不上的学生，帮助学生及时解决学习心结。在执行的过程中，老师积极参与其中，认真听取学生的反馈意见，不断完善教学方式方法，让学生感到自主学习很充实，不断激发学生的学习兴趣和热情。二是设计丰富多样的学习活动。通过线上线下结合，除自主学习外，还有小组讨论、课堂讨论、随堂测试、作业互批等形式的学习，让学生感到学习不枯燥，而且通过讨论、辩论、黑板演示、PPT 演示不断让学生找到成功的感觉，使每一名学生都有成就感，这既增强了学生的学习信心，又让学生更加牢固地掌握了所学的知识。通过一段时间的学习，学生再也不愿回到"满堂灌"的教学模式，而是更加喜欢自己主导学习的崭新模式。

教学创新的另一个挑战就是翻转课堂的内容和进度较难把控。我们采用了很多方法来调动课堂，如课程组成员之间进行研讨；通过问卷调查询问学生的体验，并鼓励学生提意见。现在翻转课堂已经能够很好地运行了。

我们的创新得到了学生的认可，也得到了学校的认可。但现在创新课堂只有 2 个班，老师参与的热情不是很大。我们后期会通过不断实践，论证是否能将创新课堂的班级数扩增为 4 个。

　　陶行知先生说过："好的先生不是教书，不是教学生，而是教学生学。"让我们一起创新，做学生成长道路上的引路人。

（团队成员：李慧慧、王运、胡先文、刘永红、陆冬莲、康勤书、梁建功、李胜清）

21　全过程智慧式化学实验课平台建设

张永策团队　大连理工大学

案例评介

张永策老师团队的教学创新，主要是解决理工类实验课程的线上教学问题。新冠肺炎疫情暴发后，理工科实验教学如何开展成为很多学校的难题，开展线上实验教学也成为暂时的应对方案。但是，从长远来讲，线下的实验资源永远是有限的，如何通过线上的方式满足较为简单的实验需求，成为大众化学习和大众创新时代的现实需求。张老师团队开发的手机移动端实验虚拟平台可以有效促进短期的线上教学和长期的创新教学。这个平台的第一个特点是学习者可以便捷地在手机端进行实验操作，不再依赖于固定的实验设备，真正实现了人人、时时、处处可以做实验。这一创新可以帮助很多受实验资源限制的院校改进教学质量，同时，在终身学习的时代，也可以满足非院校学习者的学习需求。平台的第二个特点是搭建了一个开放式、共享式的基础实验在线平台，这个平台可以允许使用者根据自己的需求开发新的实验，并且适用于所有的理工科实验，这个开放性特征可以大幅促进使用者针对课程资源和实验案例开展共创，真正形成创新生态。

第一部分　案例课程小档案

一、课程概况

本案例的创新主要是适用于无机化学、有机化学、分析化学、物理化学四门基础化学的实验课，这四门课程都是专业必修课，其实，我们的尝试是不限定于具体的课程，而是推广这种新型的实验教学理念和模式。本案例的创新主要在大一和大二学生中开展，每年共计约1300名学生参与。由教学团队共同实践这一创新。

二、课程的目标和学习产出

通过信息技术推动化学实验教学创新，从融合应用到创新发展，实现全过程实验智慧学习。具体包括：①利用 Mlabs 强化实验线上学习，进而推动线下内容变革；②运用 Moolsnet（Massive Open Online Labs）全过程智慧学习平台和电子实验报告，支撑实验混合教学。

三、课程的考核方式

本课程的考核主要由课前预习、课中实操与课后报告反馈三部分组成：①学生课前进行虚拟实验预习和在线测试。通过观看实验慕课了解实验操作细节，掌握实验基本框架。在学生通过课前模拟测试后，方可进入实验预约阶段。②课中进行实验操作评价。教师可以通过移动设备实时、客观地依据操作要点评价学生实验操作的全过程，避免了课堂成绩评定的片面化、主观化，从而节省更多精力用于发现学生问题，指导实验过程。③课后撰写电子实验报告。学生在实操后撰写实验报告，并采用电子报告的形式提交。通过查重，可以有效避免报告存在抄袭现象，同时，批阅电子报告可将学生的能力指标及时反馈给教师，便于"因材施教"。

上述环节均以学生为中心设计，学生通过实验慕课、虚拟实验、实际操作、电子报告总结等形式围绕实验内容反复学习、操作，学习效果有显著提高。教师也从传统单纯的"课堂讲授者"变为幕后"导演"，可以有更多的精力投入教学设计。

四、课程的学习活动

本课程的学习活动由三部分组成：①课前设置线上虚拟实验操作环节，帮助学生熟悉实验操作流程。②课中：一是通过教师讲解、示范及辅导，实时评价学生实验操作过程；二是通过同伴互学及探究实验，培养学生发现问题、提出问题、解决问题的能力。③课后活动包括撰写电子报告、学习反馈总结、师生多形式的互动、参加社团活动等，这有助于提高学生的沟通协作能力，增强学生的社会责任感。

第二部分 案例介绍

一、课程创新的背景

在大学生培养过程中，理工科基础实验对学生实践、创新能力的培养至关重要。然而，学生普遍存在对实验的重视程度不够，理论与实践无法有机结合等问题。以我校的"大煜班"为例，学生实验效果两极分化严重，究其主要原因，是学生对实验学习认识不足、态度不够端正，因此，需要激发学生的学习兴趣、引导其进行实验全过程学习。此外，实验课时的逐年削减，导致教师必须思考优化教学设计，调整自己的角色定位。从原有以教师为中心的"讲授"，借助信息化手段，逐步调整为幕后"导演"或"编剧"，真正引导学生自主学习、互相学习。

我们时常思考，在移动学习、个性化学习的时代，如何尊重授课对象的学习习惯及需求？如果实验跟游戏一样，需要打通关，是否能更加吸引学生？

总之，我们的教学创新在于通过深度开发、应用实验管理平台及虚拟实验项目，帮助学生在"玩中学"，提升学生的实验能力，让学生更有精力进行延伸学习。同时，我们设计的电子报告模板大大提升了学生数据处理等信息化素养，学生潜移默化地获得了学术研究的基本训练。

二、课程创新的实践

第一，为解决实验设备不足、部分实验课程难以开设、课时偏少等问题，我们自主设计研发了60余项虚拟实验，以辅助课前预习，便于实验内容的进一步延伸与探索。

第二，以"电子报告"替代传统实验报告。我们在报告中弱化了撰写传统实验原理等部分，强调实验数据处理，引导学生从记忆层面逐渐过渡到从理解、应用及分析层面开展学习。同时，大量的电子报告数据，不仅为智能评阅打下坚实基础，也为优化实验报告模板提供了依据。

第三，老师弱化讲授环节。当学生遇到问题时，老师从旁观察、辅助，主要让学生互助式发现问题、自己动手解决问题，做到知行合一。如仪器出现问题时，让学生拆装修理；学生实验操作有误时，由其他学生指出问题。教师角色从亲自下场的"演员"，转变为潜心研究教学创新的"导演"或"编剧"，从而实现"以学生为中心"。

三、课程创新的成效

本课程创新的成效主要表现在四个方面：一是学生的学习主动性增强，对知识点掌握得更加牢固。即使课前自主学习环节不计入成绩，学生的完成率也在80%~90%。以分析化学实验慕课为例，该课上线以来，选课人数已约5万人，位居同类课程第一名。同时，学生的预习效果明显提高。学生从原来的进实验室前一无所知，到现在不但知道要学什么、重点难点在哪里，而且知道自己的薄弱环节在哪里，从而有的放矢地关注、学习。二是为学生延伸学习、教师优化课程创造了时间优势，课堂教学效果大大提升。学生完成实验的时间明显缩短，实验的成功率也大幅提高，学生的自信心及实验能力显著增强。学生有更多的精力进行延伸学习和创新活动，教师也能将更多的精力投入课堂设计。三是学生对实验课的满意度、参与度、重视度提高，学习成就感提升，学习效果得到改善。传统的实验课教学，学生通常是做过就忘，采用新模式后，通过电子报告、智能分析、师生交流探讨等实验课堂的创新改革，使学生切身体会到实验的妙处。四是荣获多项荣誉。基于虚拟实验研发，学生自发组队参与"攀登杯"科技比赛，均获佳绩；借助 Mlabs，新疆学生发起"大爱无疆——教育资源云端驻村计划"，不仅在全国大学生"互联网+"创新大赛中获得了辽宁省金奖，而且通过深度参与到新疆伊宁地区的基础教育中，在回馈家乡的同时，体会到"科技兴邦、教育兴国"的责任感。

第三部分　你的创新是如何做出来的

教学创新始于我的个人兴趣。学生时代的我就常想，做实验能不能像打游戏一样？因此，从 Flash 的二维虚拟实验，到三维虚拟实验，我钻研了 20 年，平台和软件都是我自己熬夜开发出来的，颇有些"不务正业"。热情、梦想、敬业精神是我创新的原动力；单纯不计回报的教学成就感，是我创新的出发点。

我在教学过程中发现，学生实践动手能力普遍偏弱，部分优等生尤为明显。这让我意识到实验学习的理念、训练非常重要。我本人就远非学霸，但是动手能力较强，喜欢琢磨，在这个获取教育资源更为便捷的时代，如何助力学生把"知""行"统一起来，从而激发他们的创造性，是我的目标所在。

我国的高等教育，已经掀起变革的时代浪潮。一流人才的培养，需要更多深层次"教与学"的互动。基础实验没有被重视、做好，科研能力从何而来？因而实验教学的创新是我们的责任所在。众所周知，教学比较难出业绩，真正广泛、深入并不断改进的创新更是难能可贵。当代学生已经是"互联网时代的原住民"，信息素养较高，所以创新其实该从教师开始。我从自己的课程做起，借助互联网共享优质资源，辐射兄弟院校，致力于推广实验全过程智慧学习这一教学创新模式，争取为更多教师和学生提供切实帮助。

这一创新过程也遇到过挑战。首先，部分老师存在抵触情绪。一些年纪稍大的教师对信息化不感兴趣，不愿尝试；也有一部分老师觉得引入虚拟实验和慕课没有意义。其次，教学管理部门对实际的实验教学需求把握不够到位。最后，一线实验教师虽然有权进行课堂实践，但缺乏决定权。因此，虽然全过程实验智慧学习的模式普适性非常强，但是推广起来比较困难。

但是，我深信每一位老师心中都有把课上好的强烈愿望，因此通过"自下而上"的方式，与同行诚恳沟通，提供平台及软件使用支持，同时通过支持一线实验教师项目申报、文章发表、参加比赛等方式，不计利益，以诚相待，帮助老师熟悉应用，提高信息化水平，使老师看到自己的课堂变化，认识到信息化的魅力，渐渐很多老师愿意提供实验开发脚本并给出反馈意见。截至目前，已有近80所兄弟院校在使用我们的虚拟仿真软件及慕课，共同探索教学创新。

家人和团队的支持对我来说非常珍贵。我做的这一点点尝试，其实主要是想"做点事情"，留下自己的痕迹，并没有比较明确的规划。但在这个过程中，我收获了志同道合的团队小伙伴、结识了同样热爱教学创新的同行，并幸运地加入西浦创新大本营。

我每年教的学生里都有几个让我既感慨，又欣慰，当真"后生可畏"。他们不但会认真实践全过程智慧学习，及时总结和反馈，还会查阅资料，参与软件设计。新冠肺炎疫情初始阶段，就由往届的毕业生和现在的本科生共同协作，设计了"新型冠状病毒检测虚拟实验"。这一设计不但学科交叉，还着眼于大众科普，学生科研素质和社会责任感的结合令人佩服。

2019年暑假，我应邀与我校"大爱无疆"学生团队同赴伊犁地区，为当地中小学开展与虚拟实验相关的公益支教，而这支团队是我实验课上的新疆学生自发组建的，他们主动与伊犁教育局取得联系并志愿支教。这让我们在学生身上看到了"分享""责任""大爱"。

经过近三年的创新实践、反思和改进，我校化学、生物、物理等多个国家级、省级示范中心均已开始"全过程实验智慧教学"的应用。在新冠肺炎疫情期间，全过程实验智慧教学平台上的化学类实验资源面向新疆大学、西安交通大学、北京航空航天大学等多所高校开放，累计2万余名师生使用，真正实现了科学模式的推广和优质资源的开放共享。此外，该实验资源已成功入选"高校在线教学英文版国际平台"，可为全球学习者提供服务。

"不忘初心，勤思笃行""行者常至，为者常成"，与诸君共勉。

（团队成员：张永策、宿艳、王秀云、潘玉珍、张艳娟）

22 "1357" 翻转课堂教学范式：
科技翻译课程创新

何欣忆团队　重庆大学

案例评介

何欣忆老师团队的教学创新，是典型的基于技术来提供个性化教学的案例。首先，课程基于学生线上学习平台的行为数据，分析学生的学习情况，并依据不同的学习情况不断重构教学，给予学生个性化的支持和指导，这是运用技术与教学结合的最高境界。线上线下混合式教学已经成为常态，但线上教学对于一门课程的价值，不只是简单地让学生自主学习部分的理论和知识，何老师团队利用线上平台的优势，打造了个性化的学习空间。其次，为了培养学生的数字素养，包括提升本专业领域的科技文献搜索、阅读和整合的能力，以及科研道德规范的培养等目标，课程设计了创作型学习活动，是典型的通过新颖的学习活动来支持高阶学习目标的例子。最后，何老师团队在教学团队建设上也有自己的模式，提出了"五分教学团队"的理念，将教学工作重新划分为教育技术、资源制作、学科助教、教学理论和学科教学五个板块，这为其他也希望搭建教学团队的老师提供了借鉴和参考。

第一部分　案例课程小档案

一、课程概况

科技翻译课程是一门公共基础类选修课，主要面向非英语专业大二学生开设，每学期大约有 200 名学生选修此课。本课程由教学团队负责教学。

二、课程的目标和学习产出

通过学习本课程，让学生了解检索和阅读英文科技文献、人机耦合的译前译后人工编辑翻译、论文国际发表流程的基本知识；培养学生运用上述知识，检索、分析和阅读自身专业领域相关科技学术文献的能力。学生通过课程学习，能综合运用各种翻译技巧与机器翻译技术，协同小组完成科技文献翻译项目，以此提升学生的国际化科技学术能力和科研道德规范意识，树立其科技报国的理想。

三、课程的考核方式

整个课程评估，注重诊断性、形成性、终结性评估相结合，强调过程考核，并且考核方式多元。其中，过程考核占总成绩的60%，线上线下学习情况各占过程考核的30%；期末考试侧重翻译基础理论与能力，占总成绩的40%。具体而言，课程总成绩由五个维度构成：线上视频观看（15%）、线上测试成绩（15%）、线下面授课堂学习任务（20%）、线下课后翻译创作任务（10%）、期末笔试成绩（40%）。

四、课程的学习活动

在教学活动和流程方面，依托布鲁姆教育目标模型，把教学过程设计为从记忆到创造逐层递进，并结合一体化数据分析模型，依托教育数据实施诊断性测评，进行教学精准干预，设计课前私享线上学知识，课堂乐享线下练能力，课后创享团队创新知的数据驱动"三享"课堂。

第二部分　案例介绍

一、课程创新的背景

"1357"翻转课堂教学范式凝练于重庆大学的大学英语拓展课程科技翻译SPOC课程线上线下混合式教学实践。科技翻译为大学英语拓展课程，面向非英语专业大学二年级本科学生，在国际化"四新"人才培养和学校研究型大学办学定位的背景下，课程旨在让学生了解科技文本语言特点，掌握科技文献的阅读翻译技能，提升专业场景下的国际沟通能力，树立科技报国的理想。

科技翻译课程于2015年秋季开设。通过一学期的教学运行，课程团队面对科技英语内容枯燥、学生兴趣不足、大学英语课程学时有限、学生翻译能力提升不足的现实困境，为改变学生不想学和学不会的状态，于2016年春季在学校课程改革项目的支持下，开始尝试翻转课堂试点，期望通过扩大教学时域和改变教学模式提升教学效能。

然而，在翻转课堂试点中，再次遇到教学新问题：在"互联网+"时代，在线上线下混合式教学中，学生线上学习任务完成度不足、线下实体课堂学习任务参与度不高、在线教学中学科教师信息技术素养不够等。团队采用行动研究方法，从学生学习行为入手，依托在线课程技术优势，提取 SPOC 平台自带的学习行为大数据，融合学习者风格分类和布鲁姆认知目标分类理论，根据"以学生为中心"的理念，设计了涵盖学习行为分析、教学流程设计、教学活动设计、教学团队设计四个方面的"1357"翻转课堂教学范式（见图1）。

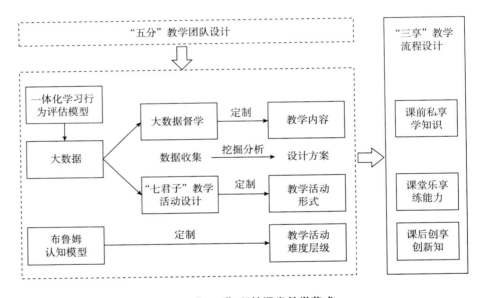

图1　"1357"翻转课堂教学范式

二、课程创新的实践

（一）一体化学习行为评估模型设计

我们以学生为中心，建立了融合线上学习行为大数据、线下学习行为质性数据和教师自我评估于一体的学习行为评估模型。通过收集线上学习行为大数据，分析学生学习行为模式；通过访谈、课堂观察等线下学习行为数据，发现学生学习行为动因；结合教师自我评估，多维关注诊断学情，为教学设计提供客观依据，做到"以学生为中心，师生互动；学生如何学，教师就如何教"。

（二）"三享"教学流程设计

我们以学生为中心，以个性化教学和高阶思维能力培养为理念，融合布鲁姆认知目标分类框架和大数据学习行为分析，设计了课前、课堂和课后的"三享"翻转课堂教学流程设计（见图2）。

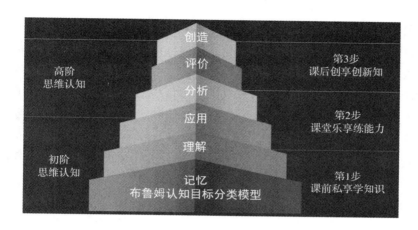

图2　基于布鲁姆认知分类的"三享"教学流程设计

一是课前私享学知识。学生课前在SPOC平台完成课程视频观看、线上过关测试、参与话题讨论和线下课前材料阅读四项线上学习任务，完成对知识的理解和记忆。如果出现学生课前不学习的现象，可以通过SPOC后台提取视频观看率数据来监测学习进度，并据此设计线上督学和助学方案。此外，可通过提取线上测试出错率和论坛发帖数据来分析个人学习行为，发现学生学习的困难点，为学生定制个性化线下课堂教学内容，让学生私享课堂。

二是课堂乐享练能力。在线下课堂教学中，依托布鲁姆认知目标分类框架设计由易到难的课堂实践任务。由教师组织监督，学生完成线上课程知识点回顾、与线上学习相关的难度递增的即时翻译，并结合小组作品展示、互动评分等多元活动，实现线上线下课堂统一，精进学生翻译能力，让学生乐享课堂。

三是课后创享创新知。课后依据布鲁姆教育目标分类框架设计高阶思维学习活动——创作型学习活动。学生以小组形式完成翻译创作活动。创作形式紧密衔接课程所学技能和学生理工科专业背景，进行多元化设计，如要求制作双语科技产品说明书，录制双语模拟科技产品发布会视频，整理并研究数据和英文描述报告等。将语言学习融入学生的专业学习中，同时培养学生的团队合作能力和科技创新能力，让学生创享新知。

（三）"五分"教学团队设计

得益于学校的助教工作项目和学院实验室专职外语教育技术实验员的支持，我们解决了传统学科教师组建教学团队的难题，突破了信息化教学新困境，构建了五分教学团队。我们将教学工作重新划分为教育技术、资源制作、学科助教、教学理论和学科教学五个板块。教育技术板块负责处理在线教学技术问题和平台数据；资源制作板块负责在线教学资源制作技术工作，如视频剪辑、PPT 美化等；学科助教板块负责对接学生开展线上助学督学工作；教学理论板块负责结合质性和大数据进行数据分析，依托教学活动理论制定个性化督学方案；学科教学板块负责准备线上线下教学资源，开展教学。这种术业专攻、多管齐下的团队模式，有效解决了在线教学新背景下的新难题，课程建设和教学运行效能明显提升。

（四）"七君子"课堂活动设计

针对学生线下课堂不积极的现象，我们设计了"七君子"课堂活动。通过定期收集学生匿名课程反馈、个案访谈、课堂观察质性学习行为数据，找出学生不参与活动的行为特点和原因，并据此将不参与的学生分成腼腆君、焦虑君、和谐君、安静君、退缩君、昏睡君和高冷君 7 种风格类型，在此基础上结合信息差、学习焦虑等理论，针对学生风格设计暖场破冰、组内合作、PK 学习、个人施压、全身运动和变式问题等不同形式的课堂活动，提升学生参与度，让学生乐享课堂。

三、课程创新的成效

2016 年至今，本团队针对线上线下混合教学新难题探索出的"1357"翻转课堂教学范式，从建设 SPOC 课程至今共积累了六年的在线课程建设和应用经验，并顺应时代、融合信息技术，不断迭代，在教学效果、课程建设和教师发展等方面均取得显著效果。

一是教学效果显著。得益于"1357"翻转课堂教学范式实践中收集的学生反馈，科技翻译课程历经两次模式和内容革新，课程校内评教连续 11 个学期排名前 0.49%～10%；课程从校内课程发展为面向全国的慕课——学术论文文献阅读与机助汉英翻译课程，从 2018 年底全国上线以来，已累计吸引 11 万余名学生选课，收获众多学生 5 星好评。目前在学堂在线、中国大学 MOOC、智慧树和中国高校外语慕课联盟 4 家平台同期开课，2020 年本课程被 39 所高校列为学分共享用课。课程已获评 2019 年重庆市高校精品在线开放课程、智慧树 2020 年"双一流"高校专业课 Top100，2020 年重庆市一流线上线下混合式课程。

二是教师团队锐意进取。团队教师分别获得教育部在线教育研究中心"智慧教学之星"、蓝墨云重庆地区年度"十大魅力教师"、重庆大学唐立新优秀教学教师奖等 15 项教学奖项和荣誉称号；团队教师受邀担任重庆大学教师教学发展中心培训师、超星教师发展研究院荣誉专家等。课程助教分获 2017 年、2019 年重庆大学卓越助教称号。

三是教学范式被广泛认可。"1357"翻转课堂教学范式获 2018 年第三届西浦全国大学教学创新大赛第一名；获得重庆市教改重点项目"互联网+背景下高校在线课程建设与应用的研究"近 20 项教改科研项目支持；被慕华教育等多家官方媒体专访报道；何欣忆老师获邀在"全国教师教学发展 CHED 会议"等教师培训工作坊和大会做主旨发言 32 场，辐射全国近万人。

"1357"翻转课堂教学范式为解决线上线下混合教学新困境，以行动研究为方法，从课程设计、教育技术应用和学生学情三个方面融合创新，根据一体化学习行为评估模型，依托在线课程技术优势，制订数据收集—挖掘分析—设计的方案；通过布鲁姆认知目标分类模型定制教学活动难度层级，为学生定制课前私享学知识—课堂乐享练能力—课后创享创新知的"三享"课堂；依靠"五分"教学团队，结合学习行为和风格评估，采用"七君子"活动设计方案定制教学活动形式，让个性化教学和高阶思维能力培养落地。实践表明，此范式从学生需求出发，以学生为中心，使得学生的学习投入度提高，语言技能提升，团队协作和创新能力得到发展。此外，由于以教促改、精进不休，教学团队的工作效能、教师的教学效能和学术研究能力不断提升。"1357"翻转课堂教学范式的创新性、针对性、可操作性和可复制性将不断助力新时代教学发展。

第三部分　你的创新是如何做出来的

2015 年，在我校大学英语教学改革的大背景下，我负责科技翻译课程的重建工作。一开始，我们沿用了传统的教学方式，但教学效果非常不理想。课程难以避免地涉及大量科技英语术语和文本训练，因此，大部分学生在教学评估时给出了"枯燥无聊"的评价，教学评价指数也随之暴跌。如果课程风评不好，选课人数还会继续下降，因此，为了提升教学效果，我下定决心，进行改革。

在观看可汗学院创始人萨尔曼·可汗的 TED 演讲时，我发现了"翻转课堂"这个教学方式。当时抱着"尝试新事物"的态度，我把翻转形式运用到了科技翻译课程中。事实证明，我们的改革取得了还算不错的成果——选课人数增加了不少，学生的评教指数也逐渐上升。

在这一过程中，我要感谢重庆大学、外国语学院、教务处和教师教学发展中心的支持，感谢学生的认可，他们激励着我将课程创新继续深化下去，不断改进和更新课程内容。结合学生最新需求，我调整了课程重心，更重视培养本科生的国际科研素养，如增加科技类英语论文阅读材料、引入机器翻译等。"师者，传道授业解惑也"。我希望将科研英语打磨成一柄"利剑"，交到学生手里，帮助他们击破科研国际化道路上的语言壁垒。"从了解世界的科技起步，走向让世界了解中国科技"，这既是课程的终极目标，也是我们团队始终希望做到的。

创新一门课程，肯定会伴随无现成可参考案例、紧张的建课时间和教育新技术等挑战。在我们一开始录制线上课程的时候，没有现成的类似课程和教材可以借鉴，只有自己"摸着石头过河"。除此之外，课程准备时间只有四个星期，也不算充裕。但最难翻过的，还是"技术"这座大山。作为一名文科老师，当时我是彻底的"技术小白"，只能从头摸索和学习。听到别人说"喀秋莎"，以为是一首歌的名字，但其实是一个微课视频制作软件；制作好的课程需要上传到SPOC的平台，但我却不知道网址，不知道如何登录。

很幸运的是，在攻克难关的路上，我得到了来自四面八方的、源源不断的帮助。一是得到了重庆大学的"研究性学习混合式教学改革"项目和"启航计划教师培训"项目的支持。在制作线上课程的时候，我经常打电话向教务处现代教育技术中心的老师和学堂在线课程平台的工作人员求助。即便在周末等休息时间，他们也能给出及时的反馈。二是得益于学校2016年启动的"卓越助教"项目，助教的遴选和培训非常系统和细致，所以每学期申请到的助教都非常优秀，他们都是先学会技术，再来教我，这在很大程度上提高了团队的工作效率。在数字媒介得到"下沉"和普遍化的当下，我自己也意识到了技术对于教学的重要性。为了提高自身的数字素养，我利用假期时间参加了十多个研修班。

在课程改革之后，评教指数的涨幅说明了学生们对课程还算是认可的。我一直记得下面几条评价，"虽然上了其他课已经很累，但我还是愿意再爬四层楼来上翻译课""我第一次因为一门课程喜欢上了英语的学习""看视频和做笔记成为我每个星期必须去做的事情，看着厚厚的笔记，发现自己也可以这么努力"。学生对课程的好评和支持，是我们最大、最宝贵的收获。

（团队成员：何欣忆、张小洪、李小辉、覃梦秋、纪露）

23　线上线下混合的生成式教学模式
——排球专项理论与实践课程创新

王彤　山西师范大学

案例评介

王彤老师的课程以培养学生"学会学习"而不是简单教会知识为目标，建立了一套线上线下混合的排球课程平台。2020 年 12 月，该课程荣获首批国家级一流线上线下混合式本科课程。作为一门体育教育专业的课程，培养学生的教学能力和排球技能同等重要，王老师和团队开发了五大视频库，这种在教学过程中和学生共创学习资源库的方式，是一种很好的生成式教学创新。课程并不是简单地教给学生排球的理论和知识，而是让学生在线自学了这些理论知识后，自己创建相关的技能实践动作标准和训练视频，并共享到视频库中，使学生之间相互学习，共同提高。整个课程的学习是一个生成过程，而这一过程也是学生学习如何成为教师的过程，还是一个学习共同体之间互动激发的过程。

第一部分　案例课程小档案

一、课程概况

排球专项理论与实践课程是一门面向体育专业大三、大四学生开设的专业必修课。本课程通过学银在线平台进行全网开课，截至 2022 年 3 月 10 日，累计页面浏览量超 700 万次，累计选课人数为 9281 人，累计互动次数为 55938 次。第九期（2021 年 9 月 1 日至 2022 年 1 月 15 日）课程 SPOC 班级共计 51 人、MOOC 班级共计 475 人。本课程由以王彤老师为主导的研究生辅助团队负责教学工作。

二、课程的目标和学习产出

山西师范大学是培养山西省基础教育师资的重要基地，结合我校办学特点，本课程以问题为导向，以学生为中心，将"思维引导、角色代入"作为课堂教学的切入点，以师范类体育生应具备的"专业知识、十二项教师教育能力、职业素养"为目标，通过线上线下课堂思政双建设，依托立体化的教学资源和平台，实施过程化管理。同时，根据体育专业的特点结合课堂实践，从线上网络教学平台、微信公众号、抖音、自主研发的"Supermarket"小程序等新媒体的开发利用到线下课内外多维度实践教学能力培养、教学经验累积、教学实战打磨几个层面设计教学模式，我们建设了课前—课中—课后三位一体的混合式教学体系。

通过本课程的学习，使学生掌握排球基本技术、战术、裁判规则、竞赛编排等专业理论知识与技术水平，以及十二项教师教育能力（见图1），培养学生运动兴趣、树立学生终身体育意识、坚定学生新时代体育教师品格，为学生将来从事教育行业奠定基础。

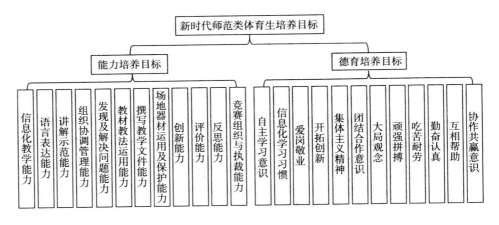

图1　课程的培养目标

三、课程的考核方式

通过"理论与实践融合式教学，技术与原理感知式教学"，灵活运用平台、科学设置权重，我们设计了集考勤、阶段考核、实践检验、线上学习行为记录、能力提升、期末检验为一体的科学评价体系，对学生学习情况进行全方位客观的评价。所制定的考核指标细致翔实、环环相扣，一学期结束后能从多维度检验学生理论、技术以及能力的掌握情况，力求学生得来的每一分都有据可查，保证每位学生的学习积极性（见表1）。

表 1 课程的考核指标及占比

考勤（%）	阶段考核成绩（%）		课内实践成绩（%）			网络平台成绩（%）												周末考核成绩（%）			总成绩
	第六周专项技术考核（A）	第十二周专项技术考核（B）	准备活动	原创教案	课堂点评	作业				自学				考试			技能成绩			
出勤率						还原教案	评价反思	错误纠正	理论学习	视频学习	裁判学习	章节测验	访问量	参与讨论	每日一题	期末理论	技评	达标	
5	20		10			30											35			100
课堂出勤，满分为100分，最后成绩为得分乘以5%	两次阶段性成绩为[（A＋B）/2]×20%		学生课上根据上述内容完成实践后，成绩由教师在课上给出，满分为100分，最后成绩为得分乘以10%			平台成绩满分为100分，学生按照要求完成作业、自学、测验、讨论、访问，考试等得出，最后成绩由平台根据权重设置计算得出后，再乘以30%											期末测试技能内容，满分为100分，最后成绩以分乘以35%			

四、课程的学习活动

本课程的学习活动包括四项：一是网络教学平台——实现随时随地线上自学。网络教学平台拥有"排球专项理论与实践""排球视频教学""排球规则裁判"三大专栏，学生标准动作、学生自带准备活动、学生个人技术动作、规则裁判示范、教法演练五大特色视频库。二是抖音短视频（WLjiaoxue）——记录课堂精彩瞬间。抖音号于 2020 年 9 月 6 日正式运营，发布包括课程介绍及推广、课程思政、专项技术教学与练习、准备活动集锦、阶段性考核等花絮，随时记录学生"学"和教师"教"的精彩瞬间。三是微信公众号——打造伴随学生成长的课堂。课程微信公众号于 2018 年建立，截至目前，累计发文 2232 篇，累计浏览量为 31113 次。四是排球"Supermarket"小程序——理论知识实时检验。小程序于 2019 年研发并投入使用，包含自主测试、模块复习、终极考核、学生管理、班级管理、学习数据分析六大部分，学生可随时选取想要测试的题目数量、题型等进行自主检验。

第二部分　案例介绍

一、课程创新的背景

随着教学改革的不断深入，从多年的教学经历中，我深知网络教学平台是承载信息化教学最重要的媒介，信息化教学的开展主要依托网络平台开展，对于体育专业课来说，上课环境区别于其他课程，场地器材、授课方式的限制使线上课程的开展较为不易，因此，将体育与线上课程结合起来，将线上资源合理地利用起来，促进学生专业技能的提升，是排球线上线下混合式课程开展与创新的重要意义。

目前全国的高等院校、职业技术院校甚至中小学都已相继引进不同的在线学习平台，其中较为出名的、应用范围较广的包括中国大学 MOOC、爱课程、智慧树、学堂在线、超星泛雅、腾讯课堂、好大学在线、沪江网校等大型线上平台。山西省正在建设的"晋课联盟"也在逐渐兴起，这些教学平台的出现与兴起足以说明信息化教学的实现需要借助教学平台的承载。

跟随信息化教学发展的大好时机，创新建设属于排球的混合式教学课堂，促使我校学生更好地掌握排球技能，提升学生的多项能力，对我校教学改革具有重要意义，对学生未来的就业与发展也具有重要意义。

"培养什么人、怎样培养人、为谁培养人"是教育工作者需要解决的核心问题，课程的建设也离不开这三个问题。

对于学生的培养不能局限于技能知识的掌握，对于各项能力的培养也是至关重要的，教育家陶行知说，"活的人才教育不是灌输知识，而是将开发文化宝库的'钥匙'，尽我们知道的交给学生"，类似地，"授人以鱼不如授人以渔"等都是在强调培养学生能力的重要性，我们的教育不是要"教会"学生什么，而是要让学生"学会学""学会教"。

作为一所师范类院校，培养出来的学生不仅要掌握丰富的理论知识、扎实的技术水平，还要具备专业的实践教学能力。但是这些能力的培养不是一堂课、一次实践就能形成的。为了解决这个问题，我对毕业生进行详细了解、对实习学校做了大量实地调研。在此基础上，我总结出了体育类师范生应具备的十二项实践教学能力：信息化教学能力、语言表达能力、讲解示范能力、组织协调管理能力、发现及解决问题能力、教材教法运用能力、撰写教学文件能力、场地器材运用及保护能力、创新能力、评价能力、反思能力、竞赛组织与执裁能力。可以说我的课程设计与课堂教学的一切活动、方式都是围绕这十二项能力展开的。

二、课程创新的实践

（一）打破常规，充分发挥在线课程对课堂前后的学习辅助作用

1. 设计线上平台任务，提高学生信息化学习能力

课前学生根据教师在网络教学平台发布的线上资源自学理论课程，完成课前讨论、理论学习、随堂测试等任务。同时，学生必须观看平台上往届学生的标准技术动作实录视频与自带准备活动视频集锦，借鉴优秀准备活动教案与标准还原教案。

2. 跟进各类作业考核，提高学生自主学习能力

我的课堂主要从常规作业、复习巩固、学习检验三方面进行。平台常规作业以教案还原、课堂评价反思以及参与线上的讨论组成，以此培养学生的教案撰写与评价反思能力。

（二）特色应用，积极探索在线平台对课堂效果的记录与反馈作用

我们建立了"五大视频库"，积极探索在线平台对课堂效果的记录与反馈作用，扩展了平台的应用功能。

1. 学生自带准备活动视频库，提升学生多方面的教师教育能力

课堂前20分钟由学生自行设计自带准备活动并拍摄成视频，自带准备活动

内容包括电子版教案、准备活动视频、学生评价，我们进行简单编辑后上传至平台，为学生建立起一个移动的"原创准备活动"资源库，供以后的学生学习借鉴。

2. 学生个人技术学习教学视频库，提升学生发现错误与纠正错误的能力

我们建立了每位学生的个人技术动作视频库，将学生第 1 周、第 6 周、第 12 周三个阶段的技术动作进行录制并上传至平台，学生通过视频可以清晰地发现自己的技术动作存在的问题，并加以修正改进。

3. 标准技术动作视频库，提升学生学习的积极性

在学习过程中，我们将优秀学生作为"明星示范"榜样，录制其标准技术动作上传至平台，以供学生参考改进，激励学生进行自我提升。

4. 学生规则裁判示范视频库，提升学生竞赛执裁能力

通过建设排球比赛专用裁判手势视频库，直观的讲解与手势视频可以为学生提供方便的学习资源，使学生在学习过程中查缺补漏，为学生自行组织比赛、参与执裁工作奠定良好基础。

5. 学生教学教法演练视频库，最终验收学生的教师教育能力

在课程学习后期，我们将学生进行小组划分，由学生自行设计一堂完整的排球教学课程，包括教案的撰写、课堂准备活动、技术动作教学、教学比赛等内容，充分发挥学生的自主性和积极性，让学生学练结合，在实践中提升学生的教师教育能力。我们还会将这些课程上传至平台，生成完整的视频库，以供学生参考。

（三）深度挖掘课程数据对优化课堂的积极作用

在我们应用在线平台进行教学的过程中，会产生大量的学习数据，这些数据可以用于检验学生的学习效果。我们利用平台统计功能对学生在学习过程中产生的学习数据进行收集，采用学习分析技术对这些数据进行多维度分析，并将数据分析结果进行可视化处理。这一分析结果可以为教学提供有效反馈，有助于教师根据学生的问题与需求，设计出个性化的学习方案，优化教学效果。

三、课程创新的成效

（一）学生各项能力得到提升

经过课前自学、课中指导纠错、课后反复练习，截至目前，从学生的作业与考核成绩来看，学生的专项技术水平、创新能力、发现与纠正错误的能力、评价能力、解决问题的能力、语言表达能力、讲解示范能力、竞赛组织与执裁能力、

反思能力、教学文件撰写能力、教材教法运用能力等均有显著提升。

（二）学生学习自觉性与线上学习习惯逐步养成

从后台数据和作业完成程度来看，学生在课前预习和视频观看方面都保持着不错的数据，在巩固知识点的同时也让学生养成了自主学习的习惯；线上固定时间点的任务发布起到了积极的督学作用，通过一段时间的师生坚持，学生从开始的监督学习过渡到了自主学习。

第三部分　你的创新是如何做出来的

1989 年我留校任教，从事教师工作至今已 30 余年。30 余年来我本着"对学生负责"的宗旨，以敬业务实的工作精神开拓进取；立足于讲台，向课堂教学要效率、要质量，在不断的学习和摸索中，提升自我，钻研教学。在 30 余年的从教经验中，我深刻认识到作为一名教育者对每名学生的成长有非常大的影响，既然选择了教师这个职业，我就要对我的学生负责。

我认为一名教师能够打动人的地方莫过于：教学要充满爱。有位文学家曾说，"你的心并不是粗粒荒漠的一片，那光明的一隅，会永远充满了温情地留给世上需要你的人"。爱是守望课堂高度的灵魂，这是教学之所以能够成功的真谛之一。教学一定要开放。从知识点的展示、点评、质疑等所有的环节，教师都应退到幕后，完成从演员到导演的转变，教师不能代替学生的学习，也不能代替他们的思考，教师要把课堂交给学生，让学生在课堂上收获智慧的火花。

教学要关注课堂的细节。通过细节的把握，教师在知识与技能之间架起了一座桥，让学生既能体会获得技能的乐趣，也能体会获得知识的快乐。课堂的高效来自课堂的细节。

教学要注重研究。汪国真曾很诗意地说，"既然目标是地平线，留给世界的只能是背影"。是的，既然选择了教育，就"撑一支长篙，向青草更青处漫溯"。学生求知欲强、思维敏捷、会刨根问底，我不敢有丝毫的怠慢。唯有研究才是提高课堂教学效果的良方。

苏霍姆林斯基说，"做教师最快乐的事莫过于穷尽毕生之力，研究如何做一个最优秀、最受学生欢迎的教师"。托尔斯泰也说过，"如果一个教师把热爱事业和热爱学生结合起来，他就是一个完美的教师"。既然选择了教育，我将永不懈怠我的追求，不断突破自我，造福学生。

在我们的教学环境中，线上线下相结合的课程是一种新兴的方式，无论是教学方式、线上平台建设，以及如何将线上平台和专项技术课程结合起来，为学生提供学习资源，这些都是需要我们去思考去实施的。在实践过程中，操作和技术问题都给我的课程造成了很大困惑。经过不断的研究探讨，我们决定将学生的技术动作通过视频录制的形式传至平台留存，以供学生学习观看。面对视频录制过程中出现的摄影水平低、剪辑欠佳等新问题，我们也在学习过程中不断克服。

家人都非常支持我的工作，我的妻子同我一样是一名敬业的老师，我们的专业相同，经常会探讨一些教学方面的问题，她非常支持我，在我日常忙碌的工作中，给予了我许多陪伴与鼓励。

在我看来，科研与教学是相辅相成的，目前线上线下混合式教学模式的开展本就是一种新的教学模式的探索，也算是一种科研试验。通过不断地探索出新的教学方式、技能练习方法、评价方式、学习路径等，以增强学生的学习积极性与主动性。

每一件事物的改变都会面对一些认可与不认可，与传统的仅以技能练习为主的排球专项课程不同，我的排球专项理论与实践课程增加了线上学习、练习、评价等部分，这需要学生利用课余时间完成线上任务，在这个过程中提升自我，学生刚开始会需要一段时间来适应，当熟悉了课程任务及流程后，学生会逐渐适应这种充实的课程学习，学会利用这些丰富便利的课程资源。在这个学习及适应的过程中，学生也实现了自我提升。

从课程开始创建至今，学校给予了我很大的自主空间，学校先进的教育理念、优秀的文化特质、丰富的教育资源都给我提供了很好的发展平台。校领导对我的教学改革提供了极大的支持，正是大家的共同努力才让我取得了今天的成绩。

24 基于五问反思报告的高阶目标测评法

张淑娟 南京工业大学

案例评介

张淑娟老师的教学创新案例，主要针对高阶学习目标如何进行有效衡量的问题。大家都知道，现在国家在推进教育教学改革，其中很重要的一点就是，大学的教学要以能力和素养等高阶目标为核心。当前教师在实践高阶目标导向的教学时，一个巨大的挑战就是如何才能准确衡量课程的高阶目标是否达到了。特别是在目前的结果导向的教育理念下，定了什么目标，就一定要衡量这个目标的达成度，但让老师为难的是目前针对很多高阶的能力和素养，并没有什么好的衡量办法。五问反思报告是关于高阶目标如何衡量的探索，是历届西浦大赛参赛案例中极少有人关注的领域。我个人认为高阶目标的衡量问题既是目前大学教学创新的重点也是难点。

第一部分 案例课程小档案

一、课程概况

水处理生物学课程是一门专业必修课，面向给排水科学与工程专业的大二学生开设，每学期上课人数为 80~120 人。目前尚未形成教学团队，由任课老师负责教学工作。

二、课程的目标和学习产出

本课程的目标分为两种：一般目标和高阶目标。这两种目标又分别包含两个目标：一般目标 1 是掌握微生物相关的基本知识；一般目标 2 是掌握微生物相关的基本技能。高阶目标 1 是关联日常生活，或关联水处理情景中的其他知识；高阶目标 2 是学生反思自己的学习，并通过写作将反思过程外化。学生还有个自选动作，就是尝试创新。

三、课程的考核方式

一般目标 1 采用闭卷测试，占总成绩的 52%；一般目标 2 采用实验操作和报告测试，占总成绩的 12%。高阶目标 1、高阶目标 2 采用基于五问反思报告的学业测评（以下简称"五问测评"），占总成绩的 36%。自选动作采用附加分来激励。"五问测评"每两周进行一次，每次占总成绩的 6%。其中，五问反思报告占比 4%，学生互评占比 2%。学生互评两份五问反思报告，每份占比 1%。学生互评后，教师进行调整，最终以教师给出的成绩为准。

四、课程的学习活动

本课程的学习活动包括理论和实验两部分。对于理论部分，学生课上听讲、精读教材并回答开放性问题；课后写五问反思报告，评价同伴的五问反思报告。对于实验部分，学生实验前写预习报告，预测可能的错误操作；实验中听讲、观看老师演示并进行操作；实验后写实验报告，对实验过程进行反思并分析结果。

第二部分　案例介绍

一、课程创新的实践

学业测评是目前本科教育中"最短的板"，是大学生"最痛的点"，难以达到教育部"让学生忙起来""课程优起来""效果实起来"的课程建设要求。具体来看，当前的学业测评存在以下问题：一是难以展示高阶课程目标的达成情况；二是难以展示学生能力和素养的渐变过程；三是难以推动学生深度学习、持续学习；四是难以改善学生的学习体验。

针对上述学业测评面临的问题，我构建了"五问测评"，五问反思报告中的"五问"及作答要求的设计理念包括：①问题都是开放式的，以引导和促进学生进行思考；②问题都以"我"开头，以支持学生的个性化学习和反思性学习；③整篇报告只针对一个新知识点（如一个概念、价值观或思维方式等），不针对整个章节或整门课程；④问题 1 的设置是为了锁定拟学习的新知识，是后续问题的核心；⑤问题 2 的设置目的是调出学生的旧知识，也是内隐知识的外化过程，为理解问题 1 锁定的新知识做准备；⑥问题 3 的设置是为了化解旧知识和新知识间的冲突，实现对新知识的理解；⑦问题 4 和问题 5 的设计是为了匹配课程目标，并回归学习初心——用知识（见表1）。

表1 五问反思报告的题目及作答要求

题目	设计理念	理论基础
问题1：我学到了哪个知识点？	锁定要深入学习的知识点（新知识）	—
问题2：学之前我是怎么想的？	调出自己的已有知识（旧知识）	建构主义学习理论：学习是引导学生从原有经验出发建构起新的经验
问题3：我之前的想法怎么样？	找出新旧知识间的冲突，化解冲突，实现理解	
问题4：我应该怎样想才对？	匹配相应的课程目标	建构教与学的一致性理论：学业测评应能够准确测量课程目标
问题5：我怎样才能用上它？		

（一）"五问测评"在正考中的实践

1. "五问测评"的作答要求匹配高阶目标

"五问测评"的第2问和第3问是为了促进学生理解新知识，第4问的作答要求是匹配高阶目标1，第5问的作答要求是匹配高阶目标2。为了促进高阶目标1的达成，在设计作答要求时，明确了对学生"关联日常生活"的期待，并具体阐述了关联日常生活的常见方式，如识别谣言、解释现象等。为了促进高阶目标2的达成，在设计作答要求时，明确了对学生"关联其他知识"的期待，并具体阐述了关联其他知识的常见方式，如类比、比较、分类、解释、列举等（见表2）。

表2 五问反思报告的题目及作答要求

题目	作答要求
问题1：我学到了哪个知识点？	课程内学过的任意一个知识点
问题2：学之前我是怎么想的？	以"我"为主语，展示假设还不知道知识点时自己的想法，或根据字面意思进行推断
问题3：我之前的想法怎么样？	以"我"为主语，比较问题1和问题2的答案，找出冲突，化解冲突
问题4：我应该怎样想才对？	以"我"为主语，证明自己能够联系其他知识，可以进行类比、比较、分类、解释、列举，或证明自己能够联系科研前沿，或证明自己能够联系日常生活
问题5：我怎样才能用上它？	以"我"为主语，证明自己可对自己学习的方法、习惯等进行反思，或证明自己能够提出新假说、新规律、新概念、新理念等

2. 五问反思报告的评价量表匹配高阶目标

评价量表设置的重要目的之一是促使学生紧紧围绕高阶目标来写五问反思报告，进而达成高阶目标，具体的匹配方法如表3所示。

表3 五问反思报告的评价量表（百分制）

评价对象	评价指标	质量高的特征	得分	质量低的特征
问题1答案	专业性	课程内新知识	0~5分	内容无关
问题2答案	专业性	紧紧围绕知识点	0~10分	脱离知识点
	反思性	以"我"为主语，调出自己的旧知识		非自己的想法
问题3答案	专业性	紧紧围绕知识点	0~15分	脱离知识点
	反思性	以"我"为主语，化解了新旧知识间的冲突		未找到冲突
问题4答案	专业性	与其他知识建立的关联多且无错误	0~50分	无任何关联或关联错误
	反思性	以"我"为主语，自己的真实想法		非自己的想法
问题5答案	专业性	能解释现象或识别谣言，能解决实际或理论问题，或能联系科研前沿成果	0~20分	不详细不具体
	反思性	能反思自己的学习方式		不详细不具体
自选要求	创新性	有新概念、新假说等	0~20分	—

我对上述题目和要求作了以下说明：除了五问反思报告外，可提交其他的作品，但要求脑洞大开、有新意。并且我对抄袭剽窃零容忍，一旦发现，报告即被评为零分，而创新性强的报告有附加分，且报告字数需大于800字。

3. 及时反馈并回应学生对"五问测评"的质疑

"五问测评"是一种全新的测评手段，学生质疑十分正常。因此，恰当地回应学生的质疑非常重要。如一位学生是这样质疑的："一门课需要写多篇干货并不多的长篇报告才能及格，正常考试竟很难及格，这难道不是一种很反常的现象？那在五问报告使用以前，学长和学姐们又是怎么通过考试的？总不会通通不及格吧？"

我借助图1回应了这位学生的质疑。在图1中，纵坐标代表学生的发展水平，最底部虚线代表学生的学前水平，虚线上的每一个点代表一名学生。这门课的学习目标，在学生学前水平的上方，是条实线（原因是学习目标看得见）。学生学完这门课之后就是图上方的虚线（原因是学生学习效果看不见），虚线上的每一个点代表一名学生。如果这门课采用"放水的"学业测评，那就是学习目标下方的复合实线（原因是学业测评方案看得见），该线上方的学生通过，下方的学生不通过。但这种"放水的"学业测评有个问题，就是那些未达成课程目标的学生也通过了测评，且那些学得好的学生并没有机会展示他们的才华。而采用"五问测评"后，就相当于在课程的学习目标上方画了一个框（原因是学习效果看得见）。这个框不仅能够反映出哪名学生未达成课程学习目标，还能够给达成目标的学生足够的发挥空间，以展示他们的才华。

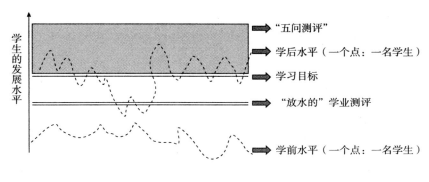

图 1 "五问测评"的优势所在

（二）"五问测评"在补考中的实践

1. 补考信息

补考课程依然是给排水科学与工程专业的水处理生物学基础课程。除了原有高阶目标 1 和高阶目标 2 外，补考还有个新目标（高阶目标 3），即改善学生的学业测评体验。参加补考的学生有 4 名，补考时间为 2020 年 6 月 2 日至 22 日。补考成绩全部取决于"五问测评"。

2. 补考方案

课程补考 100% 采用"五问测评"，每篇五问反思报告占补考总成绩的 6%，每天或每两天提交一篇，20 天内完成。补考的五问作答要求和评价方式与正考一致。

3. 达成补考目标的保障措施

补考的依托平台是微信群。此微信群只包括授课老师和 4 名补考生，目的是促进同伴学习。老师在腾讯文档实时更新成绩，并把报告整理到报告文档中。学生若对一篇五问反思报告的成绩不满意，可修改后再次提交，以最高分为准。老师对五问反思报告的反馈非常及时，一般都在学生提交当天便完成反馈。反馈内容包括五问反思报告的分数、不足和亮点。反馈结束后，学生将反馈整理到文档中每篇报告的后面。

二、课程创新的成效

（一）"五问测评"的效度分析

将报告分类后，我统计了各类报告所占的比例。在正考中，"五问测评"能够准确地反映课程高阶目标1和高阶目标2的达成情况，并能够反映学生在五问反思报告中尝试创新的情况。在正考中，学生对于两项高阶目标的达成度高于88%，且有小部分学生尝试了创新（见图2）。对于补考的高阶目标，"五问测评"同样能够准确测量，且能够促使后进生尝试创新（见图3）。

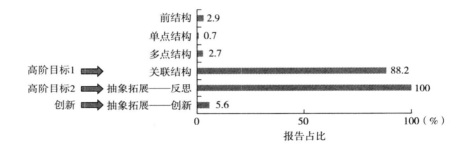

图2　课程高阶目标的达成情况：正考（根据600份报告分析的结果）

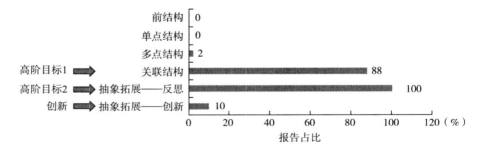

图3　课程高阶目标的达成情况：补考（根据42份报告分析的结果）

（二）课程的持续改进分析

我通过对五问反思报告的分析发现，高阶目标1定低了，其中有43%的报告超出了高阶目标1的预期（见图4）。对于这种情况，课程升级了高阶目标1和其他相应设计。

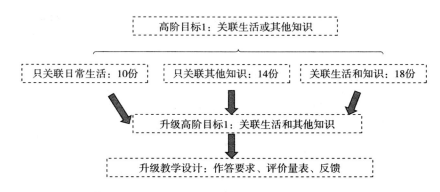

图4　课程高阶目标1的达成情况与持续改进分析（根据42份报告分析的结果）

通过对五问反思报告的分析发现，高阶目标2定空了。因为有38%的报告反思后无改进证据（见图5）。针对这一情况，主要从两方面进行改进：①升级作答要求，明确要求对学习方式的反思要能落地、真落地。②丰富五问反馈，多向学生展示那些能落地、真落地的反思实例。同时，五问的作答要求、评价量表和反馈等都进行了相应的升级。

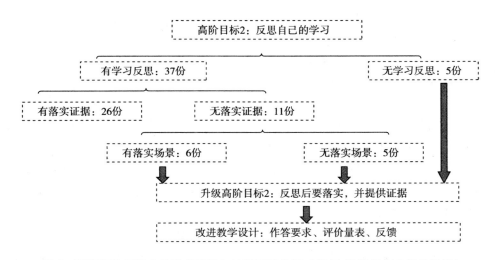

图5　课程高阶目标2的达成情况与持续改进分析（根据42份报告分析的结果）

（三）学生的测评体验分析

在考核结束后的2周时间内，邀请4名学生对"五问测评"进行书面反馈和评价。学生对"五问测评"的反馈表明，"五问测评"尽管尚有改进空间，但其合理的设计让学生降低了压力，提升了学习获得感，切实改善了学生的学业测评体验。

第三部分　你的创新是如何做出来的

我是 2017 年学校引进的副研究员，聘期合同考核的条款是科研项目和论文，也承担教学任务。因此刚开课时我没有进行教学创新的想法，重点在完成考核任务。但是，在教学过程中我发现学生并未掌握学习方法。他们迷茫、沮丧、自责、无助的样子，让我想起读博期间的自己。

在读博之前，我感觉自己是个学霸，因为对于拿奖我从来都没失手过。作为年级第一名，我任性地放弃了保研资格，也在考研时获得了 401 分的好成绩，后来还顺利拿到了直博资格。但是读博后，我发现自己是个真正的学渣，我迷茫、沮丧、自责、无助，完全就是眼前自己学生的样子。在澳洲留学的两年时间里，我花了大把的时间亡羊补牢，拼命地探索如何学习。最后发现，五问反思报告是很好的深度学习工具，像挖掘机一样，针对一个知识点挖下去，就能深入学习。但是，只挖一下是改变不了学渣的本质的。

为了让自己持续地挖下去，我自费加入了一个叫"007 不写就出局"的组织。这个组织就像个"小皮鞭"一样抽着我不断写下去：不写就罚钱，不交钱就出局。就这样，我一直写到了现在。

我现在什么样？我有孩子，多个头衔，"什么都没耽误"。科研方面，我获得过德国面向全球的"绿色精英"奖，且是当年唯一入选的华人。教学方面，申请教改项目命中率100%，且有 4 个是重点项目。我知道这不是偶然的，五问反思报告完全可以让我们发生巨大变化。因此，在发现学生不会学习后，我有了让学生写五问反思报告的想法。但是如何才能让学生写起来呢？非常简单，因为作为教师的我手里天然有个"小皮鞭"：不写不给分。就这样，基于五问反思报告的学业测评便产生了。

我遇到的最大挑战是，面对外界的压力自己如何持续做下去。外界的压力，来自同行、督导和学生的不认可甚至反对。最大的压力来自考核指标全是科研任务的聘用合同。对此，我做了两件事：一是持续改进，让基于五问反思报告的学业测评更完善。主要活动包括：把依托平台从 QQ 群换成了超星学习通；构建并不断完善评价量表；按照课程目标设置"五问"的作答要求；为学生写五问反思报告提供全方位的支持等。二是持续扩张，抓住一切机会获得官方的认可。主要活动包括：高质高量地申报教改项目；参加学校的"明发杯"教学创新大赛；参加教学学术会议并做大会报告；全力支持其他教师采用；编写并不断升级《使用手册：基于五问反思报告的学业测评》；连续两年参加西浦全国教学创新大赛。现在我拿到了第六届西浦全国教学创新大赛二等奖后，这些挑战都消失了。在聘期考核时，尽管我没有国家基金，但考核委员会还是给我评了优秀（优秀的比例只有10%）。也就是说，教学创新在聘期考核中发挥了关键作用。

养娃、科研、教学、成果推广、带学生、自己的生活都在消耗我有限的注意力，且都是无底洞。对此，我主要是这样做的：接受自己不能搞定一切的事实。我会平静地接受学生总评不上各种奖（因为成果总是很滞后），平静地接受自己普通的外貌和穿衣打扮，平静地接受每年SCI论文只有一两篇甚至没有……也就是说，生活再不堪，工作再不堪，我没啥接受不了的（脸皮厚就行）。此外，每天都做点增值类的事情。我会对事情进行分类：日常类和增值类。日常类就是衣食住行、生活琐碎、例行工作等；增值类就是读书、写论文、写反思报告、组织活动等。

创新肯定是会受到制度约束的。因为制度的制定是滞后的，而创新是超前的。学生、领导、督导不理解也是正常的，因为创新的本质就是非共识。随着新事物魅力的展现，新的共识就会建立起来，新的制度也会建立起来。因此，我认为创新最终会影响制度，而不是制度左右着创新。

我相信一切会变好。很多老师都觉得做教学创新没有出路，我认为并非如此。因为大家都发现了问题，且是值得重视的问题。因此，我始终相信一切会变得更好，这是迟早的事。

25　基于生成性资源的逻辑思辨能力培养：
英美国家时政与辩论课程的创新

张驰团队　湖南大学

案例评介

张驰老师团队课程的三大亮点是基于生成性资源的学习活动创新，师生学习共同体以及批判性思维的训练。课程中学生除了学习提前准备好的慕课外，更重要的是每组学生都要基于特定的辩题组织辩论，收集数据和信息，进行分析整合，形成自己的明确观点；并且每一次课堂辩论后，要在一周内基于课程中生成的各种资源来复盘，第二周要再次进行辩论。这个过程融合了学生的自我反思，以及同伴和教师的过程性反馈，学生基于反思和反馈来认识并改进自己在学习过程中的行为，优化辩论中的逻辑和框架。通过这个过程，不仅训练了学生提出问题、分析问题、收集数据、阐述观点的能力，也让学生尝试了过去不敢想的事情，提升了学生的自信心。

第一部分　案例课程小档案

一、课程概况

英美国家时政与辩论课程是一门面向全校大学本科所有年级开设的通识类选修课，每学期开设 2 个班，每班学生 30 人。本课程由教学团队负责教学工作。

二、课程的目标和学习产出

本课程主要立足培养学生分析、归类、比较、对比、总结的能力。同时要求学生将辩论课堂的生成性资源（授课内容、课堂笔记、组内点评、课程作业、课程录像等）根据知识吸收、对手亮点、对手弱点、自身亮点、自身弱点等类别进行整理和文本分析，制订出可以进行提升的策略，以进一步挖掘出辩题的内涵实质。此外，辩论课堂要求两组辩手进行实时辩驳，这有助于培养学生快速调整思路、即兴表达的能力。

三、课程的考核方式

本课程的考核包括形成性评价和终结性评价，这两个部分在期评成绩中各占50%。其中，形成性评价包括口头汇报（10%）、学习"国际交流：英文演讲与辩论"慕课（10%）、书面作业（30%）、课堂辩论（30%）、课堂测验（20%）；终结性评价为期末考试，该考试全部为主观题，包括思辨类阅读文章评价（10%）、四个辩题分析（90%）。

四、课程的学习活动

本课程的学习活动主要分为线上和线下两部分。线上部分包括学习"国际交流：英文演讲与辩论"慕课，以及师生、学生线上学习小组的讨论。线下部分包括课堂口头汇报、课上小组讨论、辩题准备（准备时间为一周）、课堂现场辩论、裁判复盘评价、课堂辩论复盘、辩词撰写、课堂测验等。

第二部分　案例介绍

一、课程创新的背景

开设这门课程最重要的一个原因就是我坚信这是一门对学生有益的课程，训练学生从不同角度看同一个问题的辩论思维也是必要的。辩论要求论辩双方具有广泛的阅读基础，同时具备搜索、归类信息的能力，清晰描述、逻辑比较的能力，演绎推理、识别谬误、总结判断的能力。

2016年我带领学生参加第十九届"外研社杯"全国大学生英语辩论赛，并在华南区的比赛中担任裁判。在比赛过程中我感受到当代大学生思辨能力的缺失，这一缺失不仅导致他们的思维模式不接地气、口头表达空洞无物，也会影响到他们的职业规划和人生抉择。在北京参加决赛期间，我有幸观摩了北京外国语大学李溪老师开设的辩论课程。李溪老师的辩论课程是面向全校学生开设的。当时我观摩的课堂中的学生就来自于法学院，虽然他们的英语发音不够标准，语言表达不够流畅，但是课堂辩论中迸发出的思想火花让我十分动容，由此我打破了英语辩论只能由英语语言基础非常好的英语专业学生参加的思维桎梏，产生了在学校面向所有本科生开设英美国家时政与辩论通识选修课的想法。

2016 年正是湖南大学的大学英语教学改革进行得如火如荼的时候，结合大学英语课堂学生的语言、思维现状，我向学校提交了英美国家时政与辩论课程的申报书、课程大纲、教学进程表、教学计划等。经过调研我们发现，本科学生最初想要参与这个课程的意愿并不高，这让我非常惊讶，究其原因，是学生普遍对辩论有畏惧心理。中文辩论尚且只愿意做观众，遑论要进行英文辩论了。于是我们团队成员在校园里举行了好几次宣讲，介绍课程内容，阐明辩论不光是为了比赛，它更重要的是一种思维模式的训练。同时我们的课程由浅入深，并不是一开始就让学生进行即席辩论，大部分的辩题都将在一周之前发布，留给双方辩手充足的准备时间。经过一系列努力，终于将课程在学生中推广开来。

在课程设计及前期调研阶段，我们充分考虑了学生对于英语辩论的畏难情绪，以及由于辩论这种形式在平时的学习生活中不常展开而造成的情景资料匮乏的问题，提出了因情制宜、就地取材的解决方案，即充分使用课堂生成性资源帮助学生锤炼辩论思维。课堂生成性资源是指在授课及作业完成过程中产生的各种文本、音频、视频资源，也就是说，它包括教学过程中所有的产出。辩论课上那些不成功的产出正是学生亟须学习、理解的思维难点，充满了挑战与可能性。它切合辩论思维的特征，具有符合情景的优点，同时又具有继续打磨的空间，以及即时产生、充满变数的灵活性，是培养学生辩论思维不可多得的材料。

本课程的实践创新想要解决的核心问题来自理论与实践两个层面。

理论层面的核心问题主要包括三个方面：第一，归纳总结课堂生成性资源的类型、特征、产生途径及生命周期；第二，建立师生学习共同体与生成性资源的联系；第三，探索师生学习共同体与生成性资源的互动发展策略。

实践层面的挑战主要是需要生成三类资源：第一，视频资源。由于本课程在智慧教室展开，所以有录制课堂视频的客观条件。视频资源不仅应包括课堂讲授、师生互动、学生互动，还应该包括教师与学生在课堂关键节点的微表情、情绪与困惑等。第二，网络资源。本课程配套的慕课使师生的交互活动不再局限于课堂交互之中，学生也能将自己原创的内容通过互联网平台进行展示或者提供给其他用户。第三，书面资源。这一资源主要来自学生的作业及提交的辩题分析、学生的学习反思等。

通过课程创新，我们希望学生可以在三个方面有所提高。

一是提高归纳整理的能力。每一堂课产生的文本（学生作业、笔记、教师板书）、视频（课堂录像）资源都是大量的，虽然围绕一个辩论技巧或辩题展开，但是层次主题总是互相交错、变化多端。尤其是学生作业和辩论部分，没有经过排演，因此各种观点、各种角度的推演都可能出现。为了能使用好课堂生成性资源，学生必须具备从大量资源中归纳整理出有价值的素材的能力，以及对素材进行挖掘的能力。

二是提高推理判断的能力。辩论技巧强调以基本事实为依据，以逻辑推理为手段，厘清问题核心所在，做出令人信服的策略判断或价值判断。对于学生而言，他们需要一定的时间和线索来思考，反复推敲。辩论课上双方辩手之间的博弈、课后生成性资源的挖掘为他们提供了这样的情境和条件。

三是提高即兴表达的能力。英美国家时政与辩论课堂上的每一次辩论和辩论复盘都给了学生口头表达的机会。每个辩题的第一次辩论更接近于我们平时所理解的即兴，而第二次辩论，看似给了一个礼拜的思考时间，但是由于辩论双方都得到同样的时间，所以第二次辩论的辩驳环节仍然是即兴的，且由于双方都有了更充足的准备，逻辑思辨的层次往往更为深入，思维的碰撞也更为激烈。无形之中，学生即兴表达的能力就在这样的唇枪舌剑中得到了锻炼和提升。

二、课程创新的实践

针对理论问题，我们一是通过问卷、访谈等方式收集数据，并及时总结，以此来解决与课堂生成性资源相关的教学教改论文不多的问题。二是通过收集师生的口头、书面反馈来得到初步的课程现状分析及提升计划，以此来获得学习共同体及其与生成性资源的互动发展策略。

针对实践问题，我们主要通过复盘课程核心内容来解决。课前学生收看慕课视频，提前了解背景知识和基本概念。课堂上教师讲解完知识点后会给学生一个辩题，通过15分钟的小组讨论和准备，指定小组代表开始进行现场辩论，轮空的小组与老师一起组成裁判团，对辩论的胜负方进行讨论，最后教师给出点评。之后，辩论选手有一周的时间进行反思，在下次课上依托课程生成性资源对辩论进行复盘。文本资源包括教师板书、课堂笔记、讨论笔记、学生作业等。视频资源主要是依托智慧教室对课堂的全程记录。智慧教室一共九张屏幕，每一张屏幕都有视频展播的功能，相当于辩论场上有九个摄像头，从不同角度全方位进行拍摄，选手在台上可以实时地从不同角度看到自己，并及时调整自己的仪态，以更积极的身体语言投入到辩论中。智慧教室的录播功能，又能让学生在课后重新观看辩论视频，给了他们从逻辑上重新分析、琢磨对方辩手辩词的时间，以及在语言上继续锤炼的机会。

三、课程创新的成效

本课程创新的成果主要体现在学生收获、团队成长、课程建设三个方面。首先是学生的收获。常规学生与竞赛型学生都在课堂创新中取得了长足的进步，实现了培养学生逻辑思辨、素材整理归类、文本分析、探求实质、即兴表达等能力和素养的目标。我们的课程并不是专为参加英文辩论比赛的学生准备的，而是重在提升每一位学生的辩论思维和公共演讲的能力。课程要求每位学生撰写辩词、录音、录像，通过课程学习，很多学生从刚开始时的难以开口，进步到能就辩题发表长达 7 分钟的演讲。综合 2019 年秋季学期至今的数据，78% 的学生在第一次辩论中只有事实，没有分论点；97% 的学生只陈述，不提问；93% 的学生只陈述，不听辩，参与度低；81% 的学生第一次陈述时长低于 5 分钟。而到了复盘的辩论环节我们发现 83% 的学生有了分论点的阐述；45% 的学生提问一次及以上；86% 的学生对对方观点给予反驳，听辩参与度大大提高；96% 的学生陈述时长超过 5 分钟。对于竞赛型学生，他们也通过各级各类辩论获得了众多奖项。其次是教学团队在创新中的成长，团队老师在教学改革中获得众多教学奖项，取得了多项社科基金及教改立项。最后是课程建设取得了喜人的成绩。2021 年英美国家时政与辩论课程获评湖南大学课程思政示范课程；2019 年"国际交流：英文演讲与辩论"慕课获评湖南省本科学校省级精品在线开放课程。

第三部分　你的创新是如何做出来的

教学创新的热情源于教书育人的使命感。我从教 18 年，最开始登上讲台的时候按部就班，诚惶诚恐，慢慢地，我不再满足于传统的教学模式，开始思考如何将更有时代价值，能给学生带来更大影响的课程开发出来。2016 年我带领学校辩论队参加地区比赛和全国比赛，这让我拓宽了眼界，并且亲身体会到了辩论的魅力及价值。输赢不重要，不断拨开问题表面、探求问题实质的过程让我急切地想要跟自己的学生分享，于是从那时起，我就开始了教学创新。

但教学创新并不是一帆风顺的，遇到挑战才是必然的。

我的挑战主要来自学生对于课程内涵的不理解。学生往往看到英文辩论就会产生很大的畏难情绪。他们常说，"我连中文辩论都参加不了，更不用说英文辩论了"。这样的情绪会让很多学生不敢选择这门课程。针对这一问题，首先，我们采取的办法是多次举办校园宣讲，面对面地讲解课程内涵、课程目标、学习评价等学生关心的问题。同时我们还通过文化沙龙、校园辩论赛等形式，将辩论现场展示给学生，让大家亲身感受辩论的魅力。其次，我们利用网络资源，建立课程网站，上传课堂视频录像，方便学生随时观看，减轻他们的畏难情绪，激发他们参与课程学习的兴趣。最后，我们的课程由于积累了良好的口碑，之前参与学习的学生也成了课程最好的宣传员。此外，学生课堂的辩论是对学生的挑战，学生辩论之后的即席点评则是对我的挑战。虽然辩词可以有所准备，但是对对方辩友的辩驳都是即时的，这考验学生的应急应变能力。而对老师来说，全程必须注意力高度集中，不然就无法给出完整准确的点评。

在进行教学创新的过程中，由于工作量大，经常加班，开始确实存在家庭和工作难以平衡的问题。这时候，我每备完一堂课都会跟自己的家人串讲一遍，不仅得到了他们的理解，同时他们的意见也让我的教学创新有了新的思路。我自己的小孩在我进行教学创新的这几年，恰好是他从小学到高中的时期，他从最开始听课，到后来参与我的录课，到现在也能独立撰写辩词参与英文辩论，从这个角度来看，教学创新让我在家庭和工作之间找到了平衡。至于科研与教学本来就是互相促进的，这几年的教学创新与我的科研、教改立项选题都是紧密相关的。

（团队成员：张驰、任远、何岚、张娴、胡志雯）

（本章中的案例评介由张晓军撰写，课程案例均由课程创新者以第一人称叙述）